Hellmuth J. ten Siethoff

Mehr Erfolg durch soziales Handeln

Hellmuth J. ten Siethoff

Mehr Erfolg durch soziales Handeln

Gesprächsführung, Konfliktlösung,
Gemeinschaftsbildung in Alltag und Beruf

Herausgegeben von Manfred Christ

Urachhaus

Die Deutsche Bibliothek – CIP-Einheitsaufnahme

Ten Siethoff, Hellmuth J.: Mehr Erfolg durch soziales Handeln:
Gesprächsführung, Konfliktlösung,
Gemeinschaftsbildung in Alltag und Beruf /
Hellmuth J. Ten Siethoff. – Stuttgart: Urachhaus, 1996

ISBN 3-8251-7057-8

© 1996 Verlag Urachhaus GmbH, Stuttgart
Umschlaggestaltung: Graphik-Büro Böttcher & Bayer, Stuttgart
Druck: WB-Druck, Rieden

Inhalt

Vorwort   11
Einführung: Gemeinschaftsbildung heute   12

1 Gemeinschaften bilden und gestalten   16
  1.1 Gemeinschaftsformen   16
  1.2 Selbstorientierung im Team   20
  1.3 Die Gruppendynamik in ihren Entwicklungsphasen   24
      1.3.1. Die Entwicklungsphasen einer Gruppe und ihr Zeitfaktor   25
      Die Testphase
      Die Nahkampfphase
      Die Organisationsphase
      Die Phase der echten Schicksalsgemeinschaft
  1.4 Größe und Zielsetzung der Gemeinschaft   33
      1.4.1 Gruppengröße   34
      1.4.2 Ziel der Gemeinschaft   37
      Zielsetzung: Lernen
      Zielsetzung: Geselligkeit
      Zielsetzung: Arbeiten
      1.4.3 Das Zusammenwirken unterschiedlicher Ziele   39
  1.5 Die Organisation der Gruppe   41
      1.5.1 Abgrenzung und Identität der Gruppe   41
      1.5.2 Individualität und Gemeinschaft   41
      1.5.3 Das Problem der individuellen Freiräume in der Gruppe   42
      1.5.4 Die Frage der Rangordnung   43
      1.5.5 Gruppenziel und Spielregeln   43
      1.5.6 Die Führung in der Gruppe   44
      1.5.7 Spielregeln für Diktatoren   45
      1.5.8 Kontrollfragen   46

2 Kommunikation – Gemeinsamkeit erzeugen   47
  2.1 Was ist Kommunikation?   47
  2.2 Aspekte des Verstehens   49
  2.3 Verbale Kommunikation   50
  2.4 Nonverbale Kommunikation   51
  2.5 Wodurch wird unsere Wahrnehmung beeinflußt?   52
  2.6 Kommunikationsprobleme und ihre Therapie   54
      2.6.1 Allgemeine Probleme   54
      2.6.2 Maßnahmen   55
  2.7 Zusammenfassung   55

3 Gesprächsführung im sozialen Organismus   57
  3.1 Wie beginne ich ein Gespräch?   57
  3.2 Gesprächsführung in der Arbeitsgemeinschaft   58
  3.3 Die drei Ebenen des Gesprächs   60
    3.3.1 Gesprächsinhalt – Worum soll es gehen?   60
    3.3.2 Die Interaktion – Verstehen wir uns richtig?   62
      Gesprächsleitung
      Spielregeln
    3.3.3 Der Prozeß – Wie werden wir uns einig?   64
  3.4 Der Gesprächsverlauf   66
    3.4.1 Vorbereitung   66
      Vor der Zusammenkunft
      Sitzordnung
      Strukturelle Vorbereitung
      Gesprächsleiter und Protokollführer
    3.4.2 Bildgestaltung   69
    3.4.3 Urteilsbildung   70
    3.4.4 Entscheidung und Beschlußfassung   71
      Entscheidungsschwäche
      Konsens
      Aspekte der Realisierung
    3.4.5 Die Auswertung des Gesprächs   76

4 Verhandeln ohne Verlierer   78
  4.1 Die Verhandlungstaktik   79
  4.2 Die Hauptphasen der Verhandlung   80
  4.3 Der menschliche Faktor beim Verhandeln   82
  4.4 Gemeine Tricks und wie man ihnen begegnet   84
  4.5 Wie sprechen wir miteinander? – Zusammenfassung   85

5 Konfliktlösung   87
  5.1 Entstehung und Verlauf eines Konfliktes   87
    5.1.1 Die klassische Konfliktsituation   87
    5.1.2 Aus Konflikten lernen   90
    5.1.3 Mißverständnisse als Warnsignale   92
    5.1.4 Wer ist der Schuldige?   93
    5.1.5 Der Sündenbock und die Verantwortung der Gruppe   94
    5.1.6 Selbstorientierung im Konflikt   97
    5.1.7 Der Verlust der Sprache   98
    5.1.8 Die helfende Vermittlung durch einen Dritten   99
    5.1.9 Der totale Krieg   101

5.2	Konfliktursachen	103
	5.2.1 Erwartungen werden enttäuscht	103
	5.2.2 Angst vor Verlust	105
	5.2.3 Hierarchie und Gleichberechtigung	107
5.3	Kreative Konfliktlösung	110
	5.3.1 Destruktion und Deeskalation	110
	5.3.2 Die praktische Dimension der Konfliktlösung	111
	5.3.3 Konflikte wahrnehmen – der erste Schritt zur Lösung	112
	5.3.4 Auf der Suche nach Gemeinsamkeit	113
	5.3.5 Phasen der Annäherung	115
5.4	Die seelischen Dimensionen einer Konfliktlösung	117
	5.4.1 Die Ich-Entwicklung	117
	5.4.2 Konfliktbewältigung – ein Passionsgeschehen	118
5.5	Schicksalsbegriff und Therapie	119
	5.5.1 Die Persönlichkeit des Patienten in der Psychotherapie	120
	5.5.2 Das Menschenbild der Anthroposophie	121
	5.5.3 Schicksal und Freiheit	123
	5.5.4 Moralisches Handeln in unserer Zeit	125
6	**Die Gestaltung einer Arbeitsgemeinschaft**	**127**
	6.1 Integration und Teamgeist – Der Weg zu einer erfolgreichen Zusammenarbeit	127
	6.1.1 Individualität und Gemeinschaftssinn	128
	6.1.2 Freiraum und Einengung	129
	6.1.3 Die Forderung: bewußte Lebensgestaltung und Gemeinschaftsbildung	130
	6.1.4 Gruppenarbeit und Führungsprinzip	131
	6.1.5 Denken, Fühlen und Wollen	132
	6.2 Institutionen und ihre Gliederung	135
	6.2.1 Arbeitsteilung und Spezialistentum	135
	6.2.2 Organisation und Organismus	136
	Der menschliche Organismus	
	Der soziale Organismus	
	6.3 Organisationsformen der Gemeinschaft	139
	6.3.1 Das autokratische Modell – eine Form der Vergangenheit	139
	6.3.2 Das Wesen des Menschen als Grundlage sozialer Gestaltung	141
	6.3.3 Toleranz und Selbstverantwortung – das Prinzip der Zukunft	144
	6.3.4 Die soziale Dreigliederung	146
	Das Geistesleben	
	Das Rechtsleben	
	Das Wirtschaftsleben	

7 Die Entwicklung einer Lebensgemeinschaft   151
     7.1 Lebensgemeinschaft früher und heute   151
     7.2 Die menschliche Biographie als Urbild für die Entwicklung
         einer Lebensgemeinschaft   154
         7.2.1 Der Entwicklungsbegriff   154
         7.2.2 Die Entwicklungsphasen in der menschlichen Biographie   155
                 Das erste Jahrsiebt (1.–7. Jahr)
                 Das zweite Jahrsiebt (7.–14. Jahr)
                 Das dritte Jahrsiebt (14.–21. Jahr)
                 Das vierte Jahrsiebt (21.–28. Jahr)
                 Das fünfte Jahrsiebt (28.–35. Jahr)
                 Das sechste Jahrsiebt (35.–42. Jahr)
                 Das siebte Jahrsiebt (42.–49. Jahr)
                 Das achte Jahrsiebt (49.–56. Jahr)
                 Das neunte Jahrsiebt (56.–63. Jahr)
     7.3 Die Entwicklungsphasen einer Lebensgemeinschaft   158
         7.3.1 Der irdische und der kosmische Aspekt
                der Gemeinschaftsbildung   158
         7.3.2 Stationen der Entwicklung   159
                Das erste Jahrsiebt
                Das zweite Jahrsiebt
                Das dritte Jahrsiebt
     7.4 Das Dreiecksverhältnis   168
     7.5 Liebe, Erotik und Sexualität   173
         7.5.1 Der Körper – Sexualität   173
         7.5.2 Das Geistige – Liebe   174
         7.5.3 Das Seelische – Zärtlichkeit/Erotik   175

8 Soziale Praxis und Menschenbildung   177
     8.1 Krisen und Veränderungen als Erweckungsprozeß   177
         8.1.1 Lebenserfahrung und Lernprozesse   177
         8.1.2 Bereitschaft zum Lernen und zur Selbsterziehung   178
         8.1.3 Erfahrung und Gewohnheit   180
         8.1.4 Widerstände und Ängste bei Veränderungen   181
         8.1.5 Veränderung durch Beeinflussung   183
         8.1.6 Menschenführung und Motivation   185
         8.1.7 Defizite herkömmlicher Motivationstheorien –
                ihre Ursachen und Folgen   187
         8.1.8 Das Prinzip der Eigenmotivation   189
     8.2 Selbstfindung in der Gemeinschaft und soziale Kontrolle   190
         8.2.1 Selbsterkenntnis und Seelenbildung   190
         8.2.2 Denkanstöße zum Thema Kritik   194

9 Schlußbetrachtung   199
   9.1 Anthroposophie und der Weg zu einem spirituellen
      Gemeinschaftsbewußstsein   199
      9.1.1 Ehrfurcht vor dem Menschen   199
      9.1.2 Schwellenübertritt und Bewußtseinsbildung   201
      9.1.3 Die Aufgabe der Gemeinschaft in unserer Zeit –
           Zusammenfassung   205

Der Autor über sich selbst   208
Anmerkungen   210

Vorwort

Das hier vorgelegte Buch will eine praktische Hilfestellung für unseren sozialen Alltag geben, und zwar für alle die gemeinschaftsbildenden und oft auch konfliktgeladenen Situationen, deren Grundlage das Gespräch ist. Diese Hilfestellungen orientieren sich alle an der Einsicht, daß ein individueller Erfolg nur dann echt ist und Bestand hat, wenn er auch die Gemeinschaft ein Stück weiterbringt.

Alles, was in diesem Buch gesagt wird, geht unmittelbar aus der sozialen Praxis hervor, und das heißt aus meiner Tätigkeit als Berater und Seminarleiter. Textgrundlage sind Seminarunterlagen, Vortragsmanuskripte und -mitschnitte. Aus der Fülle des Materials hat Manfred Christ eine Auswahl getroffen und in lockerer Zusammenstellung eine möglichst umfassende Darstellung der Problembereiche und Lösungsmöglichkeiten gegeben. Dafür möchte ich ihm an dieser Stelle danken.

Hellmuth J. ten Siethoff

Einführung: Gemeinschaftsbildung heute

Will die Menschheit ihren kommenden Aufgaben gerecht werden, muß sie den sozialen Fähigkeiten zur Gemeinschaftsbildung mehr Aufmerksamkeit entgegenbringen. Täglich sind wir aufgefordert, Beziehungen aufzubauen, zu pflegen und sinnvoll zu gestalten. Meist folgen wir dabei allein unseren Gewohnheiten oder lassen uns von der Bequemlichkeit oder dem Zufall leiten, wenn es um Fragen der Gemeinschaftsbildung geht. Unser Verhalten vollzieht sich unbewußt. Gedanken machen wir uns meist erst dann, wenn Probleme und Konflikte entstehen, die sich nicht mehr abwenden lassen.

Hat ein Konflikt erst einmal seinen Lauf genommen, verlieren wir leicht die Kontrolle über unser Handeln. Ausnahmesituationen, in denen wir uns nicht mehr allein unseren Istinkten anvertrauen können, lassen uns nicht nur hilflos erscheinen, sie erzeugen oft auch ein kontraproduktives Verhalten, mit dem wir gewöhnlich alles nur noch schlimmer machen. Wer sucht schon in solchen Situationen die Fehler bei sich selbst? Einfacher ist es da, seine Mitmenschen für das eigene Versagen verantwortlich zu machen.

Je komplizierter die Situation wird, je unvorbereiteter wir hineingeraten, um so größer wird die Hilflosigkeit, die sich unter den Menschen breitmacht. Wer nie gelernt hat, mit Problemen bewußt umzugehen, weicht ihnen aus, wo immer sie ihm begegnen. Dadurch werden sie aber nicht gelöst. Statt dessen sucht man nach immer neuen Ausflüchten, um einer sozialen Herausforderung zu entgehen, obwohl man das gleiche Maß an Phantasie ebensogut für eine kreative Konfliktlösung einsetzen könnte. Die Ehe wird geschieden, wenn es zum Zerwürfnis kommt, der Mitarbeiter entlassen, wenn er unbequem wird. Oft scheint es keinen anderen Ausweg zu geben als die Trennung, obwohl nie ernsthaft nach Alternativen gesucht wurde.

Dies ist jedoch keine Lösung, eher das Gegenteil: Man vermeidet damit nur die Anstrengung, einen gemeinsamen Ausweg zu finden. Man sucht nicht nach neuen Wegen, scheut das Risiko und die Mühe, andere Formen der Kooperation zu erproben. Soziale Not, Einsamkeit, Verelendung, Probleme am Arbeitsplatz oder Arbeitslosigkeit sind oft die Folgen. Den beiden Gemeinschaftsformen, die am häufigsten von Problemen überschattet werden – der *Arbeits-* und der *Lebensgemeinschaft* –, soll daher eine eigene Betrachtung gewidmet werden.

Das Denken, das die Probleme geschaffen hat, wird sie nicht lösen können, sagte schon Albert Einstein. Es wird nur in neue Sackgassen hineinführen. Immer mehr Menschen erkennen dies und setzen sich deshalb mit den Fragen der Gemeinschaftsbildung auseinander. Andere werden an dieses Thema herangeführt, weil sie mit den wachsenden Schwierigkeiten im Alltag nicht mehr zurechtkommen. Bei ihrer Suche nach neuen Formen der Lebensgestaltung will ihnen dieses Buch eine Hilfe sein.

In den Theokratien älterer Kulturen wirkten geistig-religiöse Gesetzmäßigkeiten bis in die Lebenspraxis hinein. Als *Traditionen* wurden sie weitervererbt und bildeten einen starren Verhaltenskodex zum Schutz der Gemeinschaft, die sich so freilich auch allen Eingriffen und Veränderungen widersetzte. Erst im Lauf der Jahrhunderte haben alte Traditionen und Gewohnheiten allmählich ihre Wirkung eingebüßt.

Heute verlieren jene ehernen Normen, die einst das Leben bis in die Privatsphäre hinein geregelt haben, immer mehr ihre Gültigkeit. Werte, wie sie früher einmal Halt im Leben gaben, geraten ins Wanken. Wir leben in einer Zeit der Verunsicherung und vermögen dem rasanten Tempo unaufhaltsamer Veränderungen nur mühsam zu folgen. Selbst die eigenen anerzogenen Gewohnheiten und Automatismen in unserem Verhalten bieten keine Stütze mehr, weil wir fortwährend mit unerwarteten und neuartigen Fragestellungen konfrontiert werden.

Der Mensch hat begonnen, sich über seine Bedeutung als Gemeinschaftswesen hinaus auch als individuelle Persönlichkeit zu begreifen, und verlangt nun von der Gesellschaft, daß sie ihn auch mit seinen individuellen Ansprüchen respektiert. In unserer Zeit hält diese Tendenz, seinen persönlichen Freiraum auszuweiten, noch immer an. Zugleich schreitet die Auflösung herkömmlicher Gemeinschaftsformen wie Ehe oder Familie, die von vielen als antiquiert betrachtet werden, weiter fort. Dabei zeigt sich, wie das individuelle Freiheitsbedürfnis mit den Interessen der Gemeinschaft in Konflikt gerät. Es wurde versäumt, Konzepte für neue Formen des Zusammenlebens zu entwickeln, die diesem Individualitätsstreben und *zugleich* den Bedürfnissen der Gemeinschaft gerecht werden könnten. Der Mensch fühlt sich mit den Problemen der Gegenwart alleingelassen und bleibt in seinem Verhalten unsicher und orientierungslos.

Traditionen haben durchaus ihre Bedeutung. Es kann gefährlich sein, sie einfach über den Haufen zu werfen. Werden sie außer Kraft gesetzt, müssen neue Formen an ihre Stelle treten, müssen Konzepte und Strategien für die Zukunft entwickelt werden. Das Festhalten an Dogmen, der Ersatz durch Ideologien oder die Verknöcherung bestehender Strukturen beruhen auf Selbstbetrug und enden unwiderruflich in einer Katastrophe. Zwar rufen alle nach Veränderung, aber keiner will den ersten Schritt wagen. Doch bevor sich die Zustände ändern werden, müssen sich die Menschen ändern.

Bei der Gestaltung seiner Privatsphäre wird jeder nur seinen innersten Bedürfnissen folgen. Aus einer ähnlichen inneren Notwendigkeit, die uns zur Selbstentwicklung als *Individualität* aufruft, muß es uns nun gelingen, Grundlagen für zeitgemäße *Gemeinschaftsstrukturen* zu entwickeln.

Wo man nicht mehr weiter weiß, sucht man gerne Zuflucht in längst überkommenen Traditionen. Doch die *Sicherheit*, die man sich von ihnen erhofft, kann nur durch einen Verlust an persönlicher *Freiheit* erkauft werden. Heute möchte man aber das eine, ohne auf das andere verzichten zu wollen. Die meisten Probleme der Gegenwart resultieren aus dieser paradoxen Situation.

Wir müssen uns daher fragen: Gibt es für uns eine Möglichkeit, aus diesem Dilemma herauszufinden?

Dieses Buch will nicht nur zeigen, daß tatsächlich Verhaltensformen möglich sind, die beiden Forderungen gerecht werden. Vor allem will es in einer praxisorientierten Weise die Bedingungen einer sozialen Gestaltung aufzeigen und eine Anleitung zur Verwirklichung von Gemeinschaftsstrukturen geben, die den zeitgemäßen Bedürfnissen des Menschen und seiner veränderten Bewußtseinslage angemessen sind. Ganz wesentlich ist hier, daß der Mensch zum bewußten

Mitschöpfer sozialer Gemeinschaften wird, bestehende Mängel selbst erkennt und zu heilen sucht.

Wir stehen heute in einer Entwicklungsphase der Menschheit, in der die Menschen lernen müssen, sich selbst zu heilen. Dies wurde mir vor allem in meiner Beschäftigung mit Rudolf Steiner und dem amerikanischen Psychologen und Psychotherapeuten Carl Rogers deutlich. Therapeutische Prozesse lassen sich, wie auch die Lösung sozialer Konflikte, so gestalten, daß nicht der Therapeut oder Konfliktberater alleine ihren Verlauf bestimmt. Seine Aufgabe besteht darin, den hilfesuchenden Menschen dabei zu unterstützen, selbst eine Diagnose zu stellen, um einen individuellen Weg der Heilung einschlagen zu können.[1] Dieser Übergang von der autoritären Methode zu einem gleichberechtigten Verhältnis zwischen dem Helfenden und dem Hilfebedürftigen setzt die Entwicklungsfähigkeit des Menschen voraus. Jeder Mensch hat die Möglichkeit, sein eigenes Leben, sein Schicksal mitverantwortlich zu gestalten, und das sogar in einer Lebenskrise, in der die Hilfe eines Dritten angebracht ist.

Während meiner Tätigkeit als Mitarbeiter des NPI (Niederländisches Pädagogisches Institut) konnte ich durch die Zusammenarbeit mit Prof. Dr. B.C.J. Lievegoed, dem ich sehr viel verdanke, das Verständnis des Begriffs der *Entwicklung* vertiefen und seine unabdingbaren Voraussetzungen – die Freiheit, die Gleichberechtigung und die Brüderlichkeit – in ihrer vollen Bedeutung für die soziale Gestaltung erfahren.

Freiheit, Gleichberechtigung und *Brüderlichkeit* sind die entscheidenden Prinzipien. Sie haben ihre Bedeutung nicht allein in therapeutischen Zusammenhängen. Die Freiheit liegt der Entwicklung von menschlichen Fähigkeiten zugrunde, die Gleichberechtigung muß sich überall dort durchsetzen, wo Menschen etwas miteinander vereinbaren wollen, und die Brüderlichkeit muß Grundlage menschlicher Zusammenarbeit sein und den Umgang mit den Abhängigkeiten voneinander prägen. Wir müssen soziales Verhalten neu erlernen und mit Bewußtsein durchdringen. Und dazu ist eine vertiefende und differenzierte Betrachtung des Gemeinschaftswesens in seinen unterschiedlichen Erscheinungsformen erforderlich.

15

1 Gemeinschaften bilden und gestalten

1.1 Gemeinschaftsformen

Unser gesamtes Leben gestaltet sich nach drei grundsätzlichen, funktionalen Tätigkeiten: *lernen, arbeiten* und *Beziehungen pflegen*. Zum Lernen gebrauchen wir unseren Verstand. Der Arbeitsprozeß ist die Tätigkeit unseres Willens, und Beziehungen gestalten sich auf der Ebene unseres Empfindens. Entsprechend können wir auch drei Formen der Gemeinschaftsbildung unterscheiden:

Drei Grundtypen von Gemeinschaft

• Die Studien- oder Lerngemeinschaft
• Die Arbeitsgemeinschaft
• Die Lebens- und Geselligkeitsgemeinschaft

Neben dem grundsätzlichen Bedürfnis nach sozialen Beziehungen, aus dem die gemeinschaftsbildenden Fähigkeiten beim Menschen hervorgehen, wird sich immer auch eine konkrete und dominierende Absicht feststellen lassen, ein innerer Anlaß, sich als Gemeinschaft zusammenzufinden. Wenn sich Menschen in einer Gruppe begegnen, so hängt die Art ihrer Beziehung untereinander ganz entscheidend von dieser dominierenden *Zielsetzung* ab. Unterschiedliche Zielsetzungen bilden unterschiedliche Gemeinschaftsformen aus.

Ichbezogene Orientierung in der Lerngemeinschaft

Die *Studien- oder Lerngemeinschaft* steht im Zeichen der individuellen Entwicklung des einzelnen. Wer sich einer Studiengemeinschaft anschließt, verfolgt nur ein einziges Ziel: ewas zu lernen, seine Persönlichkeit zu entwickeln und neue Fähigkeiten zu erwerben. Diese Absicht ist ichbezogen und rein egoistisch.

Jede reine Lerngemeinschaft ist immer nur eine Interessengemeinschaft mit dem Ziel, das übereinstimmende individuelle und egoistische Streben gemeinsam zu verwirklichen. Die übrigen Mitglieder einer solchen Gemeinschaft sind nur insofern interessant, als sie einen Beitrag zum individuellen Lernprozeß leisten können. Jeder möchte frei sein, ihn zu gestalten, wie es seinen Wünschen entspricht. Niemand soll sich einmischen dürfen. Man möchte lernen, ohne belehrt zu werden. In der Studiengemeinschaft erwarten ihre Mitglieder die gegenseitige Respektierung der Freiheit des individuellen Geisteslebens.

Auch eine Lerngemeinschaft verlangt nach Spielregeln. Sie sind nötig, um den Lernprozeß zu gestalten und die Interessen des einzelnen zu schützen. Ihre Ziele liegen aber außerhalb der Gemeinschaft. Der Vollzug von Lernprozessen hat nur dann eine soziale Bedeutung, wenn das Erlernte zum Nutzen der Gemeinschaft eingesetzt wird. Darin besteht der Beitrag des Individualstrebens zur Gemeinschaftsbildung. Es wird sich im Laufe unserer Betrachtung noch deutlicher zeigen, daß ein Ausbleiben der Lernbereitschaft einzelner für die Gruppe und für die Gesellschaft zum Problem werden kann und zu den häufigsten Ursachen von Konflikten gehört.

Einem überwiegend sozialen Anliegen sind dagegen die Arbeits- und die Lebens- und Geselligkeitsgemeinschaft untergeordnet:

In einer *Arbeitsgemeinschaft* liegen die Ziele zum Teil außerhalb der Gemeinschaft, zum Teil im Bereich der Organisation von Gruppenstrukturen. Man findet sich zusammen, um gemeinsam eine Aufgabe zu erfüllen, eine Leistung zu erbringen, für die an anderer Stelle ein Bedarf besteht. In der Arbeitsgemeinschaft herrscht die größtmögliche gegenseitige Abhängigkeit. Jeder ist in der Zusammenarbeit auf den anderen angewiesen, jeder ist zur größtmöglichen Rücksichtnahme verpflichtet. Persönliche Freiheit spielt nur eine untergeordnete Rolle.

Angewiesenheit aufeinander in der Arbeitsgemeinschaft

In der *Lebensgemeinschaft* oder auch *Geselligkeitsgemeinschaft* finden wir nochmals einen eigenständigen Akzent. Mit Lebensgemeinschaft ist hier in erster Linie eine Ehe oder Partnerschaft gemeint, in der zwei Menschen sich verbinden, um das Leben – auch wenn es in der Praxis nicht immer das ganze Leben ist – in gemeinsamem Lernprozeß und gemeinsamer Arbeit zu gestalten. Es kann sich aber auch um eine Familie, eine Wohngemeinschaft oder auch um eine weniger dauerhafte Gemeinschaft handeln. Auch die einfa-

Gemeinsamkeit und Verantwortung in der Lebensgemeinschaft

che Geselligkeit ist Index einer Gemeinschaftsbildung, in der sich alle Mitglieder auf gleicher Ebene treffen. Keiner sollte hier dem anderen über- oder untergeordnet sein. Die Ziele solcher Gemeinschaften sind weniger klar und bewußt umrissen, trotzdem entsteht die Frage nach dem gemeinsamen Wollen, auf deren Grundlage sich das Gemeinwesen zu einer lebendigen Beziehung entfalten kann. In einer Lebensgemeinschaft wollen wir für eine bestimmte Zeit miteinander leben, gemeinsam handeln, aber uns gegenseitig auch die Freiheit lassen, eigene Wege zu gehen. Wir wollen Verantwortung füreinander übernehmen, wir wollen vielleicht auch Kinder haben und für sie Verantwortung tragen. Wir wollen voneinander lernen, gemeinsam an unseren Aufgaben und an uns selber arbeiten, und wir wollen gemeinsam unser Schicksal gestalten.

Soziales Verhalten nur auf der Basis von Gleichberechtigung und Brüderlichkeit

Wenn wir im Aufbau sozialer Beziehungen über das Anfängerstadium hinauskommen wollen, dann ist es nicht nur notwendig, an die Lernbereitschaft zu appellieren, sondern auch die anderen Ziele neu begreifen zu lernen:

- *Beziehungen* müssen gepflegt werden, und zwar durch die Entwicklung und Einhaltung von Spielregeln. Diese Spielregeln müssen im Einklang mit unserem Gewissen und in der Verantwortung für den Mitmenschen bestimmt werden. Der Mensch ist ein soziales Wesen. Wir alle brauchen Beziehungen, um unsere Sorgen und Schmerzen, unsere Bedürfnisse und unsere Freude mit anderen zu teilen. Wir brauchen sie aber auch, um unsere Aufgabe als Individuum zu finden. Oft wundern wir uns, daß andere nicht für uns da sind, wenn wir sie am nötigsten brauchen. Beziehungen wollen gepflegt werden. Sie funktionieren auf der Basis von *Gleichberechtigung*. Nur auf dieser Basis können Vereinbarungen getroffen werden, die das soziale Leben tragen.
- *Arbeit* darf nicht als Wirken zugunsten eigener egoistischer Bedürfnisse verstanden werden, sondern muß als Dienst am Nächsten, als Verwirklichung von *Brüderlichkeit* realisiert werden. Das heißt, »seines Bruders/seiner Schwester Hüter« werden.

Das ganze Wirtschaftsleben ist darauf ausgerichtet, fremde Bedürfnisse zu stillen. Es ist die höchste Form des Sozialverhaltens, unsere Sorge für den Mitmenschen in unserem Handeln wirksam werden zu lassen. Dadurch, daß der Mensch dabei immer in irgendeiner Form die Erde verwandelt, ist das Wirtschaftsleben auch der Bereich, in dem christliche Impulse am wirksamsten sind, auch wenn wir das nicht wahrhaben wollen, weil wir dabei oft auch eine Menge unchristlicher Dinge produzieren. Wenn wir aber einen Rohstoff, den die Erde zur Verfügung stellt, verarbeiten und daraus einen Gebrauchsgegenstand herstellen, haben wir dabei – wenn auch in bescheidenem Maß – das Gesicht dieser Welt verändert. Wir bewirken einen andauernden Prozeß der Verwandlung, der Transformation oder Transsubstantiation der Erdenmaterie, und diese Erde ist in ihrem höchsten Sinne der Leib Christi. Es ist dabei weniger von Bedeutung, daß wir die Erde verwandeln. Wir können gar nicht anders, wenn wir unsere Lebensbedürfnisse befriedigen wollen. Entscheidend ist allein, mit welcher Einstellung wir es tun.

Das soziale Moment im Wirtschaftsleben

Stellen wir uns dieser Aufgabe und vollziehen eine Neuorientierung, dann kann sich eine andere, zukunftsweisende Form der Gemeinschaft entwickeln, ein neues Bewußtsein für das Miteinander: die *Wahl-* oder *Schicksalsgemeinschaft.* Dann rückt auch die Frage nach dem Sinn der Zugehörigkeit zu einer Gemeinschaft in den Mittelpunkt: *Warum hat das Schicksal uns zusammengeführt?* Was ist der Sinn, was müssen wir tun und was müssen wir lernen?

Entfaltung des Bewußtseins für das Miteinander – die Schicksalsgemeinschaft

Es mag altmodisch klingen, aber unsere sozialen Tugenden können nur wirksam werden, wenn wir sie als Ideal anstreben. Sie geben das Ziel vor, nehmen uns aber nicht die Anstrengung ab, es zu erreichen, und fordern uns zur Entwicklung unserer individuellen Fähigkeiten zum Nutzen der Gemeinschaft heraus. Lernprozeß und Lebenspraxis verschmelzen auf diesem Entwicklungsweg.

Einen solchen Entwicklungsweg eröffnet das anthroposophische Menschenbild, indem es individuelle Entwicklungsmöglichkeiten unterstützt und darüber hinaus die Möglichkeit bietet, seine Schicksalsaufgabe zu erkennen und wahrzunehmen. Anthroposophie ist mehr als Krisenmanagement. Sie rechnet mit drei Gegebenheiten: der menschlichen Natur, dem Wesen des Geistigen und den Nöten unserer Zeit. Sie will das Geistige im Menschen wieder mit dem Geistigen im

Kosmos vereinen. Dies kann nicht durch eine fremde Autorität, ausgeübt durch Vorgesetzte, Regelwerke oder Ideologien, geschehen, sondern muß das Ergebnis einer bewußt vollzogenen sozialen Gestaltung durch den Menschen sein, und zwar nach dessen eigenen Bedürfnissen und Kräften und mit Rücksicht darauf, was ihm sein Schicksal zur Aufgabe gemacht hat und zu verwirklichen gestattet.

1.2 Selbstorientierung im Team

Eine Grundforderung unserer Zeit für die Orientierung in der Gemeinschaft lautet: *Ihr müßt ein Team werden.* Für den einzelnen bedeutet dies: sich mitverantwortlich fühlen für eine gemeinsame Aufgabe. Neue Spielregeln für die Arbeitsteilung müssen gefunden werden, bei denen jeder gefordert ist, seine Persönlichkeit in den Dienst der Gemeinschaft zu stellen, die Fähigkeiten, aber auch die Eigenarten des anderen zu akzeptieren und im Alltag zu berücksichtigen.

Verantwortung und gegenseitige Kontrolle im Team

Teamarbeit bedeutet für die Gruppe, die Fähigkeiten eines Mitglieds zu nutzen und seine Schwächen auszugleichen. Die Verantwortung für die Gemeinschaft geht aus der Selbsterkenntnis des einzelnen hervor. Jeder muß erkennen, welche Aufgaben er innerhalb der Gemeinschaft erfüllen kann, um die gemeinsame Sache zu fördern. Dazu muß er die Stärken und Schwächen bei sich selbst und bei anderen erkennen, und ebenso muß er die Konsequenzen akzeptieren, die sich daraus ergeben.

Um den Austausch innerhalb der Gruppe zu ermöglichen und das Gespräch zu pflegen, benötigt man genaue *Informationen*. Man muß Interesse für das Tun seiner Mitmenschen aufbringen, um konstruktive Fragen zu stellen. Was in einer streng hierarchischen Struktur durch Überwachung von oben geschieht, muß in der eigenverantwortlichen Gruppenarbeit durch *gegenseitige Stimulierung und Kontrolle* abgelöst werden.

Viele Menschen wehren sich instinktiv dagegen. In Holland lautet ein Sprichwort: Im trüben Wasser läßt sich gut fischen. Die Fische merken erst, daß sie gejagt werden, wenn sie bereits an der Angel zappeln. Im klaren Wasser ist das Fischen schwieriger. So gibt es auch Menschen, die sich in der Unklarheit am wohlsten fühlen, weil sie sich damit jeder Kontrolle entziehen.

In einem Unternehmen, das ich berate, wird einmal pro Woche der Beitrag eines jeden Mitarbeiters zu den entstandenen Kosten und dem erzielten Betriebsergebnis veröffentlicht. Im Gespräch unter Kollegen kann dies der Ausgangspunkt für gezielte Fragen sein und auf Probleme im Arbeitsprozeß oder auch im privaten Bereich aufmerksam machen. Dies ist besonders dort von Bedeutung, wo man mit einer flexiblen Arbeitszeit experimentiert. Bei steigender individueller Freiheit und zunehmender Eigenverantwortung muß eine Überwachung von oben durch gegenseitige Kontrolle und durch Verständnis für die Situation des einzelnen ersetzt werden.

Klarheit ist für ein wirkliches Team unverzichtbar. Aber sie ist nicht selbstverständlich. Sie muß entwickelt werden, man muß sie gemeinsam durch gegenseitige soziale Kontrolle aufbauen und sich die Zeit nehmen, die ein solcher Entwicklungsprozeß erfordert. Was wir beim anderen einfordern, müssen wir auch selber zu leisten bereit sein. Will man wirklich als Team auftreten, müssen zudem *Leitlinien für die Kommunikation* innerhalb der Gruppe gefunden und vereinbart werden, die den Teamgeist wecken und am Leben erhalten.

Solche gruppendynamischen Prozesse können gezielt eingeleitet werden. Dies kann z.B. nach folgender Methode geschehen: Nehmen Sie ein Blatt Papier, falten Sie es in der Mitte und schreiben Sie auf die linke Seite alles, was sie als ihre Schwächen betrachten, auf der rechten Seite notieren Sie ihre Fähigkeiten. Nachdem Sie es fotokopiert haben, verteilen Sie es in der Gruppe, damit jeder es lesen und durch eigene Notizen ergänzen kann.

Alle kommen an die Reihe, und jede Beurteilung muß mit den Anwesenden besprochen werden. Nicht immer wird die Selbsteinschätzung von der Gruppe geteilt. Oft wird sie bestätigt, ebensooft muß sie aber auch korrigiert werden. Mangelndes Selbstwertgefühl läßt die eigenen Fähigkeiten nicht zur Geltung kommen, übertriebenes Selbstbewußtsein zeigt sie in einem allzu günstigen Licht. Dies ist nicht nur das Problem persönlicher Beurteilung, es wirkt sich auch auf die Zusammenarbeit in der Gruppe aus. Wer eine zu schlechte Meinung von seinem eigenen Leistungsvermögen hat, wird seine Stärken auch im Arbeitsalltag nicht entfalten können. Umgekehrt wird auch eine Selbstüberschätzung, die nicht von au-

Selbsteinschätzung und Einschätzung durch andere

21

ßen korrigiert wird, zu mangelhaften Ergebnissen führen. Immer wieder kann es geschehen, daß die Gruppe etwas als Stärke betrachtet, was man selbst zu seinen Schwächen zählt oder umgekehrt. Dabei kommt es zu einem *Bereinigungsprozeß*. Wer Minderwertigkeitsgefühle hat, merkt plötzlich, daß er von den Kollegen viel positiver eingeschätzt wird als von sich selbst. Wer sich selbst überschätzt, wird eine schmerzliche, aber durchaus heilsame Erfahrung machen.

Erst wenn ein Dialog auf einer solchen Ebene stattfindet, bei der sich der einzelne im Urteil der Gemeinschaft spiegeln kann, darf man von einem Team sprechen, einer Gruppe, der es gelingt, Verantwortung für eine Aufgabe zu übernehmen.

Formulierung von Leitbild und Spielregeln

Nun kann es zur *Leitbildformulierung* kommen. Im gemeinsamen Leitbild muß die Gemeinschaft eine Richtung und ein Ziel finden. Hier müssen die Wertvorstellungen und Visionen aller Beteiligten einfließen und sich mit dem Geist der Gemeinschaft verbinden. So kann in der Arbeits- und Lebenspraxis ein Maßstab gefunden werden, der eine Beurteilung des einzelnen im Hinblick auf gemeinsame Zielsetzungen ermöglicht.

Auch dieser Prozeß sollte planvoll verlaufen. Jeder sollte zunächst aufschreiben, wie er das Leitbild für seinen Bereich oder seine Firma formulieren würde. Nachdem die unterschiedlichen Vorstellungen zur Sprache kamen, zeigt sich meist im folgenden Gespräch mit der Gruppe, daß die Abweichungen von einem gemeinsamen Leitbild größer sind als zunächst vermutet. Die Wirklichkeit entspricht nur selten der Vorstellung, die sich jeder einzelne von ihr gebildet hat.

Individuelle Vorstellungen und gemeinsames Konzept

Erst wenn die verschiedenen Vorstellungen deutlich geworden sind, kann man zu einem gemeinsamen Konzept voranschreiten, das die Zustimmung aller finden kann. Jetzt wird es auch notwendig, neue *Spielregeln* zu entwickeln. Ein solches Vorgehen ist eine Übung in Sachen Gleichberechtigung. Wie verhalten wir uns künftig in der Gruppe, wie gehen wir mit der Offenheit um, die wir alle anstreben? Man muß Vertrauen entwickeln; Gesprächsbereitschaft, Ehrlichkeit und die Bereitschaft zum Lernen müssen vorhanden sein. Dazu ist es nötig, regelmäßig Erfahrungen auszuwerten und gemeinsam Arbeitsprozesse zu beurteilen. Es muß ein Forum geschaffen werden, in dem es möglich wird, aus den Erfahrungen jedes einzelnen heraus, alte Zielvorstellungen zu korrigieren und neue zu entwickeln.

Die Notwendigkeit gegenseitiger Kontrolle wird man leichter akzeptieren, wenn man die Gruppe als *Schicksalsgemeinschaft* begreift, also als ein Zusammenschluß von Menschen, die sich für längere Zeit in der Arbeitswelt, als Interessengemeinschaft oder in Form von Ehe und Partnerschaft miteinander verbunden haben. Es gibt auch Schicksalsgemeinschaften, die nur für kürzere Zeit bestehen. Ich denke dabei etwa an eine Klettergemeinschaft, die auch im konkreten Sinne miteinander verbunden ist. Jeder weiß: Wenn einer abstürzt, wird er die ganze Gruppe mit sich in die Tiefe reißen. Jeder einzelne muß sich für das Schicksal der anderen verantwortlich fühlen.

Eine Grundlage für dieses Verantwortungsgefühl kann beispielsweise aus der *Biographiearbeit* gewonnen werden. Die Schwierigkeit dabei ist, daß man in seiner Selbstbetrachtung sehr konkret werden muß, was häufig auf innere Widerstände stößt. Viele scheuen die Begegnung mit sich selber, konfrontieren sich nur ungern mit ihrer Vergangenheit und verstecken ihre Fehler und Schwächen unter einem Schleier des Vergessens.

Doch erst wenn man innerhalb der Gemeinschaft versucht, in seiner Biographie nach den entscheidenden Ereignissen zu suchen, denen man seine gegenwärtigen Lebensumstände verdankt, kann ein Gefühl für die innere Notwendigkeit entwickelt werden, die einem den Platz in der Gruppe zugewiesen hat. So kann eine Erkenntnis der schicksalhaften Notwendigkeit der eigenen biographischen Entwicklung gewonnen werden und mit ihr ein Gefühl der Verbundenheit, eine innere Verpflichtung gegenüber den gemeinsamen Interessen. Gruppenkonstellationen, die von dem Empfinden für eine schicksalhafte Verbundenheit durchdrungen werden, sind weniger konfliktträchtig als Gemeinschaften, die ihr Bestehen nur als Folge einer zufälligen Begegnung begreifen.

Man kann auch die umgekehrte Erfahrung machen, die für den persönlichen Lebensweg freilich nicht minder bedeutend ist. Als ich einmal in einem Lehrerkollegium die Frage aufgriff, welche biographische Entwicklung die Anwesenden eigentlich hierhergeführt habe, mußte einer nach dem anderen zugeben, daß er eigentlich fehl am Platz war. Dies gehört zu den Überraschungen, die man immer wieder erleben kann.

Man begreift sich als Schicksalsgemeinschaft durch Biographiearbeit

23

1.3 Die Gruppendynamik in ihren Entwicklungsphasen

Den Begriff der Gruppendynamik gibt es in der Wissenschaft seit den vierziger Jahren unseres Jahrhunderts, als amerikanische Psychologen versuchten, die Beziehungen zwischen der schwarzen und der weißen Bevölkerung in den USA durch Gruppengespräche zu verbessern.

Obwohl erst zu dieser Zeit die systematische Untersuchung gruppendynamischer Vorgänge einsetzte, gelten ihre Regeln, seit sich der Mensch zu einem selbständig denkenden, urteilenden und handelnden Wesen zu entwickeln begann. Sobald er sich seiner individuellen Freiheit und Selbständigkeit bewußt wurde, begann er zwischen seinen eigenen Wünschen und den Interessen der Gemeinschaft abzuwägen.

Jene Psychologen, die das Phänomen der Gruppendynamik erstmals erforschten, konnten die Entdeckung machen, daß unter der vom Bewußtsein gesteuerten Oberfläche eines Gesprächs eine tiefer liegende Ebene der Gefühle und Willensrichtungen wirksam ist, die das soziale Verhalten zwar unbemerkt, aber ganz wesentlich mitbestimmt. Diese verborgene Wirklichkeit folgt ihren eigenen Gesetzen, die wir auch bei unserer Betrachtung nicht vernachlässigen dürfen: es sind die Gesetzmäßigkeiten des *träumenden Gefühls* und des *schlafenden Wollens*. Im Bereich des Gefühls kommen wir nur zu einem traumartigen Bewußtsein, und im Willensbereich befinden wir uns sogar nur im Unterbewußten. Hier schlafen wir, auch wenn wir wach sind.

Wenn Menschen zusammenkommen und eine Gruppe bilden, gleichgültig, ob es sich um eine Lern-, eine Arbeits- oder um eine Lebens- oder Geselligkeitsgemeinschaft handelt, dann ist der *Wille des einzelnen* Motor der Gruppenbildung. In diesem Anfangsstadium ist dieser Wille noch stark ichbezogen.

Einer Gruppenbildung können die unterschiedlichsten Motive zugrunde liegen. Niemand wird sich ohne eine bestimmte, bewußte Absicht einer Gruppe anschließen. Jener hofft, mit der Unterstützung der Gemeinschaft seine Ziele besser zu erreichen, ein anderer versucht, mit Hilfe Gleichgesinnter etwas verhindern zu können. Unabhängig davon gibt es noch tiefere, im Unterbewußtsein lebende Beweggründe.

Sie können egoistisch oder altruistisch sein. Auch Faktoren wie Zugehörigkeitsbedürfnis, Profilierungssucht, Sicherheit, die Angst vor der Einsamkeit, aber auch der Zwang zum Mitmachen und Schicksalsnotwendigkeiten können eine entscheidende Rolle spielen.

1.3.1 Entwicklungsphasen einer Gruppe und ihr Zeitfaktor

Was sind nun die Entwicklungsphasen in einem Gruppenbildungsprozeß, und wieviel Zeit nehmen sie in Anspruch?

Gruppenbildung ist, wie jeder erfahren kann, ein Lernprozeß, der nur schrittweise erfolgen kann. Wir sollten daher schon am Ausgangspunkt unserer Überlegungen bereit sein, etwas Grundsätzliches zu akzeptieren: *Lernen, sich ändern und sich anpassen braucht seine Zeit!*

Heute besteht die Tendenz, sich über den Zeitfaktor hinwegzusetzen, das Zeitliche in gewisser Weise abschaffen zu wollen. Was immer von einem erwartet wird, es muß schnell gehen. Kaum hat man in unserer konsumorientierten Gesellschaft einen Wunsch ausgesprochen, erwartet man seine unverzügliche Erfüllung. Eine Entwicklung durchzumachen und bewußt zu gestalten ist aber ein Prozeß, der sich nur allmählich entfalten kann und daher eine gewisse Zeit beansprucht.

Bringt man keine Geduld auf, können keinerlei seelisch-geistige Gruppenstrukturen entstehen. Wenn man ständig neu organisiert, dem Menschen keine Zeit gönnt, sich innerhalb der Gruppe auch als Mitmensch zu begreifen, verhindert man die Bildung einer funktionierenden Gemeinschaft. Eine Organisation benötigt jedoch Zeit, um zum Organismus zu reifen.

Nur mit der Zeit können sich seelisch-geistige Beziehungen innerhalb der Gruppe bilden

Bei der Zeitproblematik lassen sich *zwei Pole* unterscheiden. Einerseits versucht man, die Zeit zur Ewigkeit zu machen. Man scheut jede Veränderung und klammert sich an Traditionen. Was immer auf eine bestimmte Weise geschah, soll auch künftig nicht anders geschehen. Dies führt zu einer Verhärtung.

Das andere Extrem ist, die Zeit zu ignorieren. Alles soll unverzüglich geschehen, man will nicht warten, bis man die Früchte seines Bemühens ernten kann. Damit bewegt man sich nur von einer Wunschvorstellung zur nächsten. Hier

25

muß der sprichwörtliche goldene Mittelweg gefunden werden: *das Alte nicht überstürzt beiseite räumen, dem Neuen Zeit lassen, sich zu entwickeln.*

In der *praktischen Gruppenarbeit* bedeutet dies: Eine Gruppe muß mindestens *drei bis vier Tage* (drei bis fünf Nächte) zusammentreffen, um gemeinsam einen Entwicklungsprozeß zu durchleben. Auch die Nächte, in denen unser Tagesbewußtsein schläft, sind von Bedeutung und für die Gruppenarbeit wirksam. Emotionale Erfahrungen werden in der Nacht seelisch verarbeitet. Auch der Volksmund spricht davon: »Man soll über ein Problem drei Nächte schlafen!« Das bedeutet: mindestens vier Tage zusammensein.

Die Testphase

Jeder Gruppenprozeß fängt mit einer *Testphase* an. Weil jeder erlebt, wie aus seinem träumenden Bewußtsein Gefühle aufsteigen, die ihm anzeigen, daß die eigenen Ziele und Absichten nicht immer denen der anderen Gruppenmitglieder entsprechen, fühlt er sich unsicher. Diese Unsicherheit ist bezeichnend für die Testphase am Anfang eines jeden Gruppenprozesses und führt zu einem spezifischen Verhalten mit den folgenden Merkmalen:

Merkmale des Verhaltens in der Testphase

- Innere Zurückhaltung in einer etwas angespannten Atmosphäre.
- Formelles Verhalten, keine Gefühle zeigen, nicht darüber sprechen.
- Wenn über Gefühle gesprochen wird, dann nur in sehr allgemeiner und indirekter Form.
- Konflikte und Auseinandersetzungen werden vermieden.
- Man vermeidet es, auf Kollisionskurs zu gehen und bleibt auch in schwierigen Situationen höflich.
- Man »beschnüffelt« sich.

In dieser Anfangsphase dominiert der Wunsch, sich gegenseitig kennenzulernen. Jeder beschnuppert den anderen und versucht, sich eine Meinung über ihn zu bilden. Die Mitglieder einer solche Gruppe befinden sich bewußt oder unbewußt im Prozeß der Herstellung einer *sozialen Hackordnung*, um einen Begriff aus der Tierpsychologie zu gebrauchen. Man stuft sich gegenseitig ein und sucht auf dieser Grundlage eine vorläufige Ordnung, die das Gefühl der Sicherheit im Gesamtgefüge vermittelt. Aus Unsicherheit sucht man hier eine Klarheit.

Diese erste Phase im Prozeß der Gemeinschaftsbildung kann man auch als *intellektuelle Phase* bezeichnen. Gespräche spielen sich hauptsächlich auf gedanklicher Ebene ab. Persönlich gefärbte Beiträge, die Gefühle oder private Wünsche betreffen, werden zurückgehalten oder von den anderen nicht zugelassen. Auch die Gesprächsleitung neigt bei Abweichungen in dieser Richtung zur Versachlichung. *Sachlichkeit* wird immer als korrekt empfunden. Man will schließlich keine Fehler machen und möchte keine Blöße zeigen. Jeder baut um sich herum eine schützende Barriere auf, die den Einblick in sein Inneres nach Möglichkeit verwehren soll. Sobald sich jemand an ein anderes Ich herantasten will, stößt er auf Widerstand. Der Blick hinter die Fassade wird nur selten gestattet.

Sachlichkeit als Selbstschutz

Es wäre ein Irrtum zu glauben, wir hätten unsere Gefühle und Wünsche soweit im Griff, daß unser sachliches Denken nicht darunter litte. Subjektive Tendenzen wirken unterschwellig. Unterdrückte persönliche Ziele und Absichten verschaffen sich auf Umwegen Geltung. Emotionen sind immer vorhanden und werden auch durch höfliches Verhalten und erzwungene Sachlichkeit nur überspielt, nicht aber beseitigt.

In dieser Testphase bleiben Irritationen, die bei der Gruppenbildung unvermeidbar sind, unausgesprochen und werden unterdrückt. Man gibt schnell nach, zeigt sich sofort kompromißbereit. Entscheidungen, die während der Testphase getroffen werden, bleiben daher sehr oberflächlich und packen die Probleme nur selten an ihrer Wurzel. Dies ist im übrigen auch für viele Lebensgemeinschaften symptomatisch. Bedauerlicherweise verharren in unserer Gesellschaft die meisten Gruppen in dieser Phase, ohne sich weiterzuentwickeln. In Politik, Kultur und Wirtschaft hat das schwerwiegende Konsequenzen für die Qualität der Entscheidungen.

Während sich nun die Beteiligten immer besser kennenlernen, werden Sympathien und Antipathien aufgebaut. Man sucht sich oder man geht sich aus dem Weg. Oft bleiben die Gefühle auch neutral. In den erstgenannten Fällen wird es immer schwieriger, Höflichkeit und Distanz zu bewahren. Die Gruppe bewegt sich langsam hinüber in die zweite Phase, in der man lernen muß, mit seinen Emotionen umzugehen und sie zuzulassen.

Sympathien und Antipathien werden aufgebaut

Die Nahkampfphase

Die Nahkampfphase ist die Phase der notwendigen Auseinandersetzungen. Wir können eine Bildung von Untergruppen oder Cliquen beobachten. Bündnisse werden geschlossen, Temperamente, Charaktere und Egoismen werden sichtbar. Der Kampf um Rollen, Positionen und Machtbefugnisse in der Gruppe wird zunehmend offensiver und auch auf emotionaler Ebene ausgetragen. Unterschwellige Konflikte treten nun offener hervor.

Emotionen treten hervor

Wir können diese Phase daher auch *Gefühlsphase* oder *emotionale Phase* nennen. Gefühle wie Aggression, Zuneigung, Ärger, Liebe, Mißtrauen oder Angst brechen nun durch die Oberfläche und werden als Realität akzeptiert. Es darf darüber gesprochen werden. Dabei werden die unterschiedlichsten *Techniken* sichtbar. Man kann Gefühle auf einer sachlichen Ebene ausdrücken, man kann aber auch seinem Ärger freien Lauf lassen, sich laut beschimpfen und gegenseitig anschreien, was in einigen Trainingsformen sogar gefördert wird.

Herausfinden, wie gewisse Emotionen entstehen konnten

Es bleibt zweifelhaft, ob diese Methode, bei der sich unter Umständen nur überflüssige Aggressivität aufbaut, eine sinnvolle ist. Richtiger wäre es, die Gruppenmitglieder nicht zum Gegenangriff, sondern zur Mithilfe aufzufordern. Man sollte zunächst einfach nur darstellen, *wie man sich fühlt*, die Gruppe fragend um Hilfe bitten und auf diesem Weg herausfinden, wie gewisse Emotionen entstehen konnten. Folgt man dieser Methode, kann ein gegenseitiger Erkenntnisprozeß stattfinden, welcher der ganzen Gruppe zugute kommt.

Nur auf diese Weise löst man das Problem dort, wo es entstanden ist, nämlich bei dem sich unglücklich oder unzufrieden fühlenden Menschen. Seine Gefühlslage kann zwar durch das Verhalten anderer ausgelöst worden sein, grundsätzlich läßt sie sich aber nur aus seiner eigenen Persönlichkeit heraus erklären. Wenn jemand überempfindlich reagiert, gibt es dafür Gründe, die mit seinem persönlichen Schicksal zusammenhängen und die man respektieren sollte. Seelische Probleme sind immer meine Probleme und stellen eine Herausforderung dar.

Zuerst Unlustgefühle beseitigen

Eine *Spielregel*, die ich erfolgreich bei der Gruppenarbeit anwende, besteht darin, das laufende Gespräch zu unterbrechen, wenn sich jemand mit Unlustgefühlen meldet. Bevor man sich wieder dem eigentlichen Thema zuwendet, sollten diese zuerst beseitigt werden. Das Gespräch nimmt nun erfahrungsgemäß einen erfreulicheren Verlauf. Bei dieser *themenzentrierten Interaktionsmethode,* die von Ruth Cohn entwickelt wurde, lautet die Maxime: *Störungen haben Vorrang, zuerst die Unlust beseitigen!*

Oft haben Emotionen auch mit *Revierkämpfen* zu tun. Die bisherige Rangordnung wird in Frage gestellt, das Gerangel um Positionen beginnt. Einige Mitglieder der Gruppe werden den Kampf um die Führung aufnehmen, andere ziehen es vor, in die Defensive zu flüchten oder zu resignieren. Die nötige Sachlichkeit bleibt dabei oft auf der Strecke. Bei vielen macht sich ein Gefühl der Ausweglosigkeit breit.

Hier werden neue Verhaltensformen notwendig. Die Gruppe steht an einem *Scheideweg.* Wie es weitergeht, hängt sehr davon ab, wie sie mit dieser Problematik umgeht. Ist sie imstande zu erkennen, in welchem Stadium der Gruppenbildung sie sich befindet? Kann sie ihren Gefühlen auf eine weniger destruktive Weise Ausdruck verleihen?

Krisen in der Gruppenbildung

Auch eine Lebensgemeinschaft ist ähnlichen Krisen ausgesetzt. Dort wird diese Frage meist im zweiten oder dritten Jahr der Partnerschaft akut, wenn nach einer gemeinsamen Identität gesucht wird. Eine vergleichbare Situation entsteht nochmals um das siebte und zwölfte Jahr herum, wenn neue Perspektiven für eine gemeinsame Zukunft gefunden werden müssen.

Eine Gruppe kann diese Probleme nur durch sogenannte *Ich-Botschaften* überwinden. Dies bedeutet, ohne persönliche Anschuldigungen den anderen zu erzählen, wie man selbst eine bestimmte Situation erlebt hat und auf welche inneren Widerstände man stößt. Anstatt andere zu kritisieren, müssen die eigenen Gefühle mitgeteilt werden. Das ist schwierig, weil man dabei auch die eigenen Schwächen zeigen muß.

Erster Schritt zur Krisenbewältigung: die Ich-Botschaft

Wird diese Reife erworben, kann die Gruppe in eine neue Phase eintreten. Gelingt es ihr nicht, kommt es meist zu einer *Spaltung,* bei der ein Teil die Gruppe verläßt und sich eine neue Gruppierung in Form einer Partei oder Vereinigung bildet. Ebensogut kann es aber auch zu einem *Rückfall in die Testphase* kommen, in der wieder die Höflichkeit regiert. Wirklich effizientes Arbeiten wird dabei aber in den meisten Fällen unmöglich. Sämtliche Konflikte werden nicht ausgetragen. Sie gären unter der Oberfläche, Spannungen bleiben ungelöst. Ihre indirekte Wirkung zeigt sich in den unterschiedlichsten Manipulationsversuchen.

Für eine gesunde Weiterentwicklung der Gruppe müssen die Beteiligten einen neuen Prozeß einleiten. Man muß gelernt haben, über Gefühle zu sprechen und daraus neue Spielregeln für den Umgang zu entwickeln. Es müssen verbindliche Verhaltensformen vereinbart werden, und es muß eine *Rückkopplung (feed-back)* stattfinden, wenn die Einhaltung dieser Verhaltensformen nicht gewährleistet zu sein scheint. Zu prüfen wäre dann, wie es um die Maxime der Gleichberechtigung stand, als man sich auf die Spielregeln einigte.

Konflikte müssen sachbezogen ausgetragen werden, Konfrontationen auf einer objektiven Ebene stattfinden, ohne daß Gefühle unterdrückt oder vernachlässigt werden. Dazu ist es notwendig, aus einem *Erwachsenen-Ich*[2] heraus zu sprechen, d.h. sachlich und situationsgerecht zu kommunizieren, und zwar im vollen Bewußtsein der eigenen Persönlichkeitsstruktur, des Temperaments, der Stärken und Schwächen.

Die Organisationsphase

Die Organisationsphase ist die Phase des höheren Bewußtseins für die gemeinsamen Aufgaben. Meist wird es nötig sein, aufgrund der unterschiedlichen Fähigkeiten der Gruppenteilnehmer zu einer bewußt gewählten *Arbeitsteilung* zu finden. Die Teilnehmer müssen dabei lernen, miteinander zu *verhandeln*, anstatt gegeneinander zu kämpfen. Dann kann der Sprung in die Organisationsphase gelingen. Die Gruppe wird im Erreichen ihrer Ziele effizienter. Das Klima ist gut, ohne daß man allzu betont höflich ist.

Effizienz durch Arbeitsteilung

In diesem Stadium des gruppendynamischen Prozesses, den man auch als bewußte *Willensphase* bezeichen kann, sollte man nach sinnvollen Wegen suchen, über die eigene *Biographie* zu sprechen. Es gehört Mut und Selbstüberwindung dazu, eine ehrliche und schonungslose Selbstbetrachtung durchzuführen. Noch schwieriger ist es, anderen gegenüber die eigene Biographie auszubreiten.

Biographiearbeit fördert Verständnis für die Gruppenmitglieder

In der menschlichen Biographie wird das *individuelle Schicksal* deutlich. Nur aus ihm heraus kann ein Verständnis für die Situation eines Menschen, für seine Wünsche, seine Ziele und Erwartungen, aber auch für seine Ängste und Probleme gewonnen werden. Man wird sein Verhalten nur dann verstehen können, wenn man sich so weit in sein individuelles Schicksal vertieft, daß man die momentane biographische Situation des anderen mit all ihren Problemen und Herausforderungen als sinnerfüllt begreift. So kann ein Verständnis für die inneren Zwänge und emotionalen Widerstände entwickelt werden, auf die man in seinem Verhalten stößt. Ebenso wird man einen Sinn dafür entwickeln, warum der Mitmensch gerade so handelt und nicht so, wie man es selbst für richtig halten würden.

Ein paar Beispiele können mögliche Wege aufzeigen:

Innerhalb einer Organisation einigten sich die Mitarbeiter einer Abteilung darauf, regelmäßig über ihre Biographie zu sprechen. Einmal in der Woche traf man sich zu Hause bei einem Kollegen. Der Gastgeber erzählte dann eine dreiviertel Stunde lang aus seinem Leben, wobei er frei entschied, worüber er sprechen wollte. Er sollte dabei aufzuzeigen versuchen, wie sich seine gegenwärtigen Lebensumstände entwikkelt haben, auf welchem Weg er in die Organisation hineingefunden hat und wie er sich seine Zukunft vorstellt. Anschließend machte man eine informelle Pause, um in gemütlicher Runde zwanglos ins Gespräch zu kommen. Danach hatte jeder Gelegenheit, zusätzliche Fragen zu stellen. Auf diese Weise kam es auch zum Gedankenaustausch über die Zusammenarbeit und ihre Probleme.

Wie erhält man Einsicht in die Situation des anderen?

In einem anderen Fall wollte man sich nicht ganz so weit gegenüber den anderen öffnen. Man beschränkte sich darauf, eine lockere Gesprächsrunde nach Feierabend im Betrieb oder in einer Kneipe abzuhalten.

Bei einer anderen Gruppe kam hingegen sogar ein dreitägiges Seminar zustande, wobei die Betrachtung der Biographien mit Geprächen über Probleme in der Firma, Fragen der Arbeitsverteilung und ähnlichem verbunden wurde.

Die Phase der echten Schicksalsgemeinschaft

Rein systematisch lassen sich all diese Phasen problemlos unterscheiden. In ihrem tatsächlichen zeitlichen Ablauf sind sie aber nur schwer voneinander zu trennen. Sie überschneiden sich und gehen fließend ineinander über. Die Verhältnisse werden komplexer, je weiter die Gruppe in ihrem Entwicklungsprozeß fortschreitet. Wir müssen unseren Blick daher insbesondere auf die qualitativen Merkmale richten.

Nun gibt es noch eine weitere Entwicklungsphase, die zu

einer *Vertiefung der Beziehungen* innerhalb der Gruppe führt. Dies geschieht insbesondere dann, wenn ihre Mitglieder schicksalsmäßig eine besonders enge Beziehung eingegangen sind: in einer Ehe oder Partnerschaft, aber auch in einer Gruppe, deren Angehörige sich aus ideellen Gründen zusammengeschlossen haben. Eine solche Gemeinschaft lebt vom Willen aller Beteiligten, in guten wie auch in schlechten Zeiten das Schicksal miteinander zu teilen.

Eine gemeinsame ideelle Zielsetzung vertieft das Interesse am Mitmenschen.

Wesentlich ist in einer solchen Verbindung das gemeinsame Ideal, eine gemeinsame Aufgabe mit einer ideellen Zielsetzung. Damit geht ein tiefes Interesse am anderen Menschen und seiner Biographie einher. Man fragt sich, wie man zueinander finden konnte. Was verbindet uns miteinander? Alle haben den Wunsch, in der Gemeinschaft voneinander zu lernen und sich in den Begegnungen mit den anderen weiterzuentwickeln. Der gruppendynamische Prozeß wird als ein *Erwachen am Mitmenschen* erlebt. Voraussetzung dazu ist der Austausch biographischer Erfahrungen, die Entwicklung gemeinsamer Leitbilder und Zielsetzungen, die Einigung auf gemeinsame Grundsätze und Verhaltensspielregeln, aber auch ein Freiraum für den individuellen Verantwortungsbereich. Diese Phase wird vom Bewußtsein für die Mitverantwortung gegenüber dem Schicksal eines anderen Menschen getragen.

Dies verlangt in einem hohem Maß Eigenschaften wie Kreativität, Flexibilität, Respekt vor dem anderen, Toleranz, Taktgefühl, Duldsamkeit, Sensibilität, Optimismus, Unbefangenheit, Offenheit, Ehrlichkeit, Motivation, Hilfsbereitschaft und Leistungswille.

Selbstorganisation in der Gruppe: Aufgabenverteilung in Form von Mandaten

Aus einer solchen Gruppe kann ein Team werden, das ohne eine von oben eingesetzte Hierarchie sich selbst verwalten und autonom funktionieren kann. Jeder kann lernen, mit einer selbstgewählten Aufgabenverteilung umzugehen und Macht in Form von *Mandaten* an bestimmte Gruppenmitglieder abzugeben, um eine Arbeitsteilung auch bei Führungsaufgaben zu verwirklichen.

Folgende Punkte sollten dabei beherzigt werden:

- Die für ein Mandat in Frage kommende Person muß eine deutliche *Bereitschaft* dazu zeigen.
- Die Gemeinschaft muß volles *Vertrauen* in die Fähigkeit des Mandatsträgers haben.

- Mandate werden nur auf *beschränkte Zeit* vergeben. Eine Wiederwahl ist höchstens dreimal möglich.
- Ein *Zusatzeinkommen*, das der Mandatsträger unter Umständen beanspruchen kann, muß er zusammen mit seinem Mandat wieder abgeben.
- Der Mandatsträger bereitet ein *Pflichtenheft* vor, dessen Inhalt er mit der Gemeinschaft aushandeln muß. Darin werden die Aufgaben, die ihm von der Gruppe übertragen werden, schriftlich fixiert, d.h. es wird eine detaillierte Beschreibung des Verantwortungsbereichs, der Freiräume und der Entscheidungskompetenz gegeben. Es muß klar hervorgehen, wo er alleine und wo er nur nach Rückfrage entscheiden darf. Dabei gilt: erlaubt ist alles, was nicht ausdrücklich verboten ist.

Wer mehr Fähigkeiten als andere mitbringt, kann für die Gemeinschaft mehr leisten und »seines Bruders Hüter« sein. Ob als Gegenleistung im Falle einer Arbeitsgemeinschaft auch ein höheres Einkommen gerechtfertigt ist, können nur die Mitglieder der Gruppe im Einzelfall entscheiden.

Eine Leistung zu erbringen ist eine soziale Tat. Der Anspruch auf ein bestimmtes Einkommen entstammt dagegen einem egoistischen Antrieb. Egoismus und soziales Verhalten müssen aber in Einklang gebracht werden. Dies zu erreichen ist Aufgabe der Gruppenmitglieder. Allgemeingültige Regeln dafür gibt es nicht. In der Gemeinschaft muß jedoch so viel Gleichberechtigung verwirklicht sein, daß auch über das Verhältnis von Einkommen und Leistung offen und vertrauensvoll diskutiert werden kann.

Egoismus und soziales Verhalten

1.4 Größe und Zielsetzung der Gemeinschaft

Mit der *Zielsetzung* haben wir bereits ein Merkmal erwähnt, das die innere Struktur einer Gemeinschaft entscheidend beeinflußt. Zunächst müssen wir aber bei der Organisation einer Gemeinschaft einen anderen, eher nüchternen Aspekt berücksichtigen: *die Anzahl der Beteiligten.*

1.4.1 Gruppengröße

Die Anzahl der Mitglieder einer Gemeinschaft bestimmt die möglichen Beziehungen untereinander

Die Anzahl der Personen in einer Gemeinschaft übt einen bestimmten Einfluß auf ihr Verhalten aus und setzt dem, was erreicht werden soll, gewisse Grenzen.

In der Verbindung *zweier* Menschen haben wir zwar die kleinste und intimste Gemeinschaftsform. Sie ist aber auch am meisten gefährdet. Zu zweit findet man nirgendwo einen Katalysator, wenn es Probleme gibt. Es ist niemand da, der vermitteln könnte. Wenn zwei Menschen zusammenleben, sind sie aufeinander angewiesen. Das kann sehr schön sein, aber es kann unter Umständen auch sehr problematisch werden und zu Konflikten führen.

Wenn eine Partnerschaft oder eine Zweiergemeinschaft nicht mehr funktioniert, ist das erste, was der gesunde Menschenverstand gebietet, sich nach Hilfe umzusehen. Damit hat man die Zweiergemeinschaft aufgelöst und zu einer *Dreiergemeinschaft* erweitert. Sie hat andere und bessere Möglichkeiten, mit Spannungen fertig zu werden. Es findet sich immer jemand, der ausgleichen und vermitteln kann, sofern er nicht Partei ergreift.

Qualitätssprünge bei bstimmten Gruppengrößen

Wir können daher bei einer solchen Erweiterung der Gruppe von zwei auf drei Menschen von einem *Qualitätssprung* sprechen. Etwas Vergleichbares geschieht, wenn sich die Gruppe auf vier bis sechs Personen vergrößert. Die nächste Grenze liegt bei ungefähr neun. Sobald es mehr werden, bemerkt man wieder einen qualitativen Unterschied, ebenso, wenn die Anzahl von 14 bis 16 Personen überschritten wird. Ein weiterer qualitativer Sprung erfolgt dann erst wieder bei einer Größe von etwa 25.

Die Ursache dieser Qualitätsunterschiede ergibt sich im wesentlichen aus der Anzahl der *Kommunikationsverbindungen* zwischen den Menschen. Um eine Kommunikation in der Gruppe zu ermöglichen, müssen diese Verbindungen im Bewußtsein präsent sein. Kommunizieren zwei Menschen miteinander, so entspricht die Größe der Gruppe noch der Anzahl von Kommunikationsverbindungen, nämlich von a zu b und von b zu a.

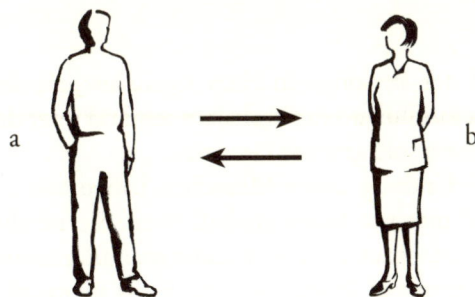

Wächst aber die Gruppe, so steigen sie nicht mehr im gleichen Verhältnis, sondern vermehren sich sehr schnell ins Unermeßliche. In einer Gemeinschaft von drei Menschen ergeben sich Verbindungen von a zu b, von b zu a, von a zu c, von c zu a und von b zu c und c zu b, insgesamt also sechs mögliche Verbindungen.

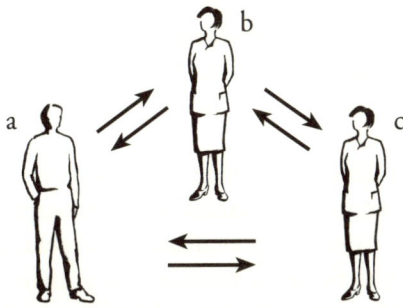

Die Kommunikationsverbindungen steigen gemäß der mathematischen Formel n x (n – 1) Der Faktor n entspricht dabei der Personenzahl. Bei drei Menschen ergibt 3 x (3 – 1), also 3 x 2 = 6 Verbindungen, bei 4 Personen ergeben sich schon 12 Verbindungen, bei 5 Menschen steigt die Anzahl der Verbindungen bereits auf 20. Werden es noch mehr, so stoßen wir sehr rasch an unsere Grenzen und verlieren die Übersicht. Unser Bewußtsein kann dieses Geflecht von Beziehungen nicht mehr entwirren. Wir können immer nur eine bestimmte Anzahl von Kommunikationsverbindungen pflegen.

Je größer die Gruppe, um so komplexer sind also die Beziehungen untereinander. Der einzelne muß mehr Aufmerksamkeit aufbringen, um den Überblick zu behalten. Bereits auf Versammlungen mit hundert Anwesenden kann man keine Diskussion mehr führen. Niemand kann all die hier möglichen Kommunikationsverbindungen im Bewußtsein tragen.

Große Gruppen fordern mehr Aufmerksamkeit

Das bedeutet für das Gespräch, daß die Auseinandersetzung in Form von Kurzreferaten stattfinden muß.

Verunsicherung durch zu große Gruppen

Ein weiteres Problem, das bei zunehmender Gruppengröße auftritt, sind die Schwierigkeiten einzelner Menschen, sich frei und unbefangen zu äußern. Sie fühlen sich durch die Vielzahl der Anwesenden verunsichert, ziehen sich zurück und greifen nicht mehr ins Gespräch ein. Es erfordert eine gewaltige innere Kraft, sich vor einer großen Versammlung zu erheben und das Wort zu ergreifen. Die große Masse bleibt hier immer in der Testphase.

Bei der Gemeinschaftsbildung muß man darauf achten, daß die Gruppe mit 15–20 Personen bereits eine *kritische Größe* erreicht. Wenn etwas zu besprechen ist, sollte man die Gruppe vorübergehend in kleinere Untergruppen von vier bis fünf Personen aufteilen, in denen man wirklich frei diskutieren kann. Nach einer gewissen Zeit findet man sich erneut zusammen und kann durch einen Sprecher berichten lassen, wie und mit welchem Resultat das Gespräch verlief.

Zielsetzung und Entscheidungsmodus bestimmen die Gruppengröße

Die Gruppengröße muß von der *Zielsetzung* und dem *Entscheidungsmodus* abhängen. Eine *Arbeits- oder Projektgruppe*, die entscheiden muß, darf höchstens drei bis sieben Personen umfassen. Für eine *Diskussionsrunde*, bei der es nur um Meinungs- und Urteilsbildung geht, ist eine Gruppenstärke von 7 bis 12 Personen zweckmäßig. Eine Anzahl von 20 Anwesenden sollte keinesfalls überschritten werden. Bei einer sogenannten *Informationsgruppe*, die nur zum Austausch von Informationen zusammenkommt, bestimmen überwiegend praktische Kriterien wie zum Beispiel die Raumgröße ihren Umfang.

Wer nun versucht, in einer größeren Gruppe ein Gespräch zu führen, wird feststellen, daß immer wieder die gleichen das Wort ergreifen. Die Schweigsamen machen sich natürlich auch ihre Gedanken, aber es gelingt ihnen nicht, sie in das Gespräch einfließen zu lassen. Nach einer solchen Sitzung beobachtet man stets, wie sich draußen im Korridor kleinere Grüppchen zum Meinungsaustausch bilden. Meist machen die Teilnehmer dabei ihrer Unzufriedenheit Luft. Man kann dies verhindern, wenn man die Bildung von *Untergruppen* ermöglicht, d.h. die Gesprächsrunde in kleinere Gruppen aufteilt. Damit vermeidet man Frustration und vermittelt das Gefühl der Gleichberechtigung. Das kreative Potential der schweigenden Mehrheit wird so in den Gemeinschaftsprozeß eingebunden und kanalisiert.

Die Gruppengröße ist für die Bildung von Gemeinschafts-strukturen von nicht zu überschätzender Bedeutung, weil sie die Möglichkeiten zur Kommunikation bestimmt. Neben diesem formalen Aspekt sind für den Ablauf gruppendynami-scher Prozesse insbesondere die Erwartungen der Beteiligten und ihre unterschiedlichen Zielsetzungen zu berücksichtigen. Zu diesen Zielen gehören im wesentlichen das gemeinsame Lernen, das Arbeiten oder aber einfach das gesellige Beisam-mensein. Entsprechend diesen Zielsetzungen bilden sich ver-schiedene Gemeinschaftstypen.

Die Zielsetzung bestimmt den Gemeinschaftstyp

Zielsetzung: Lernen

Wenn Menschen an einem Seminar teilnehmen, muß sich der Seminarleiter darüber Gedanken machen, weshalb sie sich in dieser Gruppe zusammenfinden. Sind sie hier, um etwas zu lernen, wollen sie zusammen etwas erarbeiten oder sich vielleicht nur in geselliger Runde unterhalten und ver-gnügen? Man muß die Erwartungen kennen und daraus den Gemeinschaftstypus bestimmen. Die Menschen kommen meist nicht aus Symphatie zu dem Seminarleiter, sondern weil sie Rat suchen und von den Kenntnissen des Seminarlei-ters profitieren möchten.

In einer reinen Lerngemeinschaft ist die Beziehung zwi-schen den Menschen gewöhnlich sehr locker und oberfläch-lich. Sie wollen keine Kontakte pflegen, sie sind ausschließlich gekommen, um ihre Kenntnisse zu bereichern. Persönliche Beziehungen bleiben untergeordnet.

Diese Zielsetzung ist *individuell* und *egoistisch*. Je mehr die Teilnehmer von dem Dargebotenen für sich selbst beanspru-chen, um so besser nutzen sie die Möglichkeiten einer Lern-gemeinschaft. Erst wenn sie den auf geistiger Ebene berech-tigten Egoismus in den physischen Bereich verlagern, wird es problematisch.

Egoismus aus geistigem Interesse ist berechtigt

Die Tendenz, alle materiellen Güter für sich selbst zu bean-spruchen und sie sich notfalls durch Diebstahl anzueignen, zeigt sich in ihrer zwanghaft-pathologischen Form als Klepto-manie. Ein Klepotmane ist ein Mensch, der etwas, was auf der geistigen Ebene berechtigt ist, auf physischer Ebene ausübt. Dabei wird deutlich, daß der Mensch als Geistwesen, als Seelenwesen und als physisches Wesen ganz unterschiedliche Aufgaben hat. Wir müssen daher stets bedenken, auf welcher Ebene wir uns bewegen und welche Konsequenzen eine Verwechslung hervorrufen kann.

Zielsetzung: Geselligkeit

Keine Rang-
unterssschiede in der
Geselligkeit

Trifft man sich nach dem Seminar zu einem gemeinsamen Bier, um noch ein wenig zu plaudern, so verändert sich die Orientierung in der Gruppe. Nun muß der Seminarleiter nicht mehr die Bedürfnisse der Teilnehmer befriedigen. Er wird zu einem gleichberechtigten Mitglied der Gemeinschaft. Es ist gleichgültig, ob jemand Professor ist, Sekretärin oder Bauarbeiter, wenn wir uns im geselligen Kreis versammeln.

Der Egoismus, der das Lernen-Wollen prägte, sollte dem Gefühl der *Gleichberechtigung* weichen. Wer hat sich nicht schon einmal darüber aufgeregt, wenn sich jemand ständig in den Vordergrund drängt und das Wort führt, ohne daß man selbst Gelegenheit erhält, in die Unterhaltung einzugreifen. Die Rolle des schweigenden Zuhörers ist in der Geselligkeit nicht vorgesehen. Daher darf man durchaus auch einmal dem anderen zu verstehen geben, er möge jetzt still sein, wenn man selbst etwas zu sagen hat!

Wenn wir vom Lernen zum Gesellig-Sein übergehen, wird sich äußerlich kaum etwas ändern. Es können dieselben Menschen dabeisein, und auch die Räumlichkeiten können dieselben sein. Was sich aber ändert, ist die *Seelenorientierung* und die Art des Umgangs miteinander. Man kann diesen Moment des Übergangs ganz deutlich verfolgen.

Zielsetzung: Arbeiten

Eine dritte Zielsetzung ist das gemeinsame Arbeiten. Hier komme ich mit Menschen zusammen, um eine Aufgabe zu erfüllen? Die entscheidende Frage lautet nun: Können wir uns gegenseitig *helfen*, diese Aufgabe zu erfüllen. Jede Art von Egoismus ist dabei fehl am Platz. Jede reine Arbeitsgemeinschaft wird durch Verhältnisse gegenseitiger *Abhängigkeit* und die Notwendigkeit zur *Koordination* zusammengehalten. Immer wenn es darum geht, die Zusammenarbeit zu organisieren, kann es nur eine einzige richtige Einstellung der Menschen geben, und die drückt sich in der Frage aus:

Kein Egoismus in der
Arbeitsgemeinschaft

Wer im Betrieb ist mein bester Kunde? Denn in der Zusammen-arbeit sind wir immer in einer *Kunden-/Lieferantenbeziehung*. Ich bin Lieferant von Informationen und Produkten, die für einen anderen Menschen wichtig sind, und andere Menschen beliefern mich mit Erzeugnissen, die ich für meine Arbeit benötige.

Die »Kunden-/Lieferan-tenbeziehung« in einer Arbeitsgemeinschaft

Eine Firma oder eine Arbeitsgemeinschaft läßt sich neu or-ganisieren, wenn man die Teilnehmer oder die Menschen in der Gemeinschaft einmal zu Folgendem auffordert: Schreiben Sie auf, welche Menschen in der Firma oder Organisation Ihre Kunden sind. Gehen Sie diese einmal besuchen. Fragen Sie da-nach, ob sie mit Ihrer Arbeit zufrieden sind. Sind Sie Sekretärin, dann fragen Sie einmal ihren Chef, was er von Ihrer Arbeit hält. Und wenn Sie Vorgesetzter sind und eine Führungsaufgabe er-füllen, gehen Sie zu Ihren Mitarbeitern und stellen Sie die Fra-ge: Sind Sie eigentlich zufrieden mit meinem Führungsstil? Glauben Sie, man könnte es besser machen? Dabei kommen hochinteressante Gespräche zustande, bei denen man eine Menge lernen kann. Leider ist noch immer viel zu selten je-mand aus eigenem Antrieb zu einem solchen Schritt bereit.

1.4.3 Das Zusammenwirken unterschiedlicher Ziele

Bei allen Zielsetzungen, die hier dargestellt wurden, handelt es sich natürlich um Idealfälle, die nur der Theorie angehören. Im Alltag wird man sie in dieser charakteristischen Form nur selten antreffen. Dort gibt es Überschneidungen und kaum wahrnehmbare Übergänge, die eine Abgrenzung häufig er-schweren.

Da es nun aber bei der Organisation einer Gemeinschaft entscheidend ist, um welche Zielsetzung es sich handelt, muß ein neues Bewußtsein, ein neues *Unterscheidungsvermögen* ent-wickelt werden, bei dem man auf eindeutige Kriterien zu-rückgreifen kann. Für die Lerngemeinschaft ist die Freiheit die Maxime, für die Geselligkeitsgemeinschaft wie für die Lebensgemeinschaft ist es die Gleichberechtigung, und für die Arbeitsgemeinschaft gilt die Maxime der Brüderlichkeit, und zwar vor allem im Umgang mit Abhängigkeiten. Wird das nicht deutlich, kann es sehr rasch zu Konflikten kommen.

Sobald in einer Lerngemeinschaft Menschen in einer Wei-se aneinander interessiert sind, die nicht mehr aus der reinen

Lernabsicht heraus resultiert, mischt sich eine andere Zielsetzung hinein. Im Alltag werden wir immer wieder feststellen, daß sich die verschiedenen Zielsetzungen durchdringen oder ergänzen.

Wenn ich die Teilnnehmer eines Seminars zu einer Gruppenarbeit auffordere und ihnen eine Aufgabe stelle, die sie ohne mein Mitwirken lösen sollen, verändert sich die Orientierung innerhalb der Gruppe sofort. Man versucht jetzt, durch Zusammenarbeit im gegenseitigen Austausch voneinander zu profitieren. Um solche Prozesse bewußt zu gestalten, muß man sich die Ziele der Gemeinschaft stets vor Augen halten und zugleich wissen, in welcher Gemeinschaftsform sich diese Ziele erreichen lassen.

Im Interesse der Zielsetzung: Gemeinschaftsformen differenzieren

Wer dagegen in einer Arbeitsgemeinschaft steht und sich den anderen gegenüber wie in einer Lerngemeinschaft verhält, wer nicht zur Zusammenarbeit bereit ist und nur egoistische Interessen verfolgt, wer an der Arbeit nicht interessiert ist oder nur an seine Lohntüte denkt, wird Probleme heraufbeschwören. Er praktiziert auf der physischen Ebene, was nur im Geistigen berechtigt ist: der reine Erwerb von Gütern anstelle der Aneignung von Erkenntnissen.

Kommt nun ein Kollege mit einem Problem auf uns zu, das er mit uns besprechen möchte, dann läßt man die Arbeit liegen und verfolgt gemeinsam ein bestimmtes Lernziel. Man bespricht das Problem, diskutiert miteinander und findet möglicherweise eine Lösung. Sobald es aber darum geht, diese Lösung in die Praxis umzusetzen, begibt man sich wieder in die Arbeitssituation, für die andere Regeln und Prinzipien gelten als für das Lernen.

Geht man nach getaner Arbeit gemeinsam in die Kantine, hat man nun das Interesse an einem geselligen Zusammensein, das wiederum eigenen Gesetzen folgt.

Wir müssen diese Flexibilität erwerben und uns ständig unsere Situation bewußt machen, erkennen, wie sie sich ändert und wie die jeweilige Zielsetzung lautet. Auf diese Weise können wir dazu beitragen, Konflikte dort zu vermeiden, wo sie in der Regel entstehen: in einem nicht situationsgerechten Verhalten.

1.5 Die Organisation der Gruppe

1.5.1 Abgrenzung und Identität einer Gruppe

Jede Gruppe braucht eine Haut, eine *Abgrenzung* nach außen. Diese kann aus etwas Greifbarem bestehen, einem bestimmten Raum, in dem man sich versammelt, einem Gebäude oder einem Gebiet, auf dem man wirksam ist. Es können aber auch weniger konkrete Merkmale sein, etwa bestimmte Arbeitstechniken oder Spielregeln, die für die Identität einer Gruppe von Bedeutung sind. Auch Verhaltensmuster, Wertsysteme, Einweihungsriten, Zielsetzungen und Intentionen grenzen die Gruppe von ihrer Umgebung ab. Wir betreten hier das Gebiet der *Gruppen- bzw. Umternehmenskultur.*

Die Begleiterscheinung ist das sogenannte *Ingroup-Outgroup-Phänomen.* Viele Konflikte zwischen Abteilungen in Organisationen haben ihre Ursache in der Unterscheidung zwischen dem Wir- und Ihr-Gefühl. Handelt es sich darum, Konflikte zwischen den einzelnen Gruppen zu beheben, muß dies berücksichtigt werden, ohne zu erwarten, die Gruppen könnten einander ähnlich oder gleich werden.

Konflikte entstehen durch das »Wir- und Ihr-Gefühl«

Wenn eine Gemeinschaft aus mehreren Gruppierungen besteht, muß man akzeptieren, daß jede Gruppe ihre eigene *Identität* entwickelt. Diese Identität resultiert aus den dazugehörigen Menschen, ihrer Persönlichkeit und ihrem Aufgabengebiet. Dieses Anderssein muß als Bereicherung angesehen werden. Doch eines darf eine übertriebene Gruppenidentität keinesfalls: durch Uneinigkeit über langfristige Ziele den Zusammenhalt und das Funktionieren des Gesamtorganismus bedrohen und die Organisation zersplittern. Deshalb müssen immer wieder Kommunikations- und Entscheidungsstrukturen gesucht werden, die ein mögliches Auseinanderfallen der Gesamtorganisation verhindern.

1.5.2 Individualität und Gemeinschaft

Wenn wir nun nach einer geeigneten Form suchen, um die Ziele einer Gruppe zu verwirklichen, können wir uneingeschränkt einer Maxime Goethes folgen: *Das Was bedenke, mehr das Wie!*

Wir wenden uns damit der Frage nach der spezifischen Qualität einer Gemeinschaft zu. In der Lebensgemeinschaft wie auch in der Arbeitsgemeinschaft haben wir es vor allem mit Fragen der sozialen Gestaltung, mit gewissen Regeln, also mit einer Form des *Rechtslebens* zu tun. Dabei geht es immer um das *Wie*, um qualitative Aspekte: *wie* gestalten wir das Leben, *wie* arbeiten wir zusammen, *wie* gehen wir mit uns selber, mit unserer Gemeinschaft, mit den Kindern um, *wie* gestalten wir das Verhältnis zu unseren Mitarbeitern und Vorgesetzten?

Individualität oder Gemeinschaft – was hat Vorrang?

Während unsere westliche Gesellschaft sich im Laufe der vergangenen Jahrhunderte zunehmend auf die Entwicklung der Individualität unter weitgehender Berücksichtigung ihrer Bedürfnisse ausgerichtet hat, können wir in fernöstlichen Ländern eine entgegengesetzte Haltung beobachten: Die Gemeinschaft ist wichtiger als das Individuum, der Arbeitgeber und seine Organisation sind wichtiger als die Familie, der Staat ist von größerer Bedeutung als die Firma.

Unser Rechtsstaat, der seine Wurzeln in der römischen Rechtsauffassung hat, liefert auch die Spielregeln für unser Sozialverhalten. Der Grundsatz dieser Rechtsordnung könnte so zusammengefaßt werden: Die Rechte des individuellen Menschen und der Gemeinschaft müssen im Gleichgewicht gehalten werden. Während das alte germanische Recht auf Gemeinschaftsinteressen ausgerichtet war, verhilft das römische Recht der Privatsphäre des einzelnen zu einer größeren Geltung.

Schon aus diesen traditionellen Bedingungen heraus ist es in unserem europäischen Kulturkreis für die Mitglieder einer Gruppe wichtig, selbst zu entscheiden, welchen Spielregeln man folgen möchte, nach welchen Prinzipien man zusammen arbeiten und leben will. Nur der *Konsens* sichert hier ein dauerhaftes Bestehen einer Gruppe.

1.5.3 Das Problem der individuellen Freiräume in der Gruppe

Eine Einigung muß auch über die *Freiräume* erfolgen, die dem einzelnen zu gewähren sind. Es darf kein Zweifel darüber bestehen, welche Konsequenzen die Mißachtung dieser Spielregeln nach sich zieht.

Häufige Konfliktursache: Gruppenzwang versus Autonomiebestreben

Große Vorsicht ist dabei geboten, denn das Gefühl der Einschränkung persönlicher Freiräume durch *Gruppenzwang* gehört zu den häufigsten Konfliktursachen. Wer zu wenig Autonomie besitzt und sich deshalb einen Freiraum zu erkämpfen sucht, wird unvermeidlich mit der Gemeinschaft in Konflikt geraten. Nehmen dagegen persönliche Freiheiten überhand, wird die Gruppe gesprengt. Das interne Gleichgewicht unter Bewahrung der Gleichberechtigung zu erhalten oder wiederherzustellen gehört zu den wichtigen Aufgaben der Gemeinschaft.

Als Mitglied einer Gruppe kann jeder nur so viel Freiraum beanspruchen, wie ihn die Gruppe ihm zugesteht. Ob man den gewährten Freiraum so akzeptiert oder nicht, muß jeder selbst entscheiden. Die hier zu treffende Entscheidung kann gleichbedeutend mit der Überlegung sein, ob man weiterhin der Gruppe angehören will oder nicht.

1.5.4 Die Frage der Rangordnung

In der Gruppe bildet sich immer eine *soziale Hierarchie* heraus. Die Tierpsychologie beschreibt sie als *Hackordnung*. Ihre Kriterien sind gewöhnlich unbewußt entstanden. Sie sind diffus und haben keine allgemein anerkannte Gültigkeit. In vielen Bereichen versucht man, durch Abzeichen und äußere Merkmale symbolischer Art soziale Hierarchien sichtbar zu machen. Jedem sind die bunten Embleme bei Militär, bei Bahn, Post oder Fluggesellschaften bekannt. Im privaten Bereich versuchen viele, den Platz, den sie in der Gesellschaft beanspruchen, durch Statussymbole wie Luxuslimousine, teure Kleidung oder eine stilgerechte Wohnungseinrichtung sichtbar zu machen.

Konfliktpotential »Hackordnung«

Unterschiedliche Einstufungen in dieser Hierarchie sind oft Nährstoff für Konflikte. Stuft man sich selbst höher ein, als es andere tun, entstehen Reibungspunkte. Es treten Aggressionen zutage, und es werden Kämpfe zur Positionsverteidigung geführt. Hierarchien bilden sich, die weder formelle Bestätigung erlangen noch eine allgemein akzeptierte Gültigkeit haben.

1.5.5 Gruppenziel und Spielregeln

Die Ziele einer Gruppe geben ihrem Handeln eine Richtung. Fehlen gemeinsame Ziele oder bleiben sie unklar, können die privaten Absichten einzelner über gemeinsame Interessen dominieren. Dies führt zu *Zielkonflikten.* Konflikte sind vorprogrammiert, wenn eine Gruppe ständig nur damit beschäftigt ist, sich vor den vermeintlichen oder auch tatsächlichen Angriffen von außen zu schützen. Interne Probleme werden durch die Auseinandersetzung mit dem feindlichen Lager überspielt, was die Gruppe auf längere Sicht lähmt und die Effektivität ihrer Arbeit beeinträchtigt.

Spielregeln in der Gruppe dienen den Zielen außerhalb der Gruppe

Das Ziel des gemeinsamen Handelns kann nur außerhalb der Gruppe liegen. Keine Gemeinschaft, die einen solchen Namen verdient, wird sich nur zum Zweck ihres eigenen Bestehens zusammenschließen. Das einzige gruppeninterne Ziel ist die *Gewährleistung des inneren Gleichgewichts.* Erreicht wird dies durch die Abstimmung über Spielregeln und eine Selbstkontrolle, die ihre Einhaltung sicherstellt. Das innere Gleichgewicht ist die Voraussetzung dafür, die äußeren Ziele der Gruppe zu erreichen.

1.5.6 Die Führung in der Gruppe

Für die Führung gilt das grundlegende Prinzip, daß sie nur funktionieren kann, wenn sie von allen Gruppenmitgliedern anerkannt wird.

Diese Anerkennung kann *systembedingt* sein, d.h. sie beruht auf Vorschriften oder Tradition. Der Chef ist nun einmal der Chef. Wie und warum er diese Position erlangen konnte, ist für einen Untergebenen bedeutungslos. Ihre Berechtigung kann nicht in Frage gestellt werden. Mit dieser Tatsache müssen viele leben.

Statusbedingte oder persönlichkeitsbedingte Führungsposition

Nicht nur für die Untergebenen, auch für den Vorgesetzten wäre es aber auf jeden Fall günstiger, nicht allein auf einer *statusbedingten* Rolle zu beharren, sondern eine *personenbedingte* Anerkennung zu erreichen. Dann wird er als Chef aufgrund seiner Persönlichkeit und seiner Kompetenz akzeptiert. Die Fähigkeit, einen klaren Kopf zu bewahren, Einfühlungsvermögen, Mut und Durchhaltevermögen sind solche Eigenschaften, die ein Mitarbeiter von seinem Vorgesetzten erwartet. Seine geistigen, sozialen, praktischen und menschlichen Fähigkeiten können den Ausschlag für eine größere Bereitschaft zur Zusammenarbeit geben.

Im Normalfall werden Positionen von oben nach unten besetzt. Häufig begegnen wir diesem Verfahren auch bei Projektgruppen. Eine Alternative wäre, die Gruppe einen ihrer Teilnehmer als Projektleiter wählen zu lassen. Wichtig ist dabei, daß beim Aufbau einer Entscheidungsstruktur *Rollenkonflikte* vermieden werden. Diese entstehen durch Unklarheiten über Aufgaben- und Kompetenzverteilung. Maßgebend für die Wahl einer Führungspersönlichkeit sollten zunächst folgende Punkte sein:

- Die Fähigkeiten im fachlichen, praktischen und im zwischenmenschlichen Bereich.
- Die Anerkennung und das Vertrauen, das einem Gruppenmitglied entgegengebracht wird.
- Die Glaubwürdigkeit einer Person in den Augen anderer.

1.5.7 Spielregeln für Diktatoren

Negativbeispiele sind oft lehrreicher als gutgemeinte Hinweise. Wer die Entwicklung eines Teams unterstützen möchte, sollte daher ihr Gegenteil befolgen!

- Motiviere die Menschen mit verlockenden Versprechungen, die auf ihre niederen Triebe und Bedürfnisse ausgerichtet sind. Verspreche ihnen Glück, Reichtum, Privilegien, ein angenehmes Leben, Sicherheit oder das Seelenheil nach dem Tod.
- Informiere schlecht, widersprüchlich oder überhaupt nicht. So kannst du die Menschen verunsichern und verhinderst es, daß sie sachlich denken.
- Zeige jedem, daß du der starke Mann bist, den sie in ihrer unsicheren Lage brauchen. Suche einen Feind außerhalb der Gemeinschaft, vor dem nur du Schutz gewähren kannst, und befriedige damit scheinbar das Sicherheitsbedürfnis derer, die du für dich gewinnen willst.
- Erzeuge Angst bei der Masse, um sie gefügig zu halten. Bediene dich dazu eines ausgewählten und privilegierten Mitarbeiterkreises, der sie mit Drohungen einschüchtert.
- Verhindere jede echte Gruppenbildung. Eine Gruppe muß dir als Gegenmacht erscheinen. Rede entweder nur mit einzelnen, oder aber sprich mit emotionaler Begei-

sterung zum ganzen Volk. Nutze die »Stimmung«. Verbreite in Einzelgesprächen die widersprüchlichsten Meldungen, um gegenseitiges Mißtrauen zu erzeugen. Du machst dadurch eine einheitliche Meinungsbildung unmöglich. Schiebe lästige Mitarbeiter beiseite oder entledige dich ihrer.

1.5.8 Kontrollfragen

– Freilich, man kann auch anders vorgehen. Deshalb sollen am Ende dieses Kapitels noch einige Kontrollfragen genannt werden, mit deren Orientierungshilfe sich manche Konflikte vermeiden lassen:

- Was ist das gemeinsame Leitbild, die gemeinsame Zielsetzung der Gruppe?
- Wie will man vorgehen? Wie geht man miteinander um? Welche Strategie verfolgt man?
- Warum kommen Menschen gerade in diese Gruppe?
- Wie kommen in der Gruppe Entscheidungen zustande?
- Wer kann wo, wie und wann mitmachen?
- Wie ausgeprägt ist das Bewußtsein für das Klima in der Gruppe, und wie wird es gepflegt?
- Wie groß ist die Bereitschaft zur gegenseitigen Hilfeleistung?

2 Kommunikation – Gemeinsamkeit erzeugen

2.1 Was ist Kommunikation?

Der Begriff *Kommunikation* gehört zu den meiststrapazierten Wörtern unserer Sprache. Gewöhnlich bezeichnet man damit den Austausch von *Mitteilungen* oder *Informationen*. Wollen wir erfahren, was sich tatsächlich ereignet, wenn Kommunikation stattfindet, dürfen wir uns nicht von der eingeschränkten Verstehensweise leiten lassen, die nur auf den Inhalt oder die Botschaft einer Mitteilung gerichtet ist. Jede Aussage läßt sich nur dann richtig bewerten, wenn wir sie als einen Vorgang zwischen Menschen betrachten, die ihre Absichten, Wünsche und Erwartungen auf unterschiedliche Weise zum Ausdruck bringen.

In der heutigen Zeit ist es Mode geworden, in Ersatzbegegnungen zu flüchten. Zettel und Aktennotizen zu schreiben erscheint oft bequemer als das Gespräch mit den Menschen von Angesicht zu Angesicht. Die Möglichkeiten moderner Technik unterstützen diese Tendenz, etwa in der Form der Computerkommunikation. Hier wird die Bedeutung von Kommunikation ins Absurde geführt. Es findet nämlich keinerlei Gespräch mehr statt, statt dessen kommt es zu Ersatzformen, die aus der lebendigen menschlichen Begegnung in die soziale Isolation führen.

Das menschliche Gespräch und die technischen Ersatzbegegnungen

Das *Gespräch* ist ein ebenso geheimnisvolles Phänomen wie der Mensch selbst. Keine Maschine, kein Computer kann es ersetzen. Der Mensch selbst muß lernen, Gespräche zu führen. In seinem *Märchen* von der grünen Schlange und der schönen Lilie läßt *Goethe* diese geheimnisvolle Tatsache anklingen. Auf die Frage des goldenen Königs, »Was ist erquicklicher als das Licht?« antwortet die Schlange: »Das Gespräch.«[3]

Wollen wir uns diesem Geheimnis nähern, müssen wir zu-

Kommunikationsbedürfnis ist Bedürfnis nach Gemeinschaft

nächst die Wortbedeutung von *Kommunikation* genauer untersuchen. Eine große Zahl von Anklängen anderer Begriffe ist darin enthalten, etwa *Kommunion, Kommune, Union.* Sie alle bedeuten Vereinigung oder Einswerdung. Kommunikation hängt daher mit Gemeinschaftsbildung zusammen. Kommunikationsbedürfnis ist Gemeinschaftsbedürfnis, Kommunikationsprobleme sind immer auch Gemeinschaftsbildungsprobleme.

Erinnern wir uns einmal an unsere Schulzeit. Viele werden aus ihrem Physikunterricht den Versuch mit den *kommunizierenden Röhren* kennen. In einem Glasgefäß, aus dem Röhren mit verschiedenem Durchmesser herausragen, befindet sich eine Flüssigkeit. Dabei läßt sich beobachten, daß sie in jeder Röhre unabhängig von ihrem Durchmesser die gleiche Höhe erreicht.

Gleichberechtigung als Bedingung von Kommunikation

Diese Beobachtung können wir im übertragenen Sinne auch auf den menschlichen Kommunikationsprozeß beziehen. Alle daran Beteiligten sollen das *gleiche Niveau* erreichen, unabhängig davon, wieviel Substanz der einzelne aufnehmen kann. Das Moment der *Gleichberechtigung* zeigt sich hier in seiner grundlegendsten Bedeutung: Kommunikation erwächst aus einem partnerschaftlichen Verhältnis, bei dem sich alle Beteiligten auf gleicher Ebene treffen.

Die Schwierigkeit des Zuhörens

Es gibt eine *Übung,* die in Seminaren für Führungskräfte immer wieder zu interessanten Beobachtungen führt: In einem Gespräch zwischen zwei Personen müssen immer zuerst die Worte des anderen sinngemäß wiederholt werden, bevor jemand antworten und den Dialog fortsetzen darf. Dies zwingt zum Zuhören. Erstaunlicherweise sind die wenigsten Teilnehmer wirklich imstande, längere Gesprächsbeiträge inhaltlich richtig wiederzugeben und in eigenen Worten zusammenzufassen. Diese Übung soll eines der wesentlichen Probleme bewußt machen, die oft zum Scheitern der Kommunikation beitragen: *Der Mensch ist nur begrenzt aufnahmefähig!* Jeder Vortragsredner muß dies berücksichtigen, wenn er sich an seine Zuhörer wendet. Wir hören zudem immer nur *selektiv.* Beim Zuhören vollzieht sich ein Auswahlprozeß. Bestimmtes nehmen wir wahr, anderes überhören wir.

Jedem wird bei dieser Übung aus eigener Erfahrung deutlich, daß Zuhören eine enorme Konzentrationsleistung erfordert. Es ist nahezu unmöglich, während einer längeren Rede seine Aufmerksamkeit beständig aufrechtzuerhalten. So kann es vorkommen, daß wir von bestimmten Wörtern oder Aussagen stimuliert werden, die unsere Phantasie in Bewegung setzen oder eine Erinnerung wachrufen. Sobald dies geschieht, hört man nicht mehr zu. Das aufgenommene Reizwort löst eine ganze Gedankenkette aus. Der *rote Faden* geht verloren. Die Kommunikation steht damit vor einer ihrer größten Hürden, die auch weiterreichende Konsequenzen hat, denn vom Zuhören-Können hängt auch das Verstehen ab.

2.2 Aspekte des Verstehens

Wir kennen die Wörter *hören, zuhören, verstehen* und *begreifen*. In der hier genannten Reihenfolge läßt sich eine Steigerung erkennen. Beim *Hören* kann man noch an eine Geräuschkulisse denken. Doch bereits das *Zuhören* erfordert es, sich einem Sprecher zuzuwenden und ihm seine Aufmerksamkeit zu schenken. Beim *Verstehen* muß man sich schon in ihn hineinversetzen, man muß den eigenen Standpunkt verändern, wie dies schon durch die Wortverbindung *ver-stehen* ausgedrückt wird. Beim *Begreifen* muß man noch etwas aktiver werden. Man muß greifen, ergreifen und *be-greifen*. Der Zuhörer gleicht einem leeren Gefäß, in das er die Mitteilung aufnimmt.

Die Steigerung: hören, zuhören, verstehen, begreifen

Erst solche Gedanken öffnen den Zugang für ein tieferes Verständnis der Kommunikationsproblematik. Was geschieht nun aber, wenn Menschen versuchen, miteinander zu kommunizieren, wenn sie eine Gemeinsamkeit erzeugen wollen? – Denn vor allem darum geht es ja bei der Kommunikation.

Zunächst müssen wir unterscheiden zwischen *verbaler Kommunikation* (alles, was wir mit Worten ausdrücken) und *nonverbaler Kommunikation* (was durch Körpersprache übermittelt wird und sich in Gestik, Verhalten, Augenkontakt usw. ausdrückt).

2.3 Verbale Kommunikation

Ein Wort bedeutet nicht für jeden das gleiche

Wenn wir miteinander sprechen, verwenden wir Worte, Begriffe. Sie haben einen Inhalt, eine *Bedeutung*. Doch nicht für jeden ist sie gleich. So wie eine Fremdsprache demjenigen, der sie nur unvollkommen beherrscht, Verständigungsschwierigkeiten bereitet, findet auch jeder einzelne Mensch in den Worten derselben Sprache unterschiedliche Nuancen wieder, die auf seinem persönlichen Wissens- und Erfahrungsschatz beruhen.

Wir müssen also folgendes unterscheiden: die *Worte*, die wir gebrauchen, ihre *Bedeutung* und schließlich das, was wir mit ihnen vermitteln wollen, das *Gesprächsziel*. Auf letzteres wollen wir unsere Aufmerksamkeit richten. Wir kommunizieren, weil wir etwas mitteilen wollen, und wir müssen uns im Gespräch stets fragen, ob unsere Absicht deutlich wird, ob wir bei unserem Gesprächspartner Verständnis wecken konnten für das, was wir ihm mitteilen möchten.

Wir kennen die Redewendung, wonach es der Ton ist, der die Musik macht. Ob wir uns in der richtigen Weise Gehör verschaffen können, hängt oft davon ab, welche *Gefühle* bei unserer Rede mitschwingen und wie sie sich bemerkbar machen. Es kann schwierig sein, seine eigene Wirkung auf andere Menschen zu kontrollieren. Doch wer kommuniziert, sollte sich ihrer bewußt werden.

Steigerung der Kommunikationsfähigkeit durch Rückkopplung

Dabei wird sichtbar, wie wichtig im Gespräch die sogenannte *Rückkopplung* ist. Wenn ich im Zweifel bin, ob ich den anderen richtig verstanden habe, kann ich mich durch Rückfragen vergewissern. Zur Kontrolle kann ich auch versuchen, in eigenen Worten zu wiederholen, was er gesagt hat. All das sind Hilfsmittel, durch die man seine Kommunikationsfähigkeit steigern kann.

Wenn ich mit jemandem persönlich ins Gespräch komme, nehme ich nicht nur seine Worte wahr, ich habe auch seine *Gestalt* vor Augen. Ich sehe ihn an, nehme unbewußt seine Gestik wahr, habe Blickkontakt und erlebe die Gefühle, die in seinem Auftreten mitschwingen.

Die Sprache vermittelt mehr als das, was man mit den Sinnen wahrnehmen kann

Um diese hintergründigen Phänomene besser zu verstehen, müssen wir uns einer *erweiterten Sinneslehre*[4] bedienen. Die Wahrnehmung der Worte geschieht zuerst durch den *Gehörsinn*. Doch dieser kann nur den akustischen Eindruck

50

abbilden, den wir von außen erhalten. Den Sinn, der uns vermittelt, wie jemand die Sprache gebraucht, wie er mit dem Sprachgenius umzugehen versteht, wollen wir *Wort-* oder *Sprachsinn* nennen. Jeder weiß, wie lange es dauern kann, bis man eine Fremdsprache so weit beherrscht, daß man mit den Worten »spielen« kann. Wortspiele sind Ausdrucksmittel, in denen der Sprachgenius auf besondere Weise wirksam wird. Ausschlaggebend ist dabei, wie weit man über den Wortschatz verfügt, ob man geschickt zu formulieren versteht und wie man mit sinnverwandten Wörtern umgehen kann.

Sprachsinn, Denksinn, Ich-Sinn

Wenn wir versuchen, einem Gedankengang zu folgen und den Inhalt einer Mitteilung zu begreifen, erfahren wir die Tätigkeit des *Denksinns.* Kann dieser Sinn dem Gespräch nicht mehr folgen, hören wir oft den Einwand: Was redet der für einen Unsinn? Meist gibt sich darin die entsprechende Unfähigkeit des Denksinns zu erkennen, die Überlegungen des anderen nachzuvollziehen. Doch selbst wenn er wirklich Unsinn redet, ist in seinen Worten stets eine Mitteilung enthalten, die man hinter der Wortbedeutung suchen muß.

Zuletzt wird mein *Ich-Sinn* wirksam. Mit seiner Hilfe kann ich wahrnehmen, was der andere als ein »Ich« von mir und meinem Ich eigentlich will. Dabei erfasse ich das Motiv seiner Rede, das sich gewöhnlich hinter seinen Worten verbirgt, ohne daß es deutlich ausgesprochen wird. Man kann versuchen, diese Absicht ins Bewußtsein zu heben, indem man nachfragt: Was willst du denn eigentlich damit sagen …?

– Bereits hier zeigt sich, wie vielschichtig Kommunikation verläuft, obwohl wir bisher nur einige verbale Aspekte betrachtet haben.

2.4 Nonverbale Kommunikation

Bei der nonverbalen Kommunikation nehmen wir das *Verhalten* wahr. Unsere Gestik und unsere Mimik sprechen Bände, ohne daß ein Wort ausgesprochen wird: Gibt es einen Augenkontakt oder schaut man weg? Werden die Arme in Abwehr vor der Brust gekreuzt? Liegt die Aktenmappe wie ein Schutzschild auf dem Tisch? Ist die Kleidung sexy? Gibt es Zeichen der Nervosität wie das Trommeln mit den Fingern auf der Tischkante oder das Wippen mit dem Fuß? – Hier treten noch andere Sinne als der Gehörsinn mit in die Kommunikation ein.

Auch für Nase und Augen gibt es eine Sprache

Wer in der Parfümindustrie tätig ist, weiß um die Bedeutung des Geruchssinns, den er ansprechen will und mit den geeigneten Essenzen auf angenehme Art zu reizen versteht. Er weiß, daß ein Duft Sympathie oder Antipathie erzeugen kann, daß bestimmte Gerüche Ekel erregen können, andere wiederum anregend wirken.

Bereits im Mittelalter wurden Menschen durch Geruchsstoffe gezielt manipuliert. Der Sprachgenius hat sich seine Bilder aus diesem Sinnesbereich geholt und spricht beispielsweise von einem *anrüchigen* Geschäft. Hier zeigt sich eine Verbindung von Geruch und Moralität. Jeder kann selbst testen, welche Wirkung Gerüche auslösen, etwa wenn wir Blumenduft wahrnehmen usw.

Auch unser Sehorgan reagiert auf vergleichbare Weise auf äußeres Verhalten, auch wenn diese Eindrücke nur selten ins Bewußtsein vordringen. Eine Übung, die jeder selbst machen kann, besteht darin, sich abends in einer Tagesrückschau eine bestimmte Kommunikationssituation, die man erlebt hat, vor die Seele zu stellen und sich in Erinnerung zu rufen, wie sich die betreffende Person verhalten hat: Gab es da vielleicht eine ausladende Gestik, eine schnelle Bewegung, ein Blickkontakt usw.? – Durch gute Beobachtung können wir hier unsere Wahrnehmung schulen und erweitern.

Es wird deutlich, wie vielseitig unser Wahrnehmungsvermögen ist und wie abhängig wir von unseren Sinneseindrükken sind. Für eine fruchtbare Kommunikation ist eine entsprechende Schulung der Sinnesorgane eine absolute Notwendigkeit.

2.5 Wodurch wird unsere Wahrnehmung beeinflußt?

Die Sinnesorgane werden zunächst von der *Leiblichkeit* beeinflußt. Wer taub ist oder blind, wird keine Eindrücke aus der sichtbaren oder hörbaren Welt bekommen. Ein Sinnesorgan muß aber nicht immer völlig ausfallen. Unsere Ohren z.B. können auch abgestumpft werden durch den Lärm, dem wir heute oft wehrlos ausgesetzt sind, aber auch durch übertriebenen Radio- und Fernsehkonsum. Es gibt Menschen, die einen permanenten Geräuschpegel brauchen, weil sie die Stille nicht mehr ertragen können. Darf es uns wundern, daß sie nicht mehr zuhören können?

Nicht nur von äußeren Reizen, auch durch unsere Seeleninhalte werden die Sinnesorgane beeinflußt. Unsere Vor-Stellungen, die der Wahrnehmung eines Gegenstandes vorausgehen, wirken wie ein Filter, durch den wir unsere Umgebung betrachten. Wir *stellen* ihn *vor* unsere Sinnesorgane und betrachten alles durch ihn hindurch. Aber auch die tiefer in der Seele verborgenen Erfahrungen und Willensimpulse geben der Wahrnehmung eine subjektive Färbung. Wir nehmen uns selber in die Wahrnehmung hinein und verändern sie nach unseren Bedürfnissen.

Subjektivität als Hindernis für die Kommunikation

Oft verwenden wir das Wort *Enttäuschung*, wenn wir uns in unseren Erwartungen betrogen fühlen. Ein vielsagender Ausdruck! Ich habe mich getäuscht, meine Vorstellungen und Erwartungen stimmen nicht mit der Wirklichkeit überein. Um richtig zu kommunizieren, sollte jeder versuchen, ausfindig zu machen, wie es um ihn selbst bestellt ist. Objektives Wahrnehmen erfordert Selbsterkenntnis, die wir nur durch Übung erlangen können. Dieses Üben, das oft eine grundlegende Änderung der Lebenseinstellung verlangt, bedeutet einen Verzicht auf vieles, was unsere moderne Zivilisation zu bieten hat.

Pädagogen haben nachgewiesen, daß Legasthenie, jene Unfähigkeit des Kindes, Buchstaben in richtiger Reihenfolge zu Wörtern und Sätzen zu kombinieren, im frühesten Kindesalter verursacht wird. Wenn das Kind niemals Gelegenheit hatte, sich in der dreidimensionalen Raumordnung zu orientieren, weder Seilspringen noch Stelzenlaufen konnte und auch nicht auf Bäumen herumklettern durfte, wird es später in der Schule dazu neigen, sich nicht richtig in der Sprache zurechtzufinden.

Physische Bedingungen der Sprach- und Denkentwicklung

Das physische Geschehen steht in einem engen Zusammenhang mit seelischen Prozessen. So könnte man sich auch die Frage stellen, ob es Zusammenhänge gibt zwischen Luftverschmutzung, Geruchssinn und Moralität – oder zwischen ungesunder Nahrung, dem Lebenssinn und dem allgemeinen Wohlbefinden vieler Menschen.

Wer seine Gedanken nicht richtig beherrscht und nicht mit ihnen umzugehen versteht, hat es schwer, einem komplizierten Gedankengang zu folgen. Wo lernen wir es heute, logisch, präzise, aber auch bildhaft zu denken? Wo lernen wir, größere Gedankenzusammenhänge zu überschauen? – Eine Fähigkeit, auf die wir weniger denn je verzichten können!

Ich möchte in diesem Zusammenhang auf die bahnbrechenden Untersuchungen von Thomas A. *Blakeslee*[5] über die Aufgaben von rechter und linker Gehirnhälfte hinweisen. Blakeslee hat nachgewiesen, daß wir mit der rechten Hälfte bildhaft, mit der linken abstrakt denken. Wenn nun in der Schule das bildhafte Denken nicht gefördert wird, wie es durch Märchenerzählen, Pflege des Künstlerischen und Musischen geschehen sollte, verkümmert diese Fähigkeit. Wir werden im wahrsten Sinne des Wortes »einseitig«. Als Erwachsene sind wir dann unfähig, komplexe Zusammenhänge zu erfassen und zu durchschauen. Es gibt auch eine Beziehung zwischen der Hand- und Fingerfertigkeit und dem Denken. In ihr liegt ein Grund dafür, warum in den Waldorfschulen auch die Jungen handarbeiten und stricken lernen.

2.6 Kommunikationsprobleme und ihre Therapie

Nachdem wir uns einen ersten Einblick in die Kommunikationstheorie verschaffen konnten, sollen die wesentlichen Probleme und angemessene Therapiemaßnahmen stichpunktartig genannt werden:

2.6.1 Allgemeine Probleme

Subjektive Vorstellungen prägen die Wahrnehmung

- *Selektives Zuhören.* Man hört nur, was man hören will oder was man selber sagen möchte.
- *Überbetonung* einzelner Aspekte entsprechend dem eigenen Wunschdenken. Man interpretiert eine Sache in Übereinstimmung mit der eigenen Sichtweise. Auch Sprachprobleme können dabei mitspielen.
- *Ergänzungen* entsprechend den eigenen Bedürfnissen. Wenn Information fehlt oder eine Kommunikation nicht die Ergebnisse bringt, die man sich erhofft hat, wird sie ergänzt. Hier liegt die Ursache für die Entstehung von Gerüchten.

- Während des Zuhörens *abschalten* und seine Gedanken für einen eigenen Gesprächsbeitrag zurechtlegen, während der andere noch redet.

Übungen zur Kommunikationsfähigkeit

- Durch *Wiederholen* des Gesagten kontrollieren, ob man den Gesprächspartner oder Vorredner richtig verstanden hat. So können Kommunikationsprobleme deutlich werden.
- *Wahrnehmungsübungen.* Zum Beispiel etwas anschauen und dann versuchen, es aus der Erinnerung zu zeichnen. Oder einen längeren Redeabschnitt aus dem Gedächtnis wiedergeben.
- *Konzentrationsübungen.* Täglich fünf Minuten lang seine Gedanken sammeln und, ohne abzuschweifen, auf einen bestimmten Gegenstand richten. Man muß sich dabei verbieten, die hereinspielenden Gedanken weiter zu verfolgen.
- *Gedankenübungen.* Einen Gedanken mit all seinen Konsequenzen wirklich einmal zu Ende denken. Etwa in der Art: Was würde passieren, wenn wir alle Subventionen in der Landwirtschaft abschaffen würden?
- *Objektivitätsübungen.* Zu einem umstrittenen Thema, zu dem man sich bereits eine feste Meinung gebildet hat, den »advocatus diaboli« spielen und versuchen, alle Argumente der Gegenseite ausfindig zu machen. Man kann auch so vorgehen, daß man alle Vor- und Nachteile gegenüberstellt.
- *Gesund leben,* um die Sinnesorgane in ihrer Fähigkeit zur objektiven Wahrnehmung zu stärken.

2.7 Zusammenfassung

Kommunikation ist ein Prozeß, der sich zwischen Menschen abspielt und dessen Ziel es ist, eine gemeinsame Ebene zu finden. Zwischen den Beteiligten soll etwas hin- und herfließen. Oder es soll auch nur in eine Richtung fließen, je nach

Art und Zweck des Gesprächs. Gedanken, Erlebnisse, Gefühle und Willensimpulse sollten sich dabei aber immer auf einer gemeinsamen Ebene begegnen.

In diesem Prozeß müssen wir lernen, uns im verbalen wie auch im nonverbalen Bereich so auszudrücken, daß unsere Absichten in der richtigen Weise verstanden werden. Ebenso müssen wir unsere Wahrnehmung schulen, damit wir alles so objektiv wie möglich, ohne eine subjektive Färbung, in uns hereinfließen lassen können. Dazu brauchen wir gesunde Sinnesorgane und müssen in der Lage sein, uns seelisch zu öffnen und alle Eindrücke wie in einem leeren Gefäß aufzunehmen.

Die Fähigkeit zur Kommunikation ist heute keine Selbstverständlichkeit. Wir müssen heute vieles neu erlernen. Dazu gehört auch das Gespräch. Wir können dies nur durch Übung erreichen. Dabei müssen wir eine Vielzahl äußerer Widerstände überwinden. Gelingt es uns aber, so haben wir eine Fähigkeit erworben, die uns auf allen Gebieten des Lebens voranbringt.

Im folgenden Kapitel wollen wir die Gesetzmäßigkeiten des Gesprächsverlaufs und die Strategie der Gesprächsführung im einzelnen betrachten.

3 Gesprächsführung im sozialen Organismus

Gespräche sind der Pulsschlag einer Gemeinschaft. Sie machen eine Organisation zum Organismus, stärken Denken, Fühlen und Wollen beim einzelnen und kräftigen zugleich den Zusammenhalt einer Gruppe. Dialoge informieren und tragen somit zu einem sinnvollen Handeln bei.

3.1 Wie beginne ich ein Gespräch?

Kunst und Handwerk des Gesprächs

Gespräche führen ist eine Kunst. Doch wie bei jeder Kunst genügt nur selten das bloße Talent. Man muß auch das Handwerk beherrschen. Wer sich der Mühe unterzieht, es zu erlernen, wird von einer Fähigkeit Gebrauch machen können, die nicht nur seinem eigenen Vorteil, sondern zugleich auch der Gemeinschaft dient.

Eine der größten Schwierigkeiten bei der Kommunikation überwindet man dadurch, daß man die nötige Klarheit in den Gesprächsverlauf hineinbringt. Jeder, der sich auf ein Gespräch vorbereitet, wird sich gründlich überlegen, was er mitteilen will und was er vom andern erfahren möchte. Wer hat sich aber schon einmal Gedanken darüber gemacht, wie man seinen Verlauf steuern kann und vor allem, wie man es am sinnvollsten beginnt?

Handelt es sich um einen geselligen Anlaß, können wir beliebig improvisieren. Wir verfolgen keine bestimmte Absicht, sind in der Regel ohne Zeitdruck, können aus- und abschweifen, wo es uns beliebt. Unser Gefühl herrscht über den Gesprächsverlauf. Sobald uns eine Unterhaltung ermüdet oder langweilt, können wir sie abbrechen oder ihr eine andere Richtung geben.

Viele tun sich außerordentlich schwer, wenn sie den Faden

57

verloren haben oder das Gespräch ins Stocken gerät. Gesprächsstoff ist jedoch keine Mangelware. Fragen Sie einfach Ihren Mitmenschen, womit er sich jeden Tag beschäftigt. Dies bietet eine unbegrenzte Fülle an Gesprächsstoff. Ist er verheiratet? Hat er Kinder? Was liest er am liebsten? Welches Auto fährt er? Dabei kommen Sie garantiert mit ihm ins Gespräch. Jeder erzählt gerne über sich selbst. Man fühlt sich geschmeichelt, wenn man bei einem anderen Interesse für seine Person entdeckt.

Ob solche Gespräche sehr wesentlich sind, ist eine andere Frage. Oft aber eignen sich gerade die belanglosesten Themen ganz hervorragend dazu, den anderen ein wenig abzutasten. Dabei zeigt sich, worüber man mit ihm reden kann und wo man auf Grenzen stößt. Unter Umständen kann man dabei zu sehr interessanten Fragen vordringen.

Auch bei Gelegenheitsbekanntschaften, die sich z.B. auf einer Reise ergeben, können außergwöhnlich lebhafte und offene Gespräche zustande kommen – vielleicht deshalb, weil man hier mehr bereit ist, etwas zu riskieren, denn man sieht sich ja möglicherweise nie wieder. Versuchen Sie nur einmal, bei einer Zugfahrt mit Ihren Mitreisenden ins Gespräch zu kommen!

3.2 Gesprächsführung in der Arbeitsgemeinschaft

Schwieriger wird es, wenn ein Inhalt, ein Thema oder ein bestimmtes Verhandlungsziel und der zeitliche Rahmen vorgegeben sind. Hier besteht das Problem nicht nur darin, überhaupt ins Gespräch zu kommen. Man muß sich gründlich überlegen, welchen Verlauf es nehmen soll. Wie gestalte ich das Gespräch effizient? Wie komme ich zu den erhofften Resultaten?

In einer *Organisation* muß man laufend miteinander sprechen und sich verständigen. Nur das Gespräch kann die Teile zu einem Ganzen, die Mitwirkenden zu einer Gemeinschaft verbinden. Wenn dies nicht geschieht, fallen die Spezialisten wie Fremdkörper aus dem sozialen Organismus heraus. Die Organisation geht in einen anarchischen Zustand über.

Wir kennen die Folgen des Turmbaus zu Babel. Jeder redete plötzlich in einer anderen Sprache, und keiner konnte mehr den anderen verstehen. Es fanden nur noch Expertenmonologe statt, jedoch keinerlei *Koordination*. Eine weitere Zusammenarbeit war undenkbar, das Werk konnte nicht zu Ende geführt werden. Nur regelmäßige Besprechungen in Gruppen können aus einer Anzahl von Spezialisten eine organische Einheit machen.

Nach Besprechungen entlädt sich oft im Korridor der Frust der Beteiligten: »Wie immer ist nichts dabei rausgekommen! Warum redet eigentlich immer nur der Meier? Sein Geschwätz ist doch nur eitle Selbstdarstellung.« Oder die Emotionen wogten wieder einmal so stark, daß man nicht zur Sache kommen konnte. Jeder hat nur für seine eigenen Ziele gekämpft und die Gelegenheit zur Selbstdarstellung genutzt.

Diese Verhaltensweisen gehören zu den Auswirkungen einer zunehmenden Individualisierung in unserer Gesellschaft, deren Folgen wir immer deutlicher spüren. Für den Arbeitsprozeß ist es notwendig, daß der einzelne seine individuellen Fähigkeiten zur Geltung bringt und die Aufgaben übernimmt, auf die er spezialisiert ist. Je weiter aber das Spezialistentum fortschreitet, desto größer ist die Abhängigkeit vom anderen. Nur eine gelungene Zusammenarbeit kann das gemeinsame Projekt zum Erfolg führen. Dies erfordert aber eine reibungslose Kommunikation. Im Arbeitsalltag spielen soziale Prozesse daher eine ebenso große Rolle wie das Fachwissen der Beteiligten.

Im Arbeitsprozeß müssen wir verhindern, daß sich ein einzelner isoliert und ohne den Zusammenhang mit der Gruppe arbeitet. Der einzelne muß sich zwar als Individuum begreifen können, er muß aber auch ein nützliches Glied im sozialen Organismus bilden. Nur so können Entscheidungen getroffen werden, die der gemeinsamen Arbeit dienen.

Ein sinnvolles Konzept für die Gesprächsführung kann nur auf der Grundlage eines Menschenbildes entwickelt werden, das den *ganzen Menschen* mit einbezieht, sowohl in seiner Bedeutung als Individuum als auch im Hinblick auf seine Rolle in der Gemeinschaft. Am Gespräch nimmt stets der ganze Mensch teil, nicht nur sein Denken, auch was ihn bewegt und was er empfindet, und ebenso sein Wollen.

Im Kopf bilden wir unsere Vorstellungen und Gedanken: eine eigene, innere Welt, die uns den Gegensatz zur äußeren

Sinnvolle Gesprächsführung nur auf der Basis des dreigliedrigen Gesamtbildes vom Menschen

Wirklichkeit bewußt macht. Im *Denken* stehen wir daher in einer weitgehend passiven Beziehung zu unserer Umwelt. Auch bei einem Gespräch sind wir bloß »Zuschauer«, wenn wir nur mit unserem Denken daran teilnehmen.

Mit dem Teil unserer Leiblichkeit, der aus Stoffwechselorganen und Gliedmaßen besteht, befinden wir uns dagegen im Austausch mit der Umwelt, greifen verändernd in sie ein und nehmen aktiv an ihrer Gestaltung teil. Wenn wir im Gespräch das Wort ergreifen, geht die Initiative des Sprechens vom *Willen* aus.

Dazwischen steht unser *Empfinden*. Das Empfinden entscheidet, wann wir in einem Gespräch vom Zuschauer zum Handelnden werden, wie dies geschehen soll und aus welchem Grund. Es vermittelt zwischen den beiden Polen Kopf und Gliedmaßen. Unser Gefühl kann die Gedanken ebenso steuern wie den Willen. Unsympathische Gedanken vergessen wir, oder wir wollen sie nicht wahrnehmen, unsympathische Handlungen unterlassen wir, sofern es uns möglich ist.

Das Gespräch ist das *Lebenselement einer Gruppe.* Es verbindet alle Organe zu einem fuktionierenden und lebenstüchtigen Organismus und ergreift den *ganzen* Menschen in seinem Denken, Fühlen und Wollen.

3.3 Die drei Ebenen des Gesprächs

Bei einem Gespräch bewegt man sich, unabhängig von seiner Art und der Größe der Gruppe, auf drei verschiedenen Ebenen. Wenn wir die menschliche Natur nach Denken, Fühlen und Wollen unterscheiden, können wir diese Bereiche auch im Gesprächsverlauf wiederfinden. Unser Denken liefert den *Inhalt* des Gesprächs, das Gefühl erzeugt die *Interaktion,* und der Wille steuert den *Prozeß.*

3.3.1 Gesprächsinhalt – Worum soll es gehen?

Das Denken bestimmt den Gesprächsinhalt

Auf der ersten Ebene trägt unser Denken den Gesprächsinhalt. Dieser setzt sich aus dem zu besprechenden Thema und der Qualität des Beitrags zusammen. Das Gespräch soll zu

60

einem Ziel führen. Erst wenn wir ein Ziel anstreben, erhält unser Handeln eine Richtung. Ein Sprichwort lautet: Wenn es windstill ist, dann ist jeder Hafen unerreichbar. Auch im Leben oder bei der Arbeit wird man auf der Stelle treten, wenn man nicht genau weiß, wonach man strebt.

Für den Gesprächsverlauf bedeutet dies, nicht zu weit vom Thema abzuschweifen und sich folgende Kontrollfragen präsent zu halten:

- Warum sind wir zusammengekommen?
- Haben wir Probleme zu besprechen?
- Wollen wir einfach nur gesellig miteinander reden?
- Soll eine bestimmte Arbeit geleistet werden?
- Oder geht es um Verabredungen, die getroffen werden müssen?
- Gehört ein Beitrag auch wirklich zur Sache? Ist er sinnvoll?
- Handelt es sich um Fakten oder nur um eine persönliche Meinung?
- Verläuft das Gespräch sachlich oder wirkt jeder Gesprächsbeitrag emotional geladen?

Kontrollfragen für eine zielstrebige Gesprächsführung

Wir müssen unterscheiden lernen zwischen einer *objektiven Information* und dem, was durch Gefühle und Meinungen gefärbt ist. Im Interesse einer effizienten Gesrächsführung muß jegliches subjektiv-egozentrische Denken erkannt und unterbunden werden. Dies ist nicht leicht. Oft wird zwar die mangelnde Qualität eines Beitrags bemerkt, doch niemand wagt es, in das Gespräch einzugreifen, um es wieder auf eine objektive Bahn zu lenken. Wichtig ist, nach einem Beitrag sich selbst deutlich zu machen: Enthält er Fakten, ist es eine persönliche Meinung oder handelt es sich hier um Wünsche und Erwartungen?

Ein Gespräch kann nur erfolgreich verlaufen, wenn alle zum Thema gehörenden Informationen auf den Tisch kommen. Dies ist die Grundlage zu einer sachgerechten Meinungsbildung. *Jeder* muß deshalb zu Wort kommen, jeder ist aufgefordert, Fragen zu stellen und um Erklärungen zu bitten.

Was ist Gesprächsinhalt? – Fakten, Meinungen, Wünsche oder Erwartungen?

3.3.2 Die Interaktion – Verstehen wir uns richtig?

Das Fühlen bestimmt die Interaktion

Die Interaktion, die vom Gefühl bestimmt wird, umfaßt den *zwischenmenschlichen Bereich*, die Bereitschaft und die Fähigkeit, aufeinander einzugehen.

Immer wieder beobachtet man, wie gewisse Beiträge übergangen werden. Hat man sie nicht wahrgenommen? Wurden sie nicht gehört oder nicht verstanden? Vielleicht hat man sie auch nicht hören wollen? Oder wurden sie etwa nicht deutlich genug artikuliert?

Hier muß nach den Ursachen gesucht werden.

Gesprächsleitung

Effizienz durch Gesprächsführung. – Aber wie findet man den Gesprächsleiter?

Effiziente Gruppengespräche kann man nur führen, wenn man ein Empfinden für die Feinheiten dieses zwischenmenschlichen Spiels entwickelt. Zur Interaktion gehört daher auch eine in diesem Bereich geschulte *Gesprächsführung*.

Für jede Aufgabe innerhalb einer Organisation muß derjenige gefunden werden, der die beste Qualifikation mitbringt. Dies gilt auch bei der Wahl der Gesprächsleitung! Wer leitet das Gespräch und weshalb? Hat man wirklich den geeigneten Gesprächsleiter gefunden oder ist er es nur aus Prestigegründen geworden? Verfolgt er persönliche Ziele?

Es genügt nicht, daß der Betreffende sich seiner Aufgabe bewußt ist. Auch diejenigen, die ihn zum Gesprächsleiter gemacht haben, müssen die notwendigen Anforderungen seiner Rolle kennen.

Grundsätzlich sind es fünf verschiedene Aufgaben, deren oft widersprüchlicher Charakter in Einklang gebracht werden muß.

Fünf Leitlinien für die Gesprächsführung

- Regelmäßige Kontrolle des Gesprächsverlaufs. Nimmt es eine falsche Richtung? Entfernt es sich vom angestrebten Ziel? Den Fortgang des Gesprächs verfolgen und bei Abschweifungen korrigierend eingreifen und es wieder auf den richtigen Weg zurückführen.
- Dafür sorgen, daß jeder einen Beitrag zum Gespräch liefert, damit alle notwendigen Informationen auf den Tisch kommen und die größtmögliche Objektivität erreicht wird.
- Informationen gelegentlich zusammenfassen, objektivieren und in einen Zusammenhang mit den Zielen der

Gesamtorganisation stellen. Auf jeder Gesprächsetappe, die man erreicht hat, den Gesamtüberblick sichern.

- Das Gleichgewicht bewahren zwischen Sprechen und Zuhören.
- Dafür sorgen, daß nicht zuviel durcheinander geredet wird und daß auch die Schüchternen zu Wort kommen und ihre Beiträge nicht verloren gehen.

Eine gut eingespielte Gruppe kann diese Aufgaben gemeinsam überwachen, ohne daß es eine formelle Gesprächleitung gibt. Das kann aber nur gelingen, wenn sich jeder in der Gruppe verantwortlich fühlt und bei Bedarf eine Steuerfunktion übernimmt.

Alle in der Gruppe tragen die Verantwortung für das Gespräch

Ein guter Gesprächsleiter erzieht die Mitglieder einer Gruppe zur Disziplin und Verantwortung. Eine Gruppe oder ein Team ist stets nur so gut wie die Disziplin aller Beteiligten.

Solange sich die Gruppe noch nicht zu einer disziplinierten Gesprächsrunde entwickelt hat, muß die Führung zwar höflich, aber bestimmt sein. Je weniger Disziplin vorhanden ist, um so energischer muß die Führung durchgreifen. Doch kann auch eine straffe Führung die Nachteile eines undisziplinierten Verhaltens nicht völlig ausgleichen. Dies macht sich besonders dann bemerkbar, wenn die Führung wegfällt und die Teilnehmer nicht gewohnt sind, selbst Verantwortung zu tragen.

Spielregeln

Zur Interaktion gehört auch das Beachten von Spielregeln. Sie sind immer vorhanden, auch dann, wenn nie welche vereinbart und formell festgehalten wurden. In diesem Fall ergeben sie sich aus der Situation, ohne völlig ins Bewußtsein zu treten. Dabei wird man beobachten, daß jeder glaubt, seine persönliche Auffassung über die richtigen Spielregeln müsse für alle gelten. Eine Gruppe, in der es ebenso viele unterschiedliche Meinungen über ein angemessenes Verhalten wie Beteiligte gibt, wird man sich durch innere Kämpfe aufreiben und kaum zu einem geordneten Gesprächsverlauf finden. Eine Organisation von Menschen, die sich noch nicht als Gruppe formiert hat, sollte sich ihre Spielregeln daher bewußt suchen.

Formelle und informelle Spielregeln

Folgende Prinzipien sollte man dabei unter allen Umständen berücksichtigen:

Vier grundlegende
Spielregeln für das
Gespräch

- Sobald sich jemand während des Gesprächs unzufrieden oder übergangen fühlt, möge er sich melden. Bevor man fortfährt, muß nach den Ursachen gesucht werden. Menschen, die sich übergangen fühlen, lösen sich innerlich aus dem sozialen Gefüge heraus, ihre Bereitschaft zur Mitarbeit läßt nach. Ist man an den Beiträgen der betreffenden Person nicht interessiert, sollte man sie nicht erst einladen.
- Jeder sollte nach Möglichkeit in der *Ich-Form* sprechen. Ausdrücke wie *man* und *sie* verleihen unbewiesenen und unverbindlichen Behauptungen unbemerkt den Anschein der Objektivität. Fakten und persönliche Meinungen sind jeweils als solche kenntlich zu machen.
- Man versuche *konkret* zu bleiben und nicht voreilig zu verallgemeinern. Beispiele werden gern mit dem Zusatz »immer« versehen. Man sollte stets prüfen, ob dieses »immer« auch zutrifft.
- Am Gesprächsende einen *Rückblick* machen. So kann jeder sagen, wie er das Gespräch empfunden hat, ob er zufrieden ist oder nicht und was man das nächste Mal besser machen könnte.

Abhilfe gegen
»Vielredner«: drei
Minuten Redezeit

Immer wieder sind Menschen am Gespräch beteiligt, die sich mit besonderer Vorliebe in der Kunst der Ausschweifung üben. Sobald sich ein sogenannter »Vielredner« zu Wort meldet, muß man sich auf einen längeren Monolog gefaßt machen. Man sollte sich daher im voraus darauf einigen, daß keiner länger als *drei Minuten* in Folge sprechen darf. Auch in dieser kurzen Zeit läßt sich sehr viel sagen. Haben alle einer solchen Abmachung zugestimmt, wird keiner beleidigt sein, wenn sein Gesprächsbeitrag wegen Überlänge abgebrochen wird.

3.3.3 Der Prozeß – Wie werden wir uns einig?

Der Wille bestimmt
den Prozeß

Nun bleibt noch die Frage, auf welchem Weg man sich dem Ziel eines Gesprächs nähern möchte. Es ist die Frage nach dem *Prozeß*, den wir dem Willensbereich zugeordnet haben. Ein Gespräch hat normalerweise eine feste Reihenfolge. Oft aber stellt sich das Gefühl ein, man hat keinen passenden Ausgangspunkt gefunden, das Gespräch verläuft nicht folgerichtig und findet zu keinem Ende.

Welche Schritte muß man im Interesse eines effizienten Gesprächsverlaufes einhalten?

Die *innere Logik* des Gesprächs ist die aller Problemlösungs- und Entscheidungsprozesse. Die *Problemanalyse* richtet sich in die Vergangenheit. Sie will aufklären, was bisher falsch gemacht wurde, damit man die gleichen Fehler künftig vermeidet. Ein *Entscheidungsprozeß* ist dagegen auf die Zukunft gerichtet. Man sucht nach neuen und sinnvollen Lösungen, von denen man glaubt, sie könnten sich bewähren.

Nicht nur die Qualität der Argumentation, auch andere gruppendynamische Phänomene beeinflussen das Ergebnis. Dazu gehören Sympathie und Antipathie, die Bereitschaft, aufeinander einzugehen, und die Aufmerksamkeit, mit der man dem Gespräch folgt.

Dazu gibt es eine Übung: Dreiergruppen werden gebildet, zwei der Beteiligten versuchen, ein Gespräch miteinander zu führen, das etwa 10–15 Minuten dauern sollte. Es darf immer nur einer sprechen. Der andere muß solange schweigen. Bevor jemand selbst zu reden beginnt, muß er zusammenfassend wiederholen, was der andere soeben gesagt hat. Der Dritte darf sich nicht am Gespräch beteiligen. Er bleibt in der Rolle des Beobachters und bringt bei der anschließenden Auswertung seine Erfahrungen ein. Verstößt jemand gegen die Regeln des Zuhörens und Wiederholens, kann er sich in die Unterhaltung einmischen, um als Schiedsrichter aufzutreten.

Es ist eine unglaubliche *Konzentrationsübung*, richtig zuzuhören. Wenn jemand anfängt zu reden, wollen sich die eigenen Gedanken selbständig machen. Jeder neigt dazu, irgendwann abzuschalten und beginnt, darüber nachzudenken, was er antworten könnte. Sobald man sich seine Antwort zurechtgelegt hat, wird man immer ungeduldiger und wartet eigentlich nur noch darauf, bis der andere endlich still ist, ohne ihm weiter zuzuhören.

So kann es geschehen, daß jeder nur noch sich selbst zuhört und keiner mehr weiß, was der andere gesagt hat. Dagegen muß man Abhilfe schaffen. Jeder, der zu Wort kommen möchte, sollte kurz zusammenfassen, was zuletzt gesagt wurde. Wenn man seinem Vorredner dabei außerdem noch die Frage stellt, ob man ihn richtig verstanden habe, macht man ihm damit eine große Freude. Er weiß dann, daß er nicht umsonst geredet hat, und seine Bereitschaft, sich der Meinung anderer zu öffnen, wird dadurch steigen.

Vergangenheitsorientierte Problemanalyse und zukunftsorientierter Entscheidungsprozeß

Konzentrationsübung: Zuhören

3.4 Der Gesprächsverlauf

3.4.1 Vorbereitung

Jedes Gespräch ist ein Entwicklungsprozeß, in den Erwartungen und Zielvorstellungen hineinspielen, der auf ein bestimmtes Ergebnis hinsteuert und deshalb gelenkt werden muß. Eine bestimmte Schrittfolge muß eingehalten werden, um einen planvollen Ablauf zu garantieren.

Konzentration, Effizienz und Klima

Vor der Zusammenkunft

Mit einer vorausschauenden Planung ist oft schon die halbe Arbeit getan. Die Dauer der Zusammenkunft verkürzt sich, man kann sich auf das Wesentliche konzentrieren und vermeidet Störungen durch Nebensächlichkeiten. Eine gute Organisation wird sich daher auch durch ihren günstigen Einfluß auf das Gesprächsklima bemerkbar machen. Für die Vorbereitung ist zuständig, wer vom Gespräch und seinen Konsequenzen am stärksten betroffen ist. Trittbrettfahrer sollten ausgeschlossen bleiben.

Folgende Fragen sind dabei zu beantworten:

- Wer soll am Gespräch teilnehmen und weshalb?
- Welche Unterlagen sind notwendig? Wer soll sie vorbereiten?
- Welche Arbeiten können schon vorher erledigt werden, um möglichst rasch zum Thema zu kommen?

Nun müssen organisatorische Maßnahmen ergriffen werden. Dazu gehört die Frage der Räumlichkeiten, der Sitzordnung, Beleuchtung usw. Sollen Getränke serviert werden? Wann, welche, und wer serviert? Wie wird das Klima des Gespräches dadurch beeinflußt?

Festlegung eines Zeitplanes

Ein Gespräch hat einen bestimmten zeitlichen Ablauf. Dieser erfordert einen Plan, der die Gesprächssequenzen festlegt und ihren zeitlichen Rahmen bestimmt. Zeitmaß und Rhythmus sind wichtige Elemente der Gesprächsführung. Ebenso wie der Atem oder der Kreislauf eines Menschen dürfen sie nicht willkürlich unterbrochen oder beschleunigt werden. Es wirkt sich oft nachteilig auf die Disziplin aus, wenn der Ablauf eines Gesprächs unnötig verzögert wird. Willkürliche

Veränderungen, etwa unvorhergesehene Eingriffe eines Vorgesetzten, können durch einen strengen Zeitplan vermieden werden.

Sitzordnung

Die Frage der *Sitzordnung* darf nicht unterschätzt werden. Sie wird häufig als Instrument der Manipulation gebraucht.

In der Sitzordnung findet man gewöhnlich die soziale Hierarchie einer Gemeinschaft widergespiegelt. Der Chef wird seinen Platz am Ende eines langen Tisches suchen. Für ein Gespräch unter gleichberechtigten Partnern ist diese Art der Gruppierung aber untauglich. Nur derjenige, der das Gespräch führt und am Tischende sitzt, kann alle Beteiligten zugleich wahrnehmen. Der Blickkontakt untereinander wird erschwert. Wer nicht daran interessiert ist, daß alle Versammelten aktiv am Gespräch teilnehmen, wählt einen langen Tisch. Auf diese Weise kann er den Verlauf eines Gesprächs nach seinem Willen dirigieren. *Die Suggestion der Sitzordnung*

In einer gut funktionierenden Organisation darf es nicht geschehen, daß jemand den Zusammenhang mit der Gruppe verliert. Im Gespräch muß Integration stattfinden. Niemand darf isoliert oder benachteiligt werden. Die beste Form der Sitzordnung ist daher der *runde Tisch*. Dort herrscht Gleichberechtigung. Jeder kann von seinem Platz aus alle Beteiligten wahrnehmen und direkt ansprechen. *Gleichberechtigte Sitzordnung: runder Tisch*

Strukturelle Vorbereitung

Ein Gespräch erfordert vor allem aber eine *gedankliche Vorbereitung*, die seine Struktur bestimmt. Oft genügt es schon, daß man die Themen, die behandelt werden sollen, in einer *Themenliste* zusammenfaßt. Ganz oben auf dieser Liste sollte der Punkt *Diverses* stehen. Unter dieser Rubrik wird alles gesammelt, was Priorität hat oder besonders aktuell erscheint.

Hilfestellung bei der Vorbereitung geben folgende Fragen:

- Welches sind die Verhandlungsthemen und wie lassen sie sich kurz und anschaulich darstellen?
- Inwieweit geht es allein um Informationen?
- Wo soll es zu einer Urteilsbildung kommen?
- Über was soll entschieden werden?

Motivation der
Teilnehmer

Die Interessen der Teilnehmer können sehr unterschiedlich sein. Hinzu kommt, daß nicht jeder gleich stark motiviert ist. Um das Gespräch zu einem guten Ende zu führen, muß man daher folgende Regel berücksichtigen: Je mehr die Teilnehmer zur Eigeninitiative herausgefordert werden, desto stärker wird ihre Motivation sein. Wenn sich immer nur einer in Szene setzt, unterdrückt er die Bereitschaft der anderen zur Mitarbeit.

Welcher Entscheidungsmodus?

Es sollte bereits im voraus Klarheit darüber herrschen, nach welchem *Entscheidungsmodell* man vorgeht. Bei wem liegt die Entscheidungskompetenz? Darf die ganze Gruppe mitentscheiden oder hat der Vorgesetzte das letzte Wort? Wenn die Gruppe entscheidet, wie geschieht dies? Demokratisch nach dem Mehrheitsprinzip? Oder soll ein Konsens angestrebt werden, bei dem man so lange verhandelt, bis Einverständnis herrscht und sämtliche Einwände und Bedenken ausgeräumt sind?

Gesprächsleiter und Protokollführer

Wie sehr darf der Gesprächsleiter eingreifen?

Bevor die Wahl des Gesprächsleiters stattfindet, müssen seine Aufgaben festgelegt werden. Soll er mitdiskutieren? Soll er nur Polizist spielen und für Disziplin sorgen? Darf er die Vielredner bremsen und die Schüchternen ermuntern? Ist er dafür verantwortlich, im passenden Moment den versammelten Kreis in kleinere Gruppen aufzuteilen, in denen eine Diskussion möglich ist?

Die wichtigsten *Aufgaben der Gesprächsleitung* sind:

* Vorbereitung von Entscheidungsalternativen.
* Die Meinungsbildung anregen und dafür sorgen, daß jede Meinung auch begründet wird.
* Das Fazit aus der Diskussion ziehen und das Wesentliche herausstellen.
* Schlußfolgerungen formulieren oder formulieren lassen und an der Tafel festhalten.

Aufgabe des Protokollanten

Soll ein *Protokoll* geführt werden, so muß auch dafür eine Person gewählt werden. Der Gesprächsführer kann diese Aufgabe keinesfalls miterfüllen. Man kann nicht das Gespräch beobachten und zugleich Notizen machen. Also muß man diese Funktionen auseinanderhalten.

Dem Protokollführer muß deutlich sein, was ins Protokoll hineingehört. Schreibt er jeden Unsinn mit? Wird ein Verlaufsprotokoll benötigt oder genügt ein Beschlußprotokoll? Der Protokollant kann auch ins laufende Gespräch eingreifen, indem er in bestimmten Abständen vorliest, was er bisher aufgeschrieben hat.

3.4.2 Bildgestaltung

Ein erstes Bild: Informationen, Meinungen, Gefühle

Mit jedem Thema beginnt ein neues Gespräch. Die erste Phase des eigentlichen Gesprächs wollen wir »Bildgestaltung« nennen. Sie hat die Aufgabe, ein möglichst *objektives Bild vom Gesprächsthema* entstehen zu lassen. Die Bildgestaltung ist eminent wichtig und erfordert gewöhnlich 20–30% der verfügbaren Zeit.

Jede Person, die zum Thema oder der Zielsetzung Meinungen, Informationen oder Vorschläge beizutragen hat, kann prinzipiell zu diesem Teil des Gespräches eingeladen werden. Meist wird die Zahl der Teilnehmer durch praktische Kriterien wie Raumgröße, Ziele oder die zur Verfügung stehende Zeit bestimmt.

Kreativität und Vielfalt sind die bestimmenden Merkmale dieser Phase. Jeder Beteiligte muß dabei als gleichberechtigt angesehen werden und muß die Möglichkeit haben, sich zu artikulieren. Während einer spricht, müssen alle anderen schweigen und dürfen ihm nicht ins Wort fallen. Erlaubt sind nur Nachfragen, die die eigentliche Information betreffen, nach dem Prinzip: Erläutern Sie das! Können Sie das präzisieren?

Hier dürfen in keinem Fall schon Argumente ausgetauscht werden. Kein Standpunkt darf in dieser Phase angegriffen werden. Zurückhaltung im eigenen Urteil ist hier das oberste Gebot! Informationen, Meinungen und Gefühlsäußerungen, die noch unbewertet nebeneinanderstehen, ergänzen sich so zu einem *Gesamtbild der Situation*.

Zum *Einstieg* ist es zunächst notwendig, Ziel und Zweck der Zusammenkunft zu formulieren. Nach einer ersten Zusammenfassung des Themas sollte man die verschiedenen Unterpunkte auflisten und der Reihe nach besprechen. Feierliche Vorreden, Floskeln und ausschweifende Einleitungen sind zu vermeiden. Sie erzeugen ein psychologisch ungünstiges Klima, das sich negativ auf die Gesprächsbereitschaft auswirkt.

Der Einstieg bestimmt das Klima des Gesprächs

Wer als Vorgesetzter teilnimmt, muß mit Verunsicherungen beim Gesprächspartner rechnen. Er sollte Versprechungen vermeiden, bei denen es fraglich ist, ob er sie einhalten kann. Übertriebenes Freundschaftsverhalten oder Familiaritäten sind ebenfalls strikt zu vermeiden. Ein konstruktives Gespräch erfordert es, den Partner in die Entscheidungsfindung einzubeziehen und bei einer bestehenden Rangordnung das Gefühl von Gleichberechtigung zu vermitteln. Dies kann durch die Bereitschaft geschehen, Widerstände zu akzeptieren, Verständnis zu suchen und eine gemeinsame Lösung anzustreben.

Keine Diskussionen in der ersten Phase
Nun sollte sich das Gespräch frei entfalten, doch ist darauf zu achten, daß es den thematischen Rahmen nicht verläßt. Die goldene Regel bei der Bildgestaltung lautet: *Es wird nicht diskutiert!* Denn zur Bildgestaltung müssen erst alle Informationen bekannt sein. Zunächst müssen die Fakten wie Mosaiksteine zu einem Gesamtbild zusammengetragen werden. Erst wenn dies vollständig ist, kann man es wieder zerlegen und neu zusammenfügen.

Nachdem jeder angehört wurde – man kann nach einer festgelegten Reihenfolge verfahren oder dem Gespräch seinen Lauf lassen, bis kein Beitrag mehr kommt –, sollte man diesen Teil des Gesprächs mit der Frage abschließen, ob noch weiteres Informationsbedürfnis besteht oder jemand etwas hinzufügen möchte.

3.4.3 Urteilsbildung

Nun müssen wir alles, was angesprochen wurde, bewerten, Vor- und Nachteile diskutieren und vielleicht die Kernpunkte, die sich herausgebildet haben, an der Tafel skizzieren.

Eine Gruppe von 5 bis 9 Personen (Faustregel 7 ± 2 Personen) ist ideal. Bei einer großen Gruppe kann es sinnvoll sein, die Diskussion zunächst in kleinem Kreis zu führen, Untergruppen zu bilden und erst in einem Vorstadium der Urteilsbildung, wenn man wieder zusammentrifft, zu hören, welche Meinungen sich bereits herausgebildet haben. Dabei ist es wichtig, daß jeder in der *Ich-Form* spricht, denn nur dann ist das persönliche Engagement gewährleistet. Jeder muß seine Ansicht begründen können, denn es ist belastend für die Urteilsbildung, wenn unbegründete Meinungen herumgeistern.

70

Nun kann sich eine Diskussion entfalten, bei der die wichtigsten *Kriterien* zur Urteilsbildung deutlich werden müssen. Kriterien sind Vorgaben für zukunftstragende Entscheidungen, die zu einem Ziel hinführen sollen. All diese Kriterien sollte man schriftlich festhalten, damit sie nicht in Vergessenheit geraten sind, wenn es zur Entscheidung kommt. Es wird sich später mit Sicherheit negativ auswirken, wenn man es unterläßt. Aus ihnen müssen Grundsätze abgeleitet werden, auf die man sich einigt und die später für alle verbindlich sind. Geschieht dies nicht, wird in Problemsituationen ein Konflikt unvermeidlich.

Solche *Kriterien* sind zu unterteilen in:

* *Ideal-Kriterien* (Was könnte man als ideale Lösung betrachten und anstreben?)
* *Muß-Kriterien* (Sachzwang- oder Soll-Kriterien)
* *Darf-nicht-Kriterien* (was unter keinen Umständen passieren darf)
* *Wunsch-Kriterien* (es wäre schön, wenn auch das noch eintreten würde ...).

Überläßt man den Verlauf einer Diskussion dem Zufall, gelangt man auch hier nicht zum Ziel und verliert Zeit, ohne auch nur einen Schritt voranzukommen. Die Gesprächsleitung hat die schwierige Aufgabe, eine Annäherung unterschiedlicher Auffassungen zu erleichtern und Möglichkeiten der Kompromißbildung zu erkennen. Wichtig ist, daß keine Meinung unbegründet im Raum stehen bleibt. Wenn es zu einem Wildwuchs von Meinungsäußerungen kommt, wird das Gespräch unfruchtbar. Meinung steht dann gegen Meinung; Gemeinsamkeiten treten dabei in den Hintergrund.

3.4.4 Entscheidung und Beschlußfassung

Nachdem die Ursachen eines Problems betrachtet und alternative Lösungsvorschläge auf ihre Vor- und Nachteile, nach Kriterien und Randbedingungen überprüft wurden, geht es nun darum, eine Schlußfolgerung zu ziehen oder eine Entscheidung zu fällen. Anwesend sind nur noch diejenigen, die von einer Entscheidung persönlich betroffen sind und diese akzeptieren und verwirklichen müssen.

Entscheidungsschwäche

Jeder Beschluß schließt etwas anderes aus

Bei jedem Beschluß, jeder Entscheidung wählt man aus mehreren Möglichkeiten eine aus, d.h. man muß sich beschränken, und das kann bedeuten, daß man ein Opfer bringen muß. Verschiedene Lösungsmöglichkeiten wurden diskutiert. Vor- und Nachteile konnten abgewogen werden. Nun muß jeder sein Votum abgeben.

Viele Menschen leiden aber an Entscheidungsschwäche. Sie sind permanent unentschlossen und können nicht wählen. Bei einem Kind kann das so aussehen: Ein fünf Jahre altes Mädchen saß jeden Morgen vor seinen Schuhen und wußte nicht, mit welchem es anfangen sollte. Erst als man ihm einen Schuh in die Hand gab, konnte es zuerst diesen und danach den zweiten anziehen. Sobald es aber wählen sollte, konnte es nicht mehr handeln. – Im Kindesalter ist das normal. Entscheidungen zu treffen wird aber immer häufiger auch für Erwachsene zum Problem. Das Dilemma ergibt sich bereits aus der Wortbedeutung: Entscheidung ist immer eine *Scheidung*, man muß zwischen verschiedenen Möglichkeiten wählen. Man kann nicht das »Fünferli und das Weckli« zugleich haben.

Bei Entscheidungsschwäche handelt es sich immer um eine Ich-Schwäche. Das Kind entscheidet noch ganz aus seinen Empfindungen heraus. Wo ein starkes Bedürfnis oder ein deutlicher Wunsch mitspielt, fällt jede Entscheidung leicht. Wo aber – wie im Fall des fünfjährigen Mädchens – kein Anlaß empfunden wird, eine Sache der anderen vorzuziehen, müssen wir aus dem Bewußtsein heraus eine Wahl treffen. Die Aufgabe zu wählen gehört zu den größten Problemen, die es zu meistern gilt, sie birgt aber auch ein großes Glück. Denn Entscheidungen zu treffen ist immer ein Ausdruck menschlicher Freiheit!

Konsens

Konsens geht vor Mehrheitsbeschluß und autoritärer Entscheidung

Je nach gewähltem Entscheidungsmodus muß entweder ein *Konsens* erreicht werden, d.h. niemand ist mehr begründet gegen den Beschluß, oder man einigt sich auf einen Mehrheitsbeschluß, oder aber jemand, der die Kompetenz dazu hat, entscheidet autoritär. Wir sollten jedoch möglichst nach dem Prinzip vorgehen: Der *Konsens regiert!* Das bedeutet, wenn einmal davon abgewichen wird, sollte wenigstens darüber Übereinstimmung herrschen.

72

Es wird oft behauptet, die Konsensfindung wirke sich lähmend auf den Entscheidungsprozeß aus. Man könne schließlich nicht endlos über alles diskutieren, bis auch der Letzte einverstanden sei. Betrachtet man aber, aus welcher Richtung diese Einwände kommen, drängt sich der Verdacht auf, daß es sich hier um Scheinargumente handelt. Für einen Vorgesetzten bedeutet das Konsensprinzip einen Verzicht auf Autorität, Macht, Prestige oder Status. Er sollte dabei aber bedenken, daß er die Macht, die er auf die Gruppe überträgt, in Form einer Unterstützung durch die Gemeinschaft zurückerhalten wird. Gerade das Konsensprinzip garantiert ihm, daß eine Entscheidung mit Nachdruck und mit größeren Erfolgsaussichten durchgeführt wird. Auch ihm läßt das Konsensprinzip die Möglichkeit, eine Entscheidung zu verhindern, wenn seine Einwände begründet und verständlich sind. Befehle müssen nicht erklärt werden. Eine Entscheidung, die durch Mehrheitsbeschluß fällt, muß nicht begründet sein. Der Konsens dagegen erfordert *Argumente*, die stichhaltig sind und überzeugen. Hier wird das Argument zur Autorität.

Vorteile der Konsensfindung auch für Vorgesetzte

Es soll in diesem Zusammenhang darauf verwiesen werden, daß prinzipielle Entscheidungen auf höchster Ebene, selbst bei multinationalen Organisationen, nicht mehr ohne die Anstrengung zum Konsens getroffen werden können. Weil wichtige Entscheidungen strategischer Natur sind, müssen sie von allen mitgetragen werden. Selbst dort, wo die Statuten das Mehrheitsprinzip vorschreiben, wird meist der Konsens gesucht.

Um die globalen Probleme in den Griff zu bekommen, muß der Mensch lernen, mit der Vielschichtigkeit der Dinge und der Vielfalt an Meinungen umzugehen. Die Welt besteht nicht nur aus Gegensätzen, sie ist nicht schwarz und nicht weiß, sondern reich an Farben und Nuancen. Gerade die Forderung nach einem Konsens zwingt jeden dazu, seine Farbe zu bekennen und sich nicht aus einem komfortablen Angebot vorgefertigter Lösungskonzepte zu bedienen. Er ist gefordert, bei der Suche nach einem höheren, den Gegensätzen übergeordneten Prinzip mitzuhelfen. Meinungen können nicht fruchtbar werden, wenn sie als Gegensätze nebeneinander stehenbleiben. Der Konsens kann als ein hohes Prinzip begriffen werden, das Widersprüche zu überwinden hilft. Was für den oberflächlichen Beobachter wie ein künstlich geschaffenes Harmoniemodell aussieht, das die Unter-

Der Konsens – das hohe Prinzip der Überwindung von Widersprüchen

schiede verwischt, ist in Wirklichkeit eine Begegnung auf höherer Ebene.

Ob eine Entscheidung gut ist oder anfechtbar – sie kann nur zum Erfolg führen, wenn sie von allen befürwortet und mitgetragen wird. Erreichen kann man dies nur durch die Zustimmung aller Beteiligten. Abstimmen und mit Mehrheiten operieren ist ein zweifelhaftes demokratisches Verfahren. In unseren Betrieben und Organisationen funktioniert es ebensowenig wie in der Politik, wo wir täglich Beispiele für sein Versagen geliefert bekommen.

Je mehr Beteiligte den Beschluß fassen, desto besser sind die Aussichten auf Erfolg

Es gäbe wesentlich weniger Probleme in unserer Gesellschaft, wenn auch in den Organisationen, in den Schulen, Betrieben und Verwaltungen, wo die Geschäftsleitung Beschlüsse oder Entscheidungen treffen muß, die Mitarbeiter daran beteiligt würden. Dann würden wahrscheinlich sehr viel weniger problematische Entscheidungen getroffen werden, die später von den Betroffenen überhaupt nicht oder nur halbherzig mitgetragen werden. Wir müssen uns stets vergegenwärtigen, daß sich in einer Entscheidung immer nur eine Absicht ausspricht, bei der es oft allein vom Willen der Betroffen abhängt, ob sie auch in die Tat umgesetzt wird. Auch der Konsens ist im Grunde nichts anderes als ein gemeinsames Urteil, hat aber gegenüber allen anderen Entscheidungsmodellen den Vorzug, daß er dem Willen *aller* entspricht, wodurch die Erfolgsaussichten bei der Verwirklichung ungleich höher sind.

Die Vorbehalte gegen das Konsensprinzip kommen in den meisten Fällen dadurch zustande, daß man eine falsche oder fehlende Vorstellung davon hat, was es eigentlich bedeutet. Man muß sich darüber zunächst Klarheit verschaffen. Heißt es: *Wir sind alle nicht mehr begründet dagegen!* oder: *Wir sind alle ganz dafür!* – Die Uniformität der Meinungen ist weder das Ziel der Konsensfindung noch überhaupt erstrebenswert. Man kann auch dem Grundsatz folgen: *Keiner kann gewichtige Gründe gegen eine Entscheidung vorbringen,* und deshalb entscheidet man sich, sie loyal mitzutragen, obwohl man persönlich ein anderes Resultat bevorzugt hätte.

Aspekte der Realisierung

Was bei einer Entscheidung meist vergessen wird, ist die Überlegung, *wie lange* man sich mit ihr verbinden möchte und *welche*

Konsequenzen sie für jeden einzelnen bringt. Auch darin muß Einigung erfolgen. Die Erwägung, einem Konsens zuzustimmen, bedeutet immer, den eigenen Egoismus zurückzudrängen. Es macht einen erheblichen Unterschied, ob man etwas für einen begenzten Zeitraum akzeptiert oder auf Dauer.

Wie lange und mit welchen Konsequenzen gelten die Entscheidungen?

Gleichgültig nach welchem Konsensverständnis gehandelt wird, *Entscheidungsklarheit* muß stets oberstes Prinzip sein. Wenn die Teilnehmer wenig Disziplin und Verantwortungsbewußtsein zeigen, erfordert auch der Weg zum Konsens eine straffe Führung. Die Entscheidung bleibt sonst halbherzig, und es wird leicht vergessen, die Ausführung klar zu regeln sowie eine Auswertung und Rückschau durchzuführen.

Zu dieser Klarheit gehört auch, sich bewußt zu machen, ob es sich um eine *Grundsatz-* oder *Prinzipienentscheidung* handelt, die alle Mitglieder einer Organisation betrifft, oder um eine *Ausführungsentscheidung*. Letztere betrifft gewöhnlich nur jene Menschen, die als Ausführende oder Betroffene mit ihren Folgen konfrontiert werden. Während Grundsatzentscheidungen dem Konsens entspringen sollten, kann es sinnvoll sein, Ausführungsentscheidungen direkt an die Verantwortlichen zu delegieren.

Wen betrifft welche Entscheidung?

Zuletzt wird man auf eine gute und unmißverständliche Formulierung der Beschlüsse achten müssen und die Verteilung der Aufgaben und Kompetenzen regeln und festhalten müssen. Entscheidend ist auch, wie man bei der Kontrolle der Durchführung vorgeht und wer die Auswirkungen einer Entscheidung registriert und meldet.

Praktische Konsequenzen der Beschlußfassung

- Wer ist wofür zuständig?
- Wann muß es getan werden?
- Welcher Freiraum ist gegeben?
- Wann halten wir Rückschau?

Eine Mandatsvergabe mit der erforderlichen Wahl der Personen wird nun erfolgen müssen. Bevor die Beteiligten wieder auseinandergehen, sollten wichtige Punkte, die nicht mehr zur Sprache gekommen sind, in Form einer Aktennotiz festgehalten werden. Außerdem bedarf es einer genauen Planung, wie ein Beschluß realisiert werden kann und wer welche Aufgaben auszuführen hat. Wo die praktischen Konsequenzen eines Gespräches nicht sichtbar werden, war jede Mühe umsonst.

3.4.5 Die Auswertung des Gesprächs

Nachdem einige Zeit vergangen ist, können wir auf die Auswirkungen des Gesprächs und seine Konsequenzen für das praktische Handeln zurückblicken. Es ist das kleinere Problem, sich am grünen Tisch zu einer Entscheidung durchzuringen. Weitaus schwieriger ist es, sie in die Praxis umzusetzen und aus den Erfolgen und Niederlagen Konsequenzen für zukünftige Entscheidungen zu ziehen.

Es bedarf einiger Arbeit und Erfahrung, um ein Gespräch in die richtige Bahn zu lenken. Doch viel hängt davon ab, auch die Qualität der Gemeinschaft! In einem Team, das gelernt hat, vernünftige Gespräche zu führen, fühlt man sich viel wohler, als wenn man merkt, daß kein Dialog zustande kommt, geschweige denn eine gemeinsame Entscheidung und ihre Durchführung.

Lernen durch Rückkopplung
Lernen geschieht durch Rückkopplung. Hierzu dient ganz wesentlich die Auswertung des Gesprächs. Wichtig ist, sich auch durch einen Fehler nicht entmutigen zu lassen. Fehler sind nicht nur unvermeidbar – sie sind notwendig, um daraus zu lernen. Man darf dabei nur nicht versäumen, sich selbst Ziele und Grenzen zu setzen, und muß die Rückschau und die Rückkopplung bewußt als Lernmomente einbauen.

Kein Techniker würde einen Arbeitsablauf planen, ohne die nötigen Zwischen- und Endkontrollen durchzuführen. Um so mehr ist ein solches Vorgehen bei komplizierten und vielschichtigen sozialen Prozessen notwendig. Merkwürdigerweise findet gerade hier eine solche Kontrolle meist überhaupt nicht oder nur auf dem Korridor und in der Kantine statt.

Bei der Auswertung des Gesprächs sollten alle anwesend sein, die eine Entscheidung herbeigeführt haben. Zunächst genügt es, wenn jeder rückblickend in wenigen Worten das Gespräch kommentiert: Wie hat der einzelne es empfunden, welche Schwierigkeiten und welche positiven Aspekte hat er feststellen können? Man sollte dies als subjektive Äußerung zur Kenntnis nehmen, ohne längere Diskussionen daran anzuknüpfen. Die unterschiedlichen Auffassungen sollten nur gehört und im Stillen überdacht werden. Auf diese Weise kann ein individueller Lernprozeß stattfinden.

Aus Fehlern lernen
Lernen aus Fehlern heißt, schlechte Erfahrungen in positive Erkenntnisse zu verwandeln. Die Fehler, die in einer Gesprächssituation begangen werden, lassen sich am deutlich-

76

sten aus ihren Konsequenzen ablesen. Hat sich eine Entscheidung in der Praxis bewährt? Wo liegen die Fehler? Haben wir die Aufgaben falsch verteilt oder war der Beschluß undurchführbar? Wie konnte es zu einem solchen unrealistischen Ergebnis kommen? Was müssen wir künftig bei der Entscheidungsfindung ändern?

Werden von Organisationsberatern Nachforschungen über die Ursachen für die Probleme von Wirtschaftsunternehmen angestellt, zeigen sich häufig Defizite bei der Kommunikation, im Management und bei der Gesprächsführung.

Ein Schauspieler wird erst nach gründlicher Vorbereitung und Ausbildung die Bühne besteigen. Sollen wir die Bühne der Gesprächsführung als Amateure betreten? Erfolg heißt auch, miteinander reden können. Keine Leistung wird ohne die Fähigkeit zum Gespräch möglich sein. *Lernen wir also die Kunst der Gesprächsführung!*

Erfolg ist von der Fähigkeit zur Gesprächsführung abhängig

4 Verhandeln ohne Verlierer

Die Gewinner-
Verlierer-Polarität
Aus psychologischer Sicht beruhen viele soziale Situationen auf einer Gewinner-Verlierer-Polarität. Das Leben wird als ein großes Gesellschaftsspiel betrachtet, in dem der eine triumphiert, der andere unterliegt. Gewinnen ruft gute, Verlieren ruft schlechte Gefühle hervor.

Nun ist das Leben aber kein Spiel, auch wenn der Spieltrieb selbst einen wichtigen Teil des sozialen Verhaltens ausmacht. Das Leben stellt uns vor Aufgaben, deren Erfüllung eine Herausforderung an unser Lernvermögen ist. Wollen wir von Lebenskunst sprechen, so bedeutet dies, Aufgaben, die uns das Schicksal aufbürdet, zu ergreifen, ohne dabei die Unbefangenheit zu verlieren.

In vielen Situationen innerhalb von Organisationen, aber auch im privaten Bereich, geht das Verhandeln dem Handeln voraus. Das Verhandeln gehört zu den Bedingungen einer erfolgreichen Teamarbeit. Es prägt die Urteilsbildung, die Entscheidungsfindung und die angestrebte Übereinstimmung, ohne die eine Zusammenarbeit nicht möglich ist. Das wichtigste Element dieses gruppendynamischen Prozesses ist die Gleichberechtigung. Diese wird nur dann realisiert, wenn man es nicht auf die Ermittlung von Gewinnern und Verlierern abgesehen hat. Das Ziel einer Verhandlung ist Zufriedenheit, nicht Überlegenheit.

Verhandeln kann auch
bedeuten, daß es zwei
Gewinner gibt
Hier muß zunächst eine verbreitete Meinung korrigiert werden. Wenn sich eine Seite als Gewinner fühlt, bedeutet das nicht, daß es auch einen Verlierer geben muß. Ein Unternehmer, der gewinnorientiert handelt und seine Produkte verkauft, schadet nur dann seinen Kunden, wenn er sie vorsätzlich täuscht, wenn er ihnen mindere Qualität zu einem überhöhten Preis verkauft. Stimmen aber Preis und Qualität, haben beide Seiten ihren Vorteil: der Unternehmer, weil sein Ertrag die Produktionskosten übersteigt, der Kunde, weil er

das Produkt zu diesem Preis selbst nicht anfertigen könnte. Zeigen Sie daher stets Verständnis für die Interessen und Vorstellungen des Partners! Handelt es sich um ein Kunden-Lieferanten-Verhältnis, dann ist das Gedeihen seines Unternehmens auch zu Ihrem Vorteil. Versuchen Sie daher stets, das Problem von seinem Standpunkt aus zu betrachten. Sie leisten damit einen Beitrag zu Objektivität und Gleichberechtigung während des Verhandlungsgesprächs – eine Voraussetzung dafür, daß beide Parteien zufrieden auseinandergehen. Jeder hat seinen Vorteil, jeder hat Kompromisse eingehen müssen, jeder mußte seine Meinung korrigieren, jeder durfte Fehler machen, ohne daß er dadurch einen Nachteil hinnehmen mußte. Ein Gleichgewicht ist entstanden, wenn jeder erleben kann, daß auch seine Interessen beachtet wurden.

Doch es erfordert die Einhaltung gewisser Regeln, um einen solchen Verhandlungsverlauf zu gestalten, der keine Verlierer kennt.

4.1 Die Verhandlungstaktik

Die *Verhandlungssituation* sollte von drei *übergeordneten Zielen* bestimmt werden:

- Es sollte eine für beide Parteien akzeptable Übereinkunft zustande kommen.
- Der Verhandlungsprozeß sollte effizient zum Ziel führen.
- Der Verhandlungsprozeß sollte das Verhältnis der Parteien möglichst verbessern, keinesfalls aber verschlechtern.

*Verhandlungsziele:
Übereinkunft, Effizienz,
Partnerschaftlichkeit*

Die V*erhaltensprinzipien* lassen sich in *vier Grundsätzen* zusammenfassen:

- Interessen und nicht Positionen in den Mittelpunkt stellen. Das Ziel des Verhandelns ist es, eigenen Interessen Geltung zu verschaffen, nicht auf Prinzipien herumzureiten.
- Menschen und Probleme möglichst getrennt voneinander betrachten, ohne aus den Augen zu verlieren, wie diese zusammenhängen.

*Grundsätze des
Verhandelns*

79

- Varianten entwickeln! Je mehr Varianten man anzubieten hat, desto flexibler kann man auftreten. Antizipation, d.h. intuitives Vorausdenken hilft, einen Weg zu finden.
- Klare Kriterien sind die Grundlage jeder Entscheidung und jedes Urteils. Man sollte sich darüber im klaren sein, was man will und was nicht, und man sollte sich auch die Interessen des Verhandlungspartners vergegenwärtigen.

Problematisches Verhalten muß vermieden werden, wie zum Beispiel:

Was ist zu vermeiden?

- Um Positionen feilschen. Unklare Standpunkte schwächen die Glaubwürdigkeit.
- Sich zu früh festlegen. Dann kann es schwierig werden, eine Position ohne Gesichtsverlust aufzugeben.
- Vorgehensweisen, bei denen der Kontrahent verletzt oder beleidigt wird und sein Gesicht verliert.
- Übertriebene Höflichkeit, die an Heuchelei grenzt. Sie weckt falsche Hoffnungen.
- Kompromißloses oder übertrieben nachgiebiges Verhalten.
- Mangelnde Bereitschaft, neue Alternativen in Erwägung zu ziehen.

Vorbereitung durch Rollenspiel Begibt man sich unvorbereitet in Verhandlungssituationen, liefert man sich leichtfertig dem Risiko aus, übervorteilt zu werden. Neben der Verdeutlichung der eigenen Interessen kann es sinnvoll erscheinen, die Verhandlungssituation in Form eines Rollenspiels vorher zu üben. Dabei sollte man auch selbst in die Rolle des Verhandlungspartners schlüpfen. Tauschen Sie wiederholt die Rollen. Spielen Sie die verschiedenen Möglichkeiten durch, und Sie werden eine wirklichkeitsnahe Empfindung dafür bekommen, worauf es im Ernstfall ankommt.

4.2 Die Hauptphasen der Verhandlung

Wie jedes Gespräch folgt der Verlauf einer Verhandlung einer bestimmten Gesetzmäßigkeit, bei der wir *vier Phasen* unterscheiden können:

1. *Vorbereitungsphase:* Gedankliche Vorbereitung auf Ziele, Grundsätze, Ort, Zeit und Methode.
2. *Analysephase:* Die Situation erkennen, Wesentliches von Nebensächlichem unterscheiden, mögliche Interessenkonflikte betrachten, sich in seinem Urteil aber noch zurückhalten.
3. *Planungsphase:* Die vier Grundsätze des Verhandelns beherzigen. Varianten vorbereiten, Entscheidungskriterien festlegen.
4. *Verhandlungsphase:* Die Kontrahenten versuchen, sich zu finden. Die vier Verhaltensmotive bestimmen das Gespräch. Eine Übereinkunft soll vernünftig und akzeptabel sein, der Weg dorthin effizient. Er sollte nicht in starre Positionen hineinführen, aus denen man nur mit Mühe wieder herausfindet.

Vorbereiten, Analysieren, Planen, Verhandeln

In allen Verhandlungssituationen hat der Mensch immer drei grundlegende Interessen, die man analysieren sollte. Lernen Sie, sich in die Lage des Kontrahenten hineinzuversetzen:

1. Was ist sein *Verhandlungsziel*? Er will es erreichen und wird sich nicht davon abbringen lassen. Meist vertritt er nicht nur seine eigenen Interessen, sondern muß sich auch in Verantwortung denen gegenüber, die er repräsentiert, so gut wie möglich behaupten.
2. Wie bewahrt und verteidigt er das *Ansehen seiner Person*? Er wird einen Angriff auf sein Image nicht hinnehmen, wird es wahren wollen und versuchen, seinen persönlichen Lebensgrundsätzen treu zu bleiben. Durch die Erwartungen einer Gruppe, die er vertritt, wird er nicht ganz frei in seinem Verhalten sein. Auch er hat seine besonderen Fähigkeiten, seine Stärken und Schwächen.
3. In welcher *Beziehung* steht er zu mir als Verhandlungspartner? Muß sie verbessert werden? Jede Kommunikation enthält neben einer sachlichen Mitteilung auch eine unterschwellige Aussage über diese Beziehung sowie einen Appell an den andern. Bei jedem Auftritt handelt es sich auch um eine Art Selbstdarstellung. Nehmen Sie darauf Rücksicht!

Sich in die Lage des Verhandlungspartners versetzen

Haben Sie erst einmal Ihre eigenen Ängste und Befürchtun-

Die Kriterien der Selbst-
einschätzung gelten
nicht unbedingt auch
für den Verhandlungs-
partner

gen erkannt, dann wissen Sie auch, wo Ihre persönlichen Schwächen liegen. Hüten Sie sich aber davor, Ihr Gegenüber nach denselben Kriterien zu beurteilen.

Es ist auch keineswegs sicher, daß er nur das Schlimmste will, daß er rücksichtslos auf den eigenen Vorteil bedacht ist und die Absicht hat, Sie über den Tisch zu ziehen. Versuchen Sie, sein Vertrauen zu gewinnen. Rechnen Sie damit, daß auch er auf einen beiderseitigen Vorteil bedacht ist und auf Ihre Zufriedenheit Wert legt.

Die Schuld an einem konfliktgeladenen Gesprächsverlauf liegt nicht immer nur beim anderen, auch wenn Sie ihm mit den besten Vorsätzen begegnen. Wenn der Kontrahent Fehler macht, können diese sich auch als Reaktion auf Ihr eigenes Verhalten ergeben. Durch Angriffe und Kritik drückt man den anderen in eine Verteidigungsrolle hinein, aus der er sich ohne Gesichtsverlust nur schwer befreien kann. Es wird ihm dann nur schwerer fallen, einen Fehler einzugestehen und zu

Keine Schuldzuweisun-
gen, sondern Lösungs-
vorschläge

versuchen, ihn zu korrigieren. Einseitiges Kritisieren hilft nicht weiter, dagegen kann es sinnvoll sein, das Problem direkt anzusprechen und die Frage einzuschieben, wie sich ähnliche Fehler oder unkooperative Verhaltensweisen künftig vermeiden lassen. Nicht über die Frage der Schuld sprechen, sondern über mögliche Lösungen!

Wenn ich dagegen meinen Verhandlungspartner am Prozeß des Suchens nach einer Lösung beteilige, fordere ich ihn damit auf, meinen Vorstellungen entgegenzukommen. Es wird immer möglich sein, seine Argumentation in verschiedenen Bereichen zu übernehmen, und oft kann ich ihn durch einen unerwarteten Schritt, mit dem ich seinen Vorstellungen entgegenkomme, für meine Absichten gewinnen. Beteilige ich ihn an der Suche nach einer Lösung, erkenne ich ihn als gleichberechtigten Partner an. Das Ergebnis ist dann ein gemeinsames, jeder kann von sich sagen, er habe einen Anteil am Erfolg der Verhandlung gehabt.

4.3 Der menschliche Faktor beim Verhandeln

Das Wollen des anderen wird nicht nur von objektiven Interessen geleitet, es resultiert zu einem großen Teil auch aus seinen Gefühlen, Vorbehalten, persönlichen Marotten und all dem, was man so gerne als menschliche Schwächen bezeichnet. Diese müssen wir in unser Kalkül einbeziehen, bei uns selbst ebenso wie bei unserem Gegenüber.

Verhandlungspartner sind Menschen mit Empfindungen, wie sie jeder von uns hat. Rationale Positionen und rein sachbezogenes Interesse sind nur ein Teil der Verhandlung. Nicht nur Nachgiebigkeit und Entgegenkommen unseres Kontrahenten werden durch das Verhandlungsklima geprägt, auch das Ergebnis und die Form der Übereinkunft kann durch die Freisetzung kreativer Fähigkeiten im zwischenmenschlichen Bereich beeinflußt werden.

Lassen Sie es daher nicht zu, daß Ihr Kontrahent sein Gesicht verliert. Nehmen Sie Rücksicht auf sein Wertsystem, auf Traditionen, sein Image und auf das Bild, das er sich von Ihnen gemacht hat. Wir kämpfen zunächst mit Schattenbildern, mit Phantomen, die aus unserer Vorstellung entsprungen sind und die wir durch gegenseitiges Kennenlernen korrigieren müssen, was viel Zeit erfordert.

Achten Sie auf Emotionen! Sie sind unberechenbar und können Angst auslösen. Darunter kann die Sachlichkeit leiden. Lernen Sie Ihre eigenen Empfindungen kennen und beobachten Sie die Ihres Kontrahenten. Ihr Körper signalisiert Ihnen solche emotionalen Veränderungen oft noch bevor sie ins Bewußtsein gehoben werden, etwa durch Magendruck, Herzklopfen usw. Machen Sie Entspannungsübungen oder, wenn es Ihr Gegenüber betrifft, fragen Sie sich, wie Sie selbst in einer ähnlichen Situation reagieren würden.

Die Ursache der Emotion muß nicht immer beim anderen liegen, auch wenn Sie in Ihrem eigenen Verhalten keine Anhaltspunkte finden können. Niemand wird von sich behaupten können, daß er seine Emotionen unter Kontrolle hat und nicht manchmal verletzt, stolz, verunsichert oder unbeherrscht reagiert! Wer ist schon vollkommen frei von Ehrgeiz oder gerät nicht auch einmal in eine bedrängende Situation, die ihn befangen macht.

Wenn Sie über Emotionen sprechen wollen, sollte das immer in der Ich-Form geschehen: *Ich* fühle mich verunsichert, *ich* fürchte ... oder: *ich* würde mich mit diesem Ergebnis blamieren! Gestatten Sie dem Kontrahenten, Dampf abzulassen, ohne Ihre eigene Ruhe und Gelassenheit zu verlieren. Gebrauchen Sie symbolische Gesten der Wiedergutmachung, aufmunternde Worte, bieten Sie etwas zu essen oder zu trinken an. Bitten Sie um Verzeihung, verharren Sie keinesfalls in einem beleidigten Zustand.

Wenn wir uns gegenseitig als Menschen anerkennen, wird es auch möglich sein, menschliche Übereinkünfte zustande zu bringen!

4.4 Gemeine Tricks und wie man ihnen begegnet

Das Ergebnis und der Verlauf eines Verhandlungsgespräches sind von der Gleichberechtigung zwischen den Kontrahenten und der Fairneß jedes einzelnen abhängig. Nun muß man aber leider immer wieder bemerken, daß sich die Gegenpartei um solche Prinzipien wenig kümmert und ihren Verhandlungserfolg durch Manipulationen erreicht, die das Gleichgewicht zwischen den Parteien einseitig verschieben und der Forderung nach einem beiderseitigen Vorteil nicht gerecht werden. Wird unsachlich argumentiert, Druck ausgeübt oder ein Entscheidungszwang herbeigeführt, kann die Gegenseite nicht mehr frei sein in ihrer Entscheidung. Es handelt sich dabei um Verhaltensweisen, hinter denen sich oft eine betrügerische Absicht verbirgt. Wir müssen daher Strategien entwickeln, uns in solchen Situationen zu verteidigen, ohne selbst zu unfairen Mitteln zu greifen.

Sachlichkeit bewahren auch bei Betrugsabsichten der Gegenpartei

Ein *absichtlicher Betrug* wird durch falsche oder unvollständige Informationen, unklare Vollmachten oder zweifelhafte Absichten herbeigeführt.

Trennen Sie stets zwischen Mensch und Sache! Stellen Sie gezielt Fragen, um sachliche Informationen einzuholen und Unwahrheiten aufzudecken! Konfrontieren Sie den Gegner mit Fakten, die keine Beschuldigungen oder auf seine Person zielende Kritik enthalten!

Auf psychologische Angriffe nicht reagieren

Neben der sachlichen und inhaltlichen Irreführung handelt es sich meist um Praktiken, die man als *psychologische Kriegsführung* bezeichnen kann. Streß herbeiführen, Gut-Böse-Darstellungen, persönliche Attacken, Drohungen, Verhandlungsverweigerungen, übertriebene und nachgeschobene Forderungen, der Versuch, den Kontrahenten vorzeitig festzunageln, Dickköpfigkeit, Verzögerungstaktiken oder die

»take it or leave it«-Methode (nimm es zu meinen Bedingungen oder laß es ganz bleiben!) sind solche Techniken.

Auf diese psychologische Kriegsführung sollte man nicht eingehen. Auf Zeitdruck und andere Druckmittel, auf Bemerkungen, die unter die Gürtellinie zielen, darf man nicht reagieren. Bleiben Sie sachlich und informieren Sie objektiv. Decken Sie die Tricks Ihres Kontrahenten auf, und zeigen Sie, daß Sie ihn durchschauen. Fordern Sie ihn auf, nach einer gemeinsamen Lösung zu suchen. Keinesfalls aber sollten Sie selbst angreifen und kritisieren! Zeigen Sie Wahlmöglichkeiten auf, und machen Sie die Fortsetzung des Gesprächs davon abhängig, ob der andere darauf eingeht und bereit ist, Ihre Interessen zu akzeptieren.

4.5 Wie sprechen wir miteinander?
– Zusammenfassung

Hier eine Zusammenfassung der wichtigsten Regeln, die Sie berücksichtigen sollten:

- *Zuhören lernen!* Den anderen ausreden lassen, in eigenen Worten wiederholen, was er gesagt hat.
- *Keine überlangen Voten!* Umfangreiche Monologe erschweren das Zuhören und bewirken nachlassende Aufmerksamkeit des anderen.
- Besprechen Sie *nicht zu viele Punkte* in einem Votum! Wir können uns nur eine beschränkte Anzahl unterschiedlicher Aussagen merken.
- *Reden Sie klar, deutlich, prägnant und verständlich!* Üben Sie das Sprechen mit Hilfe eines Tonbands. Eine ideale Methode zur Kontrolle und Selbsterziehung!
- *Teilen Sie nur das mit, was notwendig ist,* nicht mehr und nicht weniger! Vermeiden Sie überflüssige Wiederholungen, nehmen Sie keine Umwege, vermeiden Sie zweideutige Aussagen (»Ja, aber …«).
- *Bauen Sie eine menschliche Beziehung auf!* Machen Sie Ihren Kontrahenten zum Vertrauten. Zeigen Sie persönliches Interesse an seiner Person.

*Die wichtigsten
Regeln der Verhand-
lungsführung*

85

- *Sprechen Sie ausschließlich über das Problem,* nicht über Menschen, die es verursacht haben!
- *Suchen Sie das Gemeinsame,* nicht das Trennende!
- *Setzen Sie sich neben Ihren Kontrahenten,* nicht gegenüber! Damit erwecken Sie sein Vertrauen! Ein Gegenüber signalisiert Opposition. Beobachten Sie das Verhalten des anderen genau!
- Beachten und nutzen Sie die *Möglichkeiten der nonverbalen Kommunikation!*
- *Forschen Sie nach den Interessen Ihres Kontrahenten!* Fragen Sie nach jeder Meinungsäußerung nach dem Grund für seine Behauptung. Machen Sie eine Kräftefeldanalyse, d.h. erwägen Sie bei jedem Vorschlag die Vor- und Nachteile. Sprechen Sie mit ihm über Ihre Analyse.
- *Bilcken Sie in die Zukunft,* wühlen Sie nicht in Vergangenem herum!
- *Bleiben Sie flexibel und dennoch bestimmt in Ihrem Wollen!* Ihr Motto sollte lauten: Hart in der Sache, aber sanft zu den Menschen. So vermeiden Sie unnötige Irritationen.
- *Arbeiten Sie Optionen oder Varianten aus!* Je mehr desto besser.
- *Urteilen Sie nicht zu schnell!* Schlafen Sie eine Nacht über einen Vorschlag, bevor Sie sich entscheiden.
- *Lassen Sie sich nicht durch sogenannte Sachzwänge in Fesseln legen!* Sie existieren nicht! Sprengen Sie die Grenzen eines Denkens, das Sie befangen macht. Erwägen Sie ein »na und?«, wenn Sie Sachzwänge zu erkennen glauben.
- *Durchschauen Sie persönliche Beziehungen* im personellen Geflecht der Verhandlungspartner! Dadurch werden viele Verhaltensweisen verständlich, die sich nicht von der Sache her erklären lassen.
- *Bestimmen Sie einen richtigen »Preis«!* Damit verhindern Sie, daß gefeilscht werden muß. Mit unangemessenen Preisvorstellungen verspielen Sie Ihre Glaubwürdigkeit.
- *Verhandeln Sie auch über Spielregeln!* In Verhandlungssituationen müssen bei beiden Partnern identische Vorstellungen über die Prinzipien des Umgangs miteinander herrschen.
- *Bedanken Sie sich* für die Kooperationsbereitschaft und das Entgegenkommen Ihres Kontrahenten!

5 Konfliktlösung

5.1 Entstehung und Verlauf eines Konfliktes

5.1.1 Die klassische Konfliktsituation

Ob in der Weltpolitik, an unserem Arbeitsplatz oder in der Familie, Konflikte sind ein unausweichlicher Bestandteil des menschlichen Zusammenlebens. In jeder Kultur, jeder Gemeinschaft begegnen sich Menschen mit unterschiedlichen Interessen, die mehr oder minder heftig aufeinanderprallen können. So sehr wir auch nach einer individuellen Ursache suchen müssen: es darf dabei nicht übersehen werden, daß Konflikte eng mit der Menschheitsentwicklung verbunden sind und ganz wesentlich zu unserer Existenz gehören. Die Bedingungen unseres Daseins resultieren aus einem Urkonflikt, wie ihn der Mythos vom Sündenfall erzählt. In christlichen Überlieferung finden wir hier den ersten Konflikt der Menschheit. In ihm kann man auch heute noch einen typischen Konfliktverlauf wiederfinden.

Urkonflikt: Sündenfall

Nachdem es Adam zunächst gelungen war, der Verführungskunst der Schlange zu widerstehen, erliegt Eva jedoch sehr bald der Versuchung, von den verbotenen Früchten des Baumes der Erkenntnis zu essen. Sie mißachtet das Verbot Gottes, obwohl sie weiß, daß ihr eine Strafe drohen wird.

Dieses Verhalten ist charakteristisch. Das Element der Versuchung drängt alle Bedenken für einen Moment zurück und trübt den Blick für die möglichen Konsequenzen einer Handlung. Die Angst vor der drohenden Strafe weiß die Schlange geschickt zu entkräften: Euch werden die Augen geöffnet und Ihr werdet sein wie Gott.

Die Versuchung trübt den Blick für die Konsequenzen

Auf die Versuchung folgt die Lüge. Dies gilt in der biblischen Erzählung ebenso wie im täglichen Leben. Was die

Schlange erwidert, liegt irgendwo zwischen Lüge und Wahrheit. Tatsächlich finden wir, daß der Mensch in Konfliktsituationen fast immer zum Selbstbetrug neigt.

Wer abends auf der Autobahn unterwegs ist und möglichst schnell zu Hause ankommen möchte, wird selbst als vorsichtiger Autofahrer zu einer überhöhten Geschwindigkeit neigen. Ein paar Kilometer mehr oder weniger, sagt man sich, was ist schon dabei. Es gibt ja eine Toleranzmarge bei der Radarkontrolle, und außerdem finden zu dieser Tageszeit nur selten Kontrollen statt. So oder ähnlich belügt man sich und ist bemüht, sein schlechtes Gewissen zu beruhigen. Und dabei wiederholt sich das Gespräch zwischen Eva und der Schlange Tag für Tag aufs neue.

Jedem Konflikt geht ein Verstoß voraus

Bereits an dieser Stelle zeigt sich, daß der Konfliktverlauf einer bestimmten Gesetzmäßigkeit unterworfen ist, daß man bereits hier von einer festgelegten Dramaturgie seiner Eskalation sprechen kann. Neben Versuchung und Lüge findet sich dabei ein drittes Merkmal, das für die Situation bezeichnend ist: der Verstoß *gegen eine bestehende Abmachung.* Die »Sünde« geht immer dem Konflikt voraus.

Für unsere biblischen Vorfahren handelte es sich dabei freilich um eine sehr einseitige Abmachung. Gott diktierte die Spielregeln, und es gab keine andere Möglichkeit, als diese zu respektieren, wollte man einer drohenden Strafe entgehen. Entscheidend für den weiteren Verlauf bleibt aber allein, daß der status quo vorsätzlich gestört und mögliche Konsequenzen bewußt in Kauf genommen wurden.

Vertrauensbruch als Konfliktpotential

Mehr noch gilt dies dort, wo gegen eine freiwillige Vereinbarung verstoßen oder eine bestehende Erwartung enttäuscht wurde. Auch in einem solchen Vertrauensbruch liegt bereits ein potentieller Konflikt begründet, und auch spätere Reue vermag ihn nicht ungeschehen zu machen.

Viele Menschen glauben, wenn eine Lösung gefunden wurde, sei alles wieder beim alten. Dies ist falsch. Ein Konflikt, vor allem, wenn er bereits zum Ausbruch gekommen ist, läßt sich durch nichts ungeschehen machen. Die ursprüngliche Harmonie wird und bleibt zerstört. Mit jedem Konflikt wiederholt sich die Austreibung aus dem Paradies. Man löst sich selbst aus einem intakten Ordnungsgefüge heraus und ist gezwungen, sich auf eine neue Situation einzustellen. Diese kann besser sein als zuvor, aber auch schlechter. Der Rückweg jedoch bleibt verschlossen, die Vertreibung aus dem Paradies ist immer etwas Endgültiges. Es bleibt nur noch die Flucht nach vorn.

Mit der neuen Situation bieten sich aber auch neue Möglichkeiten. Was der Schlange ursprünglich zur Verführung diente, wird nun zum unverzichtbaren Mittel, um sich in den veränderten Verhältnissen zurechtzufinden. Aus dem höheren Bewußtsein, der Erkenntnis von Gut und Böse, resultiert zunächst ein Gefühl der Scham angesichts der Feststellung, nackt zu sein. Wir können dies nachempfinden, wenn wir uns »bloßgestellt« fühlen. Sobald aber der Mensch zu einer solchen Selbstbetrachtung fähig ist, dokumentiert er eine neue Stufe des Bewußtseins. Tiere kennen eine solche Scham ebensowenig wie kleine Kinder. Erst das Erwachen des Ich kann solche Empfindungen wecken.

Durch Konflikte zu einem höheren Bewußtsein kommen

Auf ähnliche Weise bietet jeder Konflikt die Chance zur Entfaltung der Persönlichkeit, zu einer Stärkung der Ich-Kräfte, wie sie auch aus der Konfrontation mit den Konsequenzen unseres Verhaltens hervorgehen kann. Manch einer wird glauben, er könne die Folgen einer solchen Konfrontation herunterspielen oder ihnen gänzlich entgehen. Dies ist eine Illusion. Irgendwann wird ihn die Wirklichkeit einholen und mit den Resultaten seines Verhaltens konfrontieren. Auch Adam und Eva konnten sich nicht vor Gott verstecken. Konfliktlösung ist eine Anstrengung, der man nicht so einfach ausweichen kann. Das ist mit der Vertreibung aus dem Paradies gemeint.

Konfliktbewältigung: eine Neugeburt

Diese Erfahrung, die auch Adam zuteil wurde, als er im Schweiße seines Angesichts die Erde bebauen mußte, gewinnt bei der Konfliktbewältigung für jeden von uns neue Realität. Es ist Schwerstarbeit für die Seele und nicht selten ein schmerzhafter Prozeß. Auch die Bibel spricht davon: Eva mußte Ihre Kinder unter Schmerzen gebären. Doch wer diesen Prozeß wirklich schmerzhaft durchleidet, kann daraus neugeboren hervorgehen, und meist wird das Gefühl dominieren: es war schwierig, aber ich bin aus diesem Konflikt als ein anderer Mensch hervorgegangen mit der Gewißheit, mich in einer vergleichbaren Situation in Zukunft besser zurechtzufinden.

Bei der Eskalation eines Konfliktes kann von einem stereotypen Ablauf gesprochen werden, der sich immer wieder in ähnlicher Weise wiederholt. Versuchung, Lüge und der Verstoß gegen eine bestehende Abmachung führen den Menschen in eine Situation, die ihm die Anstrengung abverlangt, sich mit den Konsequenzen seines Verhaltens auseinanderzusetzen und sich aus eigener Kraft in einem neu zu ordnenden sozialen Gefüge zurechtzufinden. Der Bewußtseinsprozeß, den er während des Konfliktes durchlebt, kann ihn dazu in die Lage versetzen.

5.1.2 Aus Konflikten lernen

Konflikt: die Chance zur Entwicklung

Die chinesische Sprache kennt für den Begriff der Krise zweierlei Ausdrücke, die nach unseren Vorstellung einen völlig gegensätzlichen Sinn aufweisen. Der eine bedeutet *Gefahr*, der andere *Möglichkeit* oder *Chance*. Die Gefahr besteht darin, eine Entwicklungsnotwendigkeit, die jeder Konflikt deutlich signalisiert, nicht zu erkennen und die Aufgabe mißzuverstehen. Die Chance hingegen besteht darin, im Konflikt die Möglichkeit zu einem inneren Entwicklungs- und Reifeprozeß zu erkennen und zu nutzen.

Dies ist aber mit einer prinzipiellen Forderung verbunden, nämlich der zu akzeptieren, daß eine Konfliktlösung nicht im Sinne der Durchsetzung eigener Interessen geschehen kann. Versuchen wir also, den Sinn einer Konfliktsituation nicht als Anlaß zu nehmen, unsere Überlegenheit und unser Durchsetzungsvermögen um jeden Preis zu demonstrieren! Entfalten wir statt dessen eine Sensibilität für die verborgenen Hinweise, die uns jeder Konfliktverlauf für unsere individuellen Entwicklungsmöglichkeiten bieten kann! Nur wer auf das herkömmliche Instrumentarium einer Konfliktbewältigung – von Aggressivität bis Selbstmitleid – verzichtet, sich dem geforderten Lernprozeß unterwirft, kann die damit verbundenen Aufgaben wahrnehmen und schafft die Voraussetzungen, den gesetzmäßig ablaufenden Mechanismus einer Konflikteskalation rechtzeitig zu stoppen.

Sturheit verschärft den Konflikt

Im Streben nach einer kreativen Konfliktlösung wird das sture Beharren auf der eigenen Position keine Lösung bringen, im Gegenteil: es ist der Ausgangspunkt einer Verschärfung des Konfliktes. Dabei werden alle Beteiligten früher oder später in eine Situation hineingeraten, der sie nicht mehr gewachsen sind.

Jede Auseinandersetzung wird zugleich auf zwei verschiedenen Schlachtfeldern geschlagen, einem äußeren und einem

90

im Innern des Menschen. Auch wer es versteht, nach außen hin zu dominieren, wird bei seinem inneren Kampf, bei dem er es nur noch mit sich selbst zu tun hat, als Verlierer enden. Aus der Streßtheorie ist dieser Punkt bekannt: Aggressivität gegenüber einem Fremden kann in Selbstzerstörung umschlagen. Die seelische Verletzbarkeit nimmt zu, die Fähigkeit, kreativ zu denken, schwindet in einer Situation, in der sie am meisten gebraucht wird. Auch der Organismus beginnt sich nun zu wehren. Streß äußert sich im fortgeschrittenen Stadium nicht nur in der psychischen Belastung. Er beeinflußt auch in hohem Maße das körperliche Wohlbefinden des Menschen.

Die Entzweiung mit dem Kontrahenten wird in einem Kampf zwischen Psyche und Leib innerlich fortgesetzt und mündet nicht selten in Krankheiten unterschiedlicher Schwere. Auf diese Weise wird die gewaltsame Durchsetzung eigener Interessen in der Fortsetzung des Konfliktes zu einem Pyrrhussieg, der nur unter erheblichen eigenen Opfern zustande kommt.

Eine solche Streßsituation tritt grundsätzlich bei jeder Art der falschen Auseinandersetzung mit Konflikten auf, also nicht nur bei ihrer Verschärfung, sondern auch bei einer Vernachlässigung, die mit der Hoffnung verbunden ist, die bestehenden Differenzen werden sich von alleine lösen. Vernachlässigte Konflikte sind wie seelische Geschwüre. Sie verschlimmern sich, fangen an zu eitern, und schließlich kommt es zu einer »Blutvergiftung«, die die ganze Gemeinschaft durchtränkt und sogar zerstören kann.

Vernachlässigte Konflikte schwelen weiter

Gelingt es jedoch, einer Lösung entgegenzuarbeiten, in jeder Phase einer Auseinandersetzung einen kühlen Kopf zu bewahren und mit Besonnenheit zu reagieren, läßt sich ein Konflikt zum Nutzen beider Konfliktparteien beilegen. Oft wird mein Gegenüber in gleichem Maß wie ich selbst die Bereitschaft zeigen, seine Position einer Kritik zu unterziehen und Nachgiebigkeit zu zeigen.

Je weiter ein Konflikt jedoch fortschreitet, je mehr aus dem Gegenüber ein Gegner und zuletzt ein Feind wird, desto schwieriger kann dies werden. Der Beitrag, den jeder Beteiligte zu seiner Beilegung leisten muß, wird größer. Die emotionalen Widerstände wachsen. Nur wer die Symptome seiner Entstehung kennt und bewußt wahrnimmt, kann die Eskalation in einem frühen Stadium verhindern.

Eskalation vermeiden

Um eine Eskalation zu vermeiden, müssen zwei grundlegende Fähigkeiten entwickelt werden:

- Frühzeitig die Symptome eines schwelenden Konfliktes erkennen.
- Bereit sein, die eigene Position zu korrigieren. Jede vorsätzlich ausgetragene Konfrontation muß zwangsläufig in ein Stadium der Selbstzerstörung einmünden. Konflikte bieten gleichermaßen Gefahren und Chancen. Das Erkennen der ersten Symptome und der Wille, eigene Entwicklungsmöglichkeiten zu nutzen, sind die Voraussetzungen dafür, daß man aus einer Konfliktsituation gestärkt hervorgeht.

5.1.3 Mißverständnisse als Warnsignale

Konflikte haben nicht immer objektive Ursachen

Jeder Konflikt ist Ausdruck eines unterschiedlichen Wollens. Was ich will und wie ich es will, mißfällt dem anderen – und umgekehrt. Verschiedenartige Lebenseinstellungen oder Handlungsabsichten prallen aufeinander. Bald wird sich keiner mehr erinnern können, womit eigentlich alles begonnen hat und wie es so weit kommen konnte. Wie so oft liegen die Anfänge im Dunkeln. Bevor man sich eines fremden Wollens so recht bewußt geworden ist, hat der Konflikt unbemerkt bereits seinen Lauf genommen. In vielen Fällen wird man vergeblich nach einer objektiven Ursache bestehender Differenzen suchen, und oft wirkt der Streitgegenstand nur noch als Auslöser, nicht aber als eigentlicher Grund einer Auseinandersetzung.

Konflikte sprechen eine unbewußte Sprache. Meist sind es kaum wahrnehmbare Signale, die eine bevorstehende heiße, aggressive Phase ankündigen, in der es zum offenen Streit kommt. Bereits dann, wenn sich *Mißverständnisse* häufen, muß man hellhörig werden. Sie können darauf hindeuten, daß unterschwellig ein Konflikt vorhanden ist, den wir uns nicht recht bewußt machen wollen oder den wir uns noch nicht bewußt gemacht haben. Antipathien entwickeln sich. Mißtrauisch betrachtet man das fremde Verhalten, versieht es mit einem großen Fragezeichen und verfolgt es mit wachsender Skepsis.

Drei Dinge lassen sich dabei immer wieder beobachten:

- Man redet aneinander vorbei.
- Man hört nicht zu.
- Man mißdeutet die Worte des anderen.

Stärker als sonst wird alles, was man an dem anderen wahrnimmt, mit Empfindungen durchsetzt. Emotionen wirken wie ein Filter, der das fremde Verhalten in einer sehr subjektiven Färbung erscheinen läßt. Bereits hier werden die ersten Barrikaden für kommende Kämpfe aufgebaut. Unbewußt wird ein Feindbild konstruiert. Es wird mit einer Bilanzierung der Stärken und Schwächen des möglichen Rivalen begonnen.

5.1.4 Wer ist der Schuldige?

Wir haben gesehen, daß Konflikte einem bestimmten Ablauf unterworfen sind und ihre Phasen haben. Betrachten wir nun die *zweite Phase* des Konfliktes.

Die sogenannte *Nahkampfphase* hat begonnen, die Auseinandersetzung kommt offen zum Ausbruch. Verbale Attacken finden statt, man schreit sich an, Anschuldigungen werden vorgebracht, die bisher unterdrückt wurden und unausgesprochen blieben. Für jeden, der von einem Konflikt betroffen ist, kann es auf die Frage nach dem Schuldigen natürlich nur eine Antwort geben: der andere! Nicht ich selbst, der andere trägt die ganze Schuld!

Schuld hat immer der andere ...

Selbstverständlich ist dies die Auffassung aller Beteiligten, und spätestens hier werden die Weichen gestellt, die jede Auseinandersetzung in die Sackgasse führen. Wiederum begegnet man der Lüge, diesmal in ihrer psychologischen Funktion, ein wachsendes Selbstwertgefühl aufzubauen und das für jeden Konflikt typische Feindbild zu festigen. Der gesunde Menschenverstand läßt nach und mit ihm die Fähigkeit zur Selbstkritik, die einen versöhnlichen Ausweg offenhalten könnte. Einen Beitrag zur Lösung wird jeder Beteiligte natürlich zuerst vom anderen erwarten. Immerhin, so glaubt man, ist der Konflikt von ihm verursacht worden, und wer die Schuld trägt, soll sich auch ändern und den ersten Schritt tun.

Das alttestamentliche und doch so aktuelle Beispiel von der Vertreibung aus dem Paradies hat deutlich gemacht, daß bei der Entstehung eines Konfliktes keinesfalls von einem einzelnen Verursacher gesprochen werden darf. Nichts ist daher

Nichts ist schädlicher als gegenseitige Schuldzuweisungen

schädlicher als eine einseitige Schuldzuweisung und das Beharren auf der eigenen Rechtsposition. Bei der Konfliktlösung muß es darum gehen, beiden Parteien klarzumachen, daß es in einer Konfliktsituation einen alleinigen Verursacher ebensowenig wie einen Unschuldigen gibt. Alle sind mitbetroffen. Jeder, der in eine Konfliktsituation verstrickt ist, trägt einen Teil der Verantwortung für ihre Eskalation.

Doch so sehr der einzelne zum Ziel persönlicher Attacken wird, die den eigentlichen Gegenstand des Konflikts zur Nebensache werden lassen, man kann noch immer miteinander reden. Dies ist ein weiteres charakteristisches Merkmal dieser Konfliktphase. Es besteht noch die Chance, helfend einzugreifen. Der Dialog wird zwar lautstark und zunehmend unsachlicher geführt, er ist aber noch nicht verstummt. Noch immer besteht die Möglichkeit, den Konflikt im Gespräch beizulegen.

5.1.5 Der Sündenbock und die Verantwortung der Gruppe

Komplexität der Konfliktsituation in einer Gruppe

Die bisherige Begrenzung auf zwei Konfliktparteien vereinfacht das Bild einer Konfliktsituation. Schwieriger wird es bei größeren Gruppen. Die Auswirkungen von Konflikten in einer Gemeinschaft sind vielschichtiger als in den bisher zitierten Fällen, in denen sich zwei Parteien mit deutlichen Interessen gegenüberstehen.

Die komplexen sozialen Strukturen, wie sie sich in Firmen und Organisationen finden, gestalten auch die Konfliktsituationen vielschichtig. Viele Hilferufe, wie sie zu mir dringen, klingen so: »Wir haben Krach in der Abteilung B. Dort sitzt ein schwieriger Mitarbeiter, den müssen wir dringend loswerden.« Schon in einer solchen Darstellung der Situation wird die erwartete Lösung des Konfliktes bereits vorweggenommen: Einer muß gehen! In den meisten Fällen jedoch wird diese Absicht nicht ganz so offen ausgesprochen. Es lautet dann schlicht: »Können Sie uns helfen, eine Lösung zu finden?« Hätte man aber den Mut, ehrlich zu sein, müßte die Frage lauten: »Können Sie unserer Seite helfen, eine uns unangenehme Lösung durchzusetzen?«

Wer mit Konflikten und dem Verhalten von Konfliktparteien vertraut ist, hört auch die heimlichsten Gedanken heraus, die sich hinter einem harmlosen Wortlaut verbergen können. Man sucht eigentlich keinen Konfliktberater, man sucht einen

Vollstreckungsgehilfen für die menschlich unangenehmen und peinlichen Situationen, vor denen man sich drücken möchte.

Auf die Frage, wie der Betreffende zu einem Problem werden konnte, erhalte ich oft die unglaublichsten Erklärungen, die allesamt die gleiche Funktion haben, nämlich von der eigenen Verantwortung abzulenken: »Ach wissen Sie, er ist ein schwieriger Charakter. Wir haben ja viel Verständnis für ihn, betrachten Sie nur seinen Lebenslauf, die schwere Jugend, die er hatte! Aber bei aller Nachsicht, in unserer Situation ist er nicht mehr tragbar.« – All dies sind Hinweise, die vielleicht manch Wahres enthalten, aber keinen Ansatz zum kreativen Umgang mit bestehenden Problemen bieten und ganz offensichtlich als Rechtfertigung für selbstentworfene Lösungen dienen.

Die wesentlichste Frage wurde dabei nie aufgeworfen: Warum hat es die Gemeinschaft erlaubt, daß er schwierig werden konnte? Wenn in einer Gruppe von Menschen eine Person problematisch erscheint, dann liegt das immer auch in der Verantwortung dieser Gruppe. Erst das Verhalten aller konnte sie zu einem Problem werden lassen.

Wird ein Gruppenmitglied zum Problem, so tragen auch die anderen dafür eine Verantwortung

Dabei stößt man auf ein Phänomen, das in Organisationen heute sehr oft beobachtet werden kann, den sogenannten *Psychoterror,* auch *Mobbing* genannt. Eine Person wird zum Sündenbock gemacht. Sie personifiziert sämtliche Schwächen der Gemeinschaft, die ein Ventil, einen Ausweg für ihre eigene Unfähigkeit sucht, mit komplizierten zwischenmenschlichen Situationen fertig zu werden. Hat man dann endlich sein Ziel erreicht und den Betreffenden aus der Gruppe herausgeekelt, kann man häufig beobachten, wie sich das Problem auf eine andere Person verlagert. Oft schlüpft, wenn ein Mitarbeiter »gegangen wurde«, sein Nachfolger nahtlos in die Rolle des Sündenbocks.

Das Sündenbockprinzip

Wie nun aber hilft sich das Opfer, wie wird es mit dem Psychoterror fertig, und wie können mögliche Verhaltensmuster aussehen?

Wie kann das Opfer mit Psychoterror umgehen?

Wer bemerkt, daß Psychoterror auf ihn ausgeübt wird, sollte sich möglichst nicht gleich einschüchtern lassen und nachgeben. Wer sich die Konfrontation mit dem Angreifer aus eigener Kraft nicht zutraut, sollte Hilfe suchen und sich auch nicht scheuen, einen Konfliktberater zu Rate zu ziehen.

Indem er den Angreifer herausfordert, mit offenem Visier

zu kämpfen, und eine Aussprache verlangt, erfüllt er die Grundvoraussetzung zur Beilegung des Konfliktes: er verlagert die Auseinandersetzung auf die Ebene des Gesprächs. Dann kann die Frage gestellt werden: »Weshalb geht Ihr auf diese Weise gegen mich vor (wobei möglichst konkrete Beispiele genannt werden sollten)? Was wollt Ihr von mir? Was habe ich Euch getan? Weshalb seid Ihr so eklig zu mir?

Darauf folgt gewöhnlich ein stereotypes Verhalten der anderen. Sie geben sich ahnungslos, werden alles abstreiten. Man sollte nun darstellen, was man wahrgenommen hat, Fakten präsentieren ohne Beimischung eines Urteils. Wie hat man die Situation erlebt? Man sollte dabei hinzufügen, daß man dies nur feststellen wolle, und der Hoffnung Ausdruck geben, daß es nicht wieder vorkommt.

Wenn eine Aussprache akzeptiert wird, kann es klug sein, die Vorwürfe, die sich gegen einen selbst richten, erst einmal anzuerkennen. Man nimmt sie ohne Kommentar zur Kenntnis und signalisiert seine Bereitschaft, daran zu arbeiten. Oder man versucht zu erklären, weshalb man sich so verhält, wie es den anderen »problematisch« erscheint. Und dann bespricht man zusammen, wie man anders vorgehen könnte. So wird ein latenter Konflikt direkt angesprochen. Dabei wird meist ein offener Ausbruch verhindert.

Soll man sich wehren? Die Entscheidung, ob man sich wehren will oder nicht, kann niemandem abgenommen werden. Hat man sich entschieden, auf Gegenwehr zu verzichten, sollte man aber auch nicht jammern oder über die bösen anderen klagen. Selbstmitleid führt zu nichts! Wenn man sich ohne Gegenwehr angreifen oder gar fertigmachen läßt, kann man nur noch verzeihen. Auch das kann sinnvoll sein.

Grundsätzlich handelt es sich bei solchen Psychoterrorsituationen um *Abwehrmechanismen* (Sündenbockverfahren). Jemand konfrontiert sich in der Person des anderen mit seiner eigenen Schwäche, die er oft nicht wahrhaben will. Deshalb ist die Gefahr groß, daß das Opfer aggressiv wird, zum Gegenangriff schreitet und dabei den Angreifer der Unfähigkeit bezichtigt. Dieser Gegenangriff hat meist sehr negative Auswirkungen und kann als Kriegserklärung gedeutet werden. Daher sollte man eher die Frage nach dem *Warum* vorziehen: Warum behandelst du mich so? Sie fordert den anderen dazu auf, sich sein Verhalten, seine Absichten und seine moralische Verantwortung bewußt zu machen.

96

All dies sind Mechanismen, die darauf hindeuten, daß man jeden Konflikt einer tieferen und genaueren Betrachtung unterziehen muß, um zur eigentlichen Problematik vorzudringen. Die nötige Sensibilität für das Erkennen von Konflikturachen erwirbt man sich z.B. dadurch, daß man sich einmal auf *die eigenen Schwächen* und *die Stärken des anderen* besinnt.

Sensibilität für den Konflikt durch Korrektur des eigenen Standpunktes

Gewöhnlich geschieht das Gegenteil. Bei einer Auseinandersetzung konzentriert sich jeder zuerst auf seine eigene Stärke, sucht nach den Schwächen des anderen, achtet auf dessen Fehler, um ihn bei passender Gelegenheit bloßzustellen oder an seiner Achillesferse zu treffen. Hier muß eine Neuorientierung stattfinden. Bevor die Frage gestellt wird, was jener ändern muß, damit er mit mir zurechtkommt, muß ich selbst überlegen, was ich falsch gemacht haben könnte, was ich versäumt oder unterlassen habe, wodurch es zur Konfrontation kommen konnte.

Das ist ein schwieriger Schritt, bei dem man auf die größten inneren Widerstände stößt und der jedem ein hohes Maß an Selbstüberwindung abverlangt. Bei den meisten Menschen ist die Bereitschaft zur Veränderung schon unter gewöhnlichen Umständen äußerst gering, und während eines Konfliktes kann man eine Korrektur persönlicher Grundeinstellungen nur mit sehr viel Geduld und Taktgefühl erreichen.

Man erlebt dies besonders häufig bei Ehekonflikten. Innerhalb mehrerer Jahre kann sich in einer Partnerschaft unglaublich viel emotionaler Schutt ablagern. Dann ist es sehr schwer, sich durch einen solchen Berg von Scherben hindurchzuarbeiten. Oft erscheint es aussichtslos, den Punkt erreichen zu wollen, wo beide Partner zugeben können: Ja, ich darf nicht dauernd den anderen kritisieren und bei jeder Gelegenheit auf ihm herumtrampeln. Ich muß meine Perspektive einmal umkehren und die Ursache des Konfliktes bei mir selbst suchen. Warum gehe ich dem anderen ständig auf die Nerven? Was muß ich bei mir verändern, damit der andere sagen kann: »Jawohl, so kann ich weiter mit dir zusammenleben!«

Besonders bei Ehekonflikten den Fehler auch bei sich selbst suchen

Gerade in solchen Situationen wäre eine Konfliktlösung weniger problematisch, wenn die Unkenntnis der Betroffenen und ihre Hilflosigkeit überwunden werden könnten. Viele werden ausschließlich von ihren Emotionen gesteuert oder wissen sich nicht zu helfen, und sie können auch in ihrem sozialen Umfeld keine geeignete Hilfe finden. Die Folge ist, daß die Ereignisse ihren Lauf nehmen und zu einer weiteren Verhärtung der Positionen führen.

Strategie zur Selbsthilfe Ich bin zum zweiten Mal verheiratet und habe diese Schwierigkeiten selbst durchlebt. Nachdem ich beim Konflikt mit meiner ersten Frau vergeblich nach fremder, unparteiischer Hilfe gesucht habe, waren wir gezwungen, eine Strategie der Selbsthilfe zu entwickeln. Sie sollte die Spielregeln für den Umgang mit unseren Problemen verbindlich festlegen. Jeder sollte das Recht haben, eine Auseinandersetzung zu stoppen, wenn er das Gefühl hatte, daß sie ihn emotional überfordere. Daraufhin durfte das Thema am gleichen Tag nicht mehr angeschnitten werden.

Ein solches Verhalten kann natürlich zu Fluchtreaktionen mißbraucht werden. Es kann aber auch einen fruchtbaren Ansatz für eine Verständigung bieten, indem es dazu zwingt, die Problematik zu verinnerlichen und seine Grundeinstellung zum Partner einer Prüfung zu unterziehen. Wird das Thema erneut aufgegriffen, kann der Dialog frei von emotionaler Erregung eine positive Wendung nehmen.

5.1.7 Der Verlust der Sprache

Konflikte haben die Neigung zu eskalieren. Dies ist eine Entwicklung, die nicht unbedingt aus einem betont aggressiven Handeln resultieren muß. Auch dann, wenn man nichts unternimmt, wird sich die Lage zunehmend verschlimmern. Nach einiger Zeit kommt eine Phase, in der die Betroffenen nicht mehr bereit sind, miteinander zu reden. Man weicht sich aus, man grüßt sich nicht mehr und würdigt sich keines Blickes. In der Kantine sitzt man an zwei verschiedenen Tischen und meidet auch sonst jede Begegnung, wo sie vorhersehbar ist.

Ich kann von einem Fall berichten, wo zwei Brüder, die gemeinsam ein Familienunternehmen leiteten, zusammen im selben Direktionszimmer saßen und sich nur noch Zettel schrieben. Kein Wort wurde gewechselt, nur noch Aktennotizen wurden ausgetauscht. Ähnliches begegnete mir einmal in einer kleinen Werbeagentur. Wenn die Leiterin etwas zu kritisieren hatte, suchte sie nicht etwa das Gespräch mit ihren Mitarbeitern. Erst abends, wenn alle gegangen waren, machte sie ihre Runde, musterte die Arbeit jedes einzelnen und schrieb dann ihre Kritik auf Zettel. Diese fanden die Mitarbeiter dann am nächsten Tag auf ihrem Schreibtisch vor. Man kann sich vorstellen, welche Auswirkungen dies auf die Motivation und das Arbeitsklima hatte.

Gemeinschaftsbildung und Konfliktlösung ist nur über das Gespräch möglich. Es gibt keinen anderen Weg. Wenn es einmal so weit gekommen ist, daß man nicht mehr miteinander redet, ist Hilfe von außen dringend erforderlich.

In der *ersten Phase* kann man oft noch ohne Beistand auskommen, wenn Bereitschaft zur Verständigung und ein wenig Erfahrung im Umgang mit Konflikten vorhanden ist. Je schneller dabei eine Konfliktsituation erkannt wird und je früher ihre Ursachen und Symptome wahrgenommen werden, desto größer ist die Chance, eine versöhnliche Lösung zu finden. In der *zweiten Phase* kommt man nur noch selten ohne fremde Hilfe zurecht. Beide Parteien können sich aber auf einen Vermittler einigen oder unabhängig voneinander nach einem Berater suchen, um dann zu viert die Sache erneut zu diskutieren. Man kann dabei ganz unterschiedliche Varianten entwickeln.

In den meisten Fällen ist aber fremde Hilfe unverzichtbar. Dabei gehört es zu den wichtigsten Aufgaben eines Beraters, beide Parteien davon zu überzeugen, daß ohne Gespräch keine Lösung gefunden werden kann und daß die Bereitschaft zum Dialog unter allen Umständen erhalten bleiben muß. In diesem Fall muß er auch dafür sorgen, daß sich die Parteien gleichberechtigt fühlen können. Das bedeutet: keiner dominiert, keiner überführt den anderen, keiner weicht dem Gespräch aus.

5.1.8 Die helfende Vermittlung durch einen Dritten

Es gibt viele Menschen, die eine heilige *Angst* vor einer Konfliktsituation haben. Sie weichen der Konfrontation aus, hoffen, es werde sich alles von selbst zum Guten wenden, und machen dabei einen großen Bogen um das eigentliche Problem. Angst wirkt hier als Bremse. Doch zu der Bereitschaft aller Betroffenen, an einem Konflikt zu arbeiten, gehört auch die Fähigkeit, die Angst vor der Auseinandersetzung und ihren Folgen zu überwinden.

Dabei erinnere ich mich an einen Fall, bei dem es sich um

eine kirchliche Organisation handelte, in der viele Geistliche und Theologen mitbetroffen waren. Dort gab es über Jahre hinweg gewaltige Probleme, und der Ruf nach Hilfe wurde laut. Alle litten unter dem Konflikt und waren schließlich bereit, mit mir zusammenzuarbeiten. Man redete nicht mehr miteinander, jeder zog sich auch während der Pausen mit der Kaffeetasse in seine Ecke zurück und vermied die Begegnung.

Daraufhin regte ich eine gemeinsame Frühstückspause an, in der der Versuch unternommen werden sollte, wieder ins Gespräch zu kommen. Zunächst erschien dieser Vorschlag allen unfaßbar. Sämtliche Reaktionen zeigten deutlich, wie weit man sich bereits von der Normalität entfernt hatte. Der Versuch wurde dennoch gewagt. Zunächst versammelte man sich einmal in der Woche, schließlich öfter, bis es wieder zur Gewohnheit wurde. Dabei zeigte sich, daß eigentlich nur die Angst im Weg war, den ersten Schritt zur Normalisierung zu machen.

Nun konnte man zur zweiten Phase schreiten und eine Aussprache über die bestehenden Probleme durchführen. Jeder sollte der Reihe nach ein wenig erzählen, wie sich der Konflikt für ihn darstellt. Und wieder antwortete man mir mit Schweigen und der Weigerung, vor den anderen offen darüber zu sprechen.

Die Zwischenlösung: Gespräch unter vier Augen mit einer unbeteiligten Vertrauensperson

Es mußte also eine *Zwischenlösung* gefunden werden, die darin bestand, daß ich in der Rolle der Vertrauensperson zunächst mit jedem einzelnen Gespräche unter vier Augen führte. Dabei sollten für mich in meiner Doppelrolle als Vertrauensperson und Konfliktberater folgende Regeln gelten:

- Jede Auskunft würde ich im Interesse einer Konfliktlösung als Information gebrauchen.
- Stets würde ich von der Richtigkeit aller an mich weitergegebenen Informationen ausgehen.
- Ein persönliches Urteil darüber, ob es sich bei der Information um Dichtung oder Wahrheit handelt, würde ich bewußt unterdrücken.

Als ich die Geschichten aller Beteiligten der Reihe nach angehört hatte, konnte ich in meiner Seele die unterschiedlichen Sichtweisen zu einem Bild zusammenfügen, das mir eine eigene Vorstellung vom Geschehen vermittelte. Diese nahm ich anschließend als Gesprächsgrundlage und forderte die Beteiligten dazu auf, meine Eindrücke in einem offenen Meinungsaustausch gemeinsam zu korrigieren und als Grundlage für die weitere Arbeit zu nehmen.

5.1.9 Der totale Krieg

Auch in Konfliktsituationen kann es geschehen, daß Menschen aus Angst, Neid, Eifersucht oder Hochmut so sehr von ihrer Unfähigkeit zur Begegnung beherrscht werden, daß keinerlei Gespräch mehr aufkommen kann. In diesem Fall kann es zur sogenannten *destruktiven Phase* kommen. Es ist die Phase des totalen Krieges.

Wenn Haßgefühle entstehen und die Vernichtung des Gegners als »vorteilhafter« angesehen wird als der Versuch einer Aufarbeitung des Konfliktes im Gespräch, liegt der Grund oft in der Angst vor der Begegnung. Diese verhindert dann, daß man an sich selbst arbeitet.

Der Krieg bietet zwar auch für das eigene Leben Gefahren, doch erspart er die Anstrengung, sich mit bestehenden Entwicklungsmöglichkeiten auseinanderzusetzen. Das Prinzip lautet: *er* oder *ich*. Oder: *gemeinsam in den Abgrund!* Dies ist Konfliktkamikaze. Die Ängste vor dem Gegner oder die im Gefühl angestauten Aggressionen verdunkeln den Verstand. Niemand ist sich dabei bewußt, daß der Gegner in einem selber sitzt, daß es die Angst vor einem selber ist, die dort ihr Spiel treibt.[6]

*»Konfliktkamikaze«
verhindert jede
Entwicklung*

In früheren Zeiten waren es die gesellschaftlichen oder die religiösen Normen und Verhaltensspielregeln (Gesetze, Ge- und Verbote), die den Menschen zur Vernunft zwangen und ihre Nichtbeachtung mit Strafen ahndeten. Die Angst vor der Strafe konnte die Menschen zur Vernunft bringen, doch hat sie diese Wirkung heute weitgehend verloren. Der Verfall des Normenbewußtseins und die Ohnmacht der Autoritäten werfen den Menschen auf seine eigene Moralität und sein Verantwortungsbewußtsein zurück.

Fühlt sich der Mensch dabei überfordert, ist seine Moralität und sein Verantwortungsbewußtsein unzureichend entwickelt, dann hilft nur noch ein Rückgriff auf alte Formen. Dort, wo das eigene Ich nicht stark genug ist, muß zuerst das stellvertretende Ich eines anderen oder eine fremde Autorität seine Funktion übernehmen. Es ist ein *Machteingriff von außen*

*Eigene Moralität
oder Maßregelung
von außen?*

nötig. Eine stärkere Autorität als die der Konfliktparteien greift ein und trennt die Kämpfenden, um sie anschließend wieder zur Vernunft zu bringen. Das Ziel ist, eine Schadensbegrenzung zu erreichen und zu verhindern, daß der Konflikt auch auf Unbeteiligte übergreift. Ein Waffenstillstand muß erzwungen werden – man muß die Streithähne bei den Haaren packen und auseinanderziehen.

Als nächster Schritt müssen die Parteien an den Verhandlungstisch gebracht werden, um Bedingungen auszuhandeln, die eine Bereitschaft zum Gespräch fördern, denn für alle Konfliktsituationen gilt: ohne Gespräch ist eine Lösung nicht möglich. Ohne Gespräche kommt es zur Eskalation, zur Katastrophe.

Beispiel: Bosnien Den Verlauf eines über lange Zeit unterdrückten Konfliktes, in dessen letzter Phase es zum Gewaltausbruch kam, konnte jeder in den Berichten über den Krieg in Bosnien verfolgen. Mit dem Zerfall staatlicher Ordnung war der Gewalt kein Einhalt mehr geboten. Der Konflikt mündete in einen Vernichtungskrieg.

Wenn in einer Organisation zwei Menschen das Gespräch verweigern und damit beginnen, sich gegenseitig kaputt zu machen, so muß man zunächst eine weitere Begegnung verhindern. Die Betroffenen werden dann lernen müssen, daß man mit der totalen Kriegssituation eine positive biographische *Rückwirkungen der* Entwicklung verhindert. Die Konfliktparteien, die nicht bereit *Kampfhaltung* sind, etwas zu lernen, laden negatives Schicksal auf sich, mit dem sie in anderen Situationen erneut konfrontiert werden. Diese Zusammenhänge gilt es ins Bewußtsein zu bringen.

Ein typischer Fall für einen katastrophalen Konfliktverlauf im privaten Bereich erregte vor einiger Zeit in Zürich Aufsehen. Ein Mitarbeiter vom Hoch- und Tiefbauamt wurde von einigen Kollegen jahrelang schikaniert. Irgendwann wurde es ihm zuviel. Der Konflikt rutschte abrupt in die dritte Phase. Der Mann ging nach Hause, holte seine Offizierspistole und erschoß seinen Chef und dazu noch vier weitere Kollegen. Aus der Sicht der Konflikteskalationstheorie ist dieses Verhalten völlig logisch, nur muß es unter allen Umständen verhindert werden.

5.2 Konfliktursachen

5.2.1 Erwartungen werden enttäuscht

Wer neu in eine Gemeinschaft hineinkommt, befindet sich in einer Situation, die man in der Gruppendynamik als *Testphase*[7] bezeichnet. Der Neuling wird oft als Störfaktor erlebt, weil seine Anwesenheit eine Neuorientierung der Gruppe erfordert. Zunächst einmal beschnüffelt man sich, ist unsicher im Auftreten und möchte niemanden herausfordern. Man ist höflich zueinander, möchte nicht direkt auf Kollisionskurs gehen und gibt sich kompromißbereit, weil man möglichen Auseinandersetzungen ausweichen will. Wenn man aber etwas länger zusammenarbeitet, dann zeigt sich ein Phänomen, worauf man im Zweiten Weltkrieg erstmals aufmerksam wurde: die sogenannte *U-Boot-Psychose*. Wenn die Besatzung eines U-Boots wochenlang auf engstem Raum zusammengedrängt ist, entsteht ein äußerst gereiztes Klima. Jeder geht dem anderen bereits durch seine bloße Anwesenheit auf die Nerven.

Selbst unter den besten Freunden kann dies vorkommen. Besonders anfällig dafür ist natürlich auch eine Partnerschaft oder Ehe. Wenn sich die Mondscheinstimmung verflüchtigt hat, der Rosenduft verflogen ist und man durch die Realität des Alltags ernüchtert wurde, tritt man in die Phase der Konfrontation. Schließlich merkt man, daß man den anderen bisher nur von seiner besseren Seite betrachtet hat. Nun lernt man auch seine Schwächen kennen. Liebe macht blind. Das ist in gewissen Grenzen auch gut so, befähigt es doch, die Vorzüge des anderen schätzen zu lernen und einen prinzipiell positiven Standpunkt einzunehmen. Aber auch der Haß kann blind machen.

Wenn die Liebe erkaltet, lernt man den anderen unter neuen Gesichtspunkten kennen, betrachtet ihn anders als zuvor. Das kann sich in Aussagen bemerkbar machen wie: »Meine Mutter hat das ganz anders gekocht!« oder »Warum machst du das nicht so, wie mein Vater das gemacht hat?«

Auch in einem Betrieb kann es geschehen, daß bei der Stellenvergabe anfangs nur die positiven Eigenschaften eines Bewerbers gesehen werden. Die anfängliche Begeisterung kann dann aber sehr rasch in Enttäuschung umschlagen. Oft ist gerade in Führungsetagen die Menschenkenntnis erstaunlich schlecht ausgebildet. Und häufig macht sich eine falsche Wahl erst nach geraumer Zeit bemerkbar. Dann wird nach einem Anlaß gesucht, den lästig gewordenen Mitarbeiter wieder loszuwerden. Der Konflikt ist da!

Wer enttäuscht wen?
In der *Nahkampfphase*[8] treten Enttäuschungen und falsche Erwartungen besonders deutlich zutage. Nicht ich bin es, der sich getäuscht hat, nein, der andere ist nicht so, wie er hätte sein sollen! Die Schuld wird nicht in den eigenen Vorstellungen und Erwartungen gesucht, wenn der andere sie nicht erfüllt. Sobald dieser vorsätzlich oder unbewußt in seinem Verhalten sich nicht meinen Vorstellungen unterwirft, signalisiert dies Gefahr. Der andere wird als möglicher Konkurrent erlebt; er könnte mein Handeln in Frage stellen und meine Absichten durchkreuzen.

Diese Entwicklung läßt sich oft auch in Vereinen oder politischen Parteien beobachten. Dort entstehen Konflikte in der Führung. Meinungsverschiedenheiten können nicht überbrückt werden. Man merkt, daß man nicht das gleiche Leitbild oder die gleichen Zielvorstellungen hat. Nun kommt es zur Spaltung. Jeder formt eine neue Gruppierung. Dies hat eigentlich nur eine einzige Ursache: Man hat nicht gelernt, den anderen so zu nehmen, wie er ist. Man betrachtet ihn so, wie man ihn gerne hätte und hält diese Vorstellung aufrecht, bis es zum Zerwürfnis kommt. Nun muß man sich die Frage stellen: Wie gehe ich damit um?

Es ist grundsätzlich *mein* Problem, daß er nicht meinen Wünschen entspricht. Ich bin es also, der meine Vorstellungen ändern muß. Die Japaner sagen: Wenn ich die Situation nicht verändern kann, dann muß ich lernen, meine Einstellung zur Situation zu ändern. In einem Haiku, einem jener japanischen Kurzgedichte, heißt es:

Ich habe mein Schicksal in eigener Hand.
Verwundert schaue ich auf meine Hände.

Damit ist alles gesagt: es sind meine Hände, in denen das Schicksal ruht, nicht die des anderen.

Angst ist eines der schwierigsten Probleme, die während der Nahkampfphase auftreten können. Angst ist eine der Hauptursachen für Konflikte: *die Angst, etwas zu verlieren,* z.B. Geld, seinen Job und sein Einkommen, aber auch Status- oder Prestigeverlust können dabei eine Rolle spielen. Wenn man mit der Reorganisation einer Unternehmensstruktur beschäftigt ist und die bestehende Hierarchie aufheben will, trifft man immer wieder auf Menschen, die sich gegen den drohenden Positionsverlust auflehnen, meist deshalb, weil sie fürchten, auch in ihrem Einkommen zurückgestuft zu werden.

Angst vor dem Verlust der Position

Auch in einer Handelsfirma, in der die gesamte Vertriebsorganisation aufgelöst wurde, traten solche Probleme offen zutage. Jedem war klar, daß man auf eine zentrale Vertriebsstruktur verzichten konnte. Alle Filialleiter konnten ihr Geschäft ebensogut eigenständig führen und waren durchaus in der Lage, die dazu notwendigen kaufmännischen Entscheidungen selbst zu treffen. Sämtliche Vertriebsleiter, die eigentlich nichts Produktives geleistet hatten, waren im Grunde überflüssig. Entlassungen sollten bei der Neustrukturierung jedoch vermieden werden, und jedem, der seine Funktion verlor, wurde im Bereich Personalberatung, Fachberatung und Revision eine neue Aufgabe angeboten. Eine Führungsverantwortung war damit jedoch nicht mehr verbunden. Es handelte sich nur noch um eine beratende Tätigkeit.

Beispiel: Aufhebung einer Mitarbeiterhierarchie

Einige der Betroffenen haben daraufhin gekündigt und sich eine andere Stelle gesucht. Andere hingegen wollten zwar bleiben, waren aber nicht bereit, ihre Führungsposition aufzugeben. Sie wollten Untergebene, denen sie befehlen konnten. Eine Organisation aber braucht Menschen, die nicht befehlen, sondern sich gegenseitig helfen. Dies setzt eine völlig andere soziale Verantwortung, eine veränderte Einstellung zum Arbeitsprozeß und den Mitarbeitern voraus. Immerhin fanden sich auch einige, die das Angebot als Herausforderung betrachteten und sich der Aufgabe stellten.

In der Praxis zeigte sich dann auch der Erfolg. Die Filialleiter wurden immer selbständiger und verantwortungsbewußter. Neben einer effizienteren Personalstruktur wurde auch ein besseres menschliches Klima geschaffen. Vieles in unserer Gesellschaft könnte man auf ähnliche Weise neu gestalten.

Meist ist es die Angst, die solche positiven Entwicklungen behindert.

Angst vor Veränderungen Ein weiteres Beispiel kann dies bestätigen. In einem Warenhaus in England wurde der Versuch unternommen, ein sogenanntes Job-Rotation-System zu verwirklichen. Verkäufer und Verkäuferinnen sollten nicht nur an eine Abteilung gebunden bleiben, sie sollten den Kunden durch das ganze Kaufhaus begleiten und ihm beratend zur Seite stehen. Dazu mußten sie sich natürlich mit dem gesamten Warenangebot vertraut machen.

Als den Angestellten dieser Plan vorgestellt wurde, riefen sie einstimmig: Das machen wir nicht mit! Selbst der Anreiz einer Arbeit mit mehr Abwechslung, mehr Verantwortung und immerhin auch einem höheren Gehalt konnte die Proteste nicht zum Verstummen bringen. Die Ursache der Ablehnung war wiederum die Angst – die Angst, sich weiterentwikkeln zu müssen, die Angst vor neuen Vorgesetzten und Mitarbeitern, die Angst zu versagen und den Job zu verlieren. Man mußte jenen Menschen nur diese Angst nehmen. Ihnen wurde zugesichert, daß sie jederzeit in ihre alte Rolle zurückkönnten und daß es keine Entlassungen geben werde. Schon war der Widerstand gebrochen und alle haben eingewilligt.

Veränderungen enthalten oft ein immenses Konfliktpotential. Und so muß man sich sehr oft, wenn man in der Verantwortung für andere Menschen steht, die Frage stellen, wie man mit Ängsten umgeht oder sie vermeidet, um ein harmonisches Miteinander zu ermöglichen.

Es ist nicht einfach, Ängste zu vermeiden, denn es gehört zum Schicksal des Menschen, daß ihn das Leben vor Herausforderungen stellt. Diese werden oft als Problem betrachtet und erzeugen Angst, weil man sich überfordert fühlt. Man hat Angst zu versagen, man fürchtet, die eigenen Fähigkeiten reichen nicht aus, um das Problem zu bewältigen.

Wie mit der Angst umgehen? Konfrontiert man sich mit den heutigen Problemen der Menschheit, die ihr offenbar über den Kopf zu wachsen beginnen, und betrachtet man die eigene Unzulänglichkeit, die es einem unmöglich erscheinen läßt, etwas zu verändern, wird man eine ähnliche Ohnmacht empfinden, die in Angst umschlagen kann. Wie kann man dieser Herausforderung begegnen?

Hören wir dazu folgende Geschichte: Ein Mann läuft am Strand entlang und wirft all die kleinen Krebse und Fische, die das Meer aufs Trockene gespült hat, wieder zurück ins Wasser. Ein anderer sagt daraufhin: »Das wird nichts nützen. Der Strand ist lang, und du wirst nicht all die Tiere retten können. Was hat das also für einen Sinn?« Da bekam er die Antwort: »Aber für dieses Krebschen« – und der Mann zeigte es ihm auf seiner Handfläche – »hat es einen Sinn! Es wird leben!«

Wenn man konsequent danach handelt, was man selbst für sinnvoll hält, wird man auch den Mut dazu finden. Vor einer Aufgabe, die sinnvoll und überschaubar erscheint, werden sämtliche Ängste weichen!

Eine andere Möglichkeit, der Angst zu begegnen, besteht darin, daß man sich bis in alle Einzelheiten hinein vorzustellen versucht: Was kann mir eigentlich passieren, wenn ich diese Herausforderung annehme? Verwandelt man dieses unbestimmte und verschwommene Gefühl der eigenen Unzulänglichkeit in eine konkrete Vorstellung von der Situation, die einen erwartet, wird man erleben, wie diese Ängste von selbst verschwinden. Oder man wird deutlich erkennen, wo man wirklich überfordert ist und sich zurückhalten muß, bis man die nötigen Kräfte dafür entwickelt hat. Eine Maxime dazu, die von Rudolf Steiner stammt, lautet: Unterlasse nichts, was du kannst, versuche aber nicht das zu tun, was du wirklich nicht kannst.

5.2.3 Hierarchie und Gleichberechtigung

Vertrauensbruch, Verstoß gegen Abmachungen, Erwartungen, die nicht erfüllt werden, falsche Vorstellungen vom anderen und darauf folgende Enttäuschungen: all dies können Konfliktursachen sein. Eine weitere Ursache ist der *Mangel an Gleichberechtigung*, das Gefühl der *Machtlosigkeit*, wo eigentlich ein Zusammenspiel gleichberechtigter Partner angemessen wäre.

Ein typisches Beispiel dafür ist die Rollenverteilung in der Ehe. Die meisten Ehemänner bekennen sich inzwischen zu Partnerschaft und Gleichberechtigung. Wenn ich dann aber die Gelegenheit habe, das tatsächliche Eheleben zu beobachten, finden sich häufig Verhaltensmuster, die zwar den guten Willen dokumentieren, in ihrem Ergebnis oft aber das Gegenteil bewirken. Übertriebene Fürsorge für einen Partner, der manchmal wie ein Kind behandelt wird, dem man jeden

Mangelnde Gleichberechtigung – Beispiel Ehe

Handgriff abzunehmen versucht, kann ebenso Symptom eines mangelnden Verständnisses für Gleichberechtigung sein wie ständiges Schickanieren oder Ausnutzen des anderen. Der Handlungsspielraum und die Selbständigkeit des Partners wird in beiden Fällen eingeschränkt. Erkennt man, daß eine solche Schieflage in der Rollenverteilung besteht, darf man als Konfliktberater nicht nur moderieren, man muß den Parteien einen Spiegel vorhalten. Das kann für den Berater sehr heikel werden, denn er setzt sich der Gefahr aus, als parteiisch angesehen zu werden und zwischen die Fronten zu geraten.

Hierarchie muß Gleichberechtigung nicht ausschließen

Auch in einer Organisation, wo bestehende *Hierarchien* keine Gleichberechtigung zulassen, kann ein Konflikt angelegt sein. Es erfordert sehr viel Selbstbewußtsein von einem Vorgesetzten, seine Mitarbeiter so zu behandeln, daß diese das Gefühl haben, er ist zwar der Chef, aber als Mensch werde ich von ihm gleichberechtigt behandelt.

Ein guter Vorgesetzter kann sich dadurch auszeichnen, daß er die Mitarbeiter befragt, was sie von seinem Führungsstil halten, und daß diese die Möglichkeit zu einer ehrlichen Antwort bekommen. Die Anonymität wird gewahrt, indem jeder seine Meinung auf einen Zettel schreibt, ohne seinen Namen zu nennen. Auch Eltern sollten durchaus einmal ihre Kinder fragen, was sie von ihnen halten. Kinder haben ein unglaublich scharfes Wahrnehmungsvermögen. Wenn sie den Mut zur Offenheit haben, kann man von ihnen sehr viel Interessantes erfahren.

Mangelnde Freiheit als Konfliktursache

Mangelnde Freiheit als Konfliktursache ist oft eine unmittelbare Folge hierarchischer Strukturen, die ihren Geltungsbereich dorthin erstrecken, wo ihnen keinerlei Berechtigung mehr zukommt. Dies gilt insbesondere dort, wo sie eine Unfreiheit im Lernbereich hervorrufen. Was ich als Mensch lernen will, wo, wann und von wem, muß ich frei entscheiden können. Gerade hier bietet der Alltag noch immer eine Menge Hindernisse.

Einige Teilnehmer meiner offenen Seminare, die von Mitarbeitern unterschiedlicher Firmen besucht werden, frage ich gelegentlich, woher sie kommen und was sie von meiner Arbeit erwarten. Von einem Mann erhielt ich einmal die Antwort, sein Chef habe ihn mit der Drohung hergeschickt, er werde gefeuert, wenn er nicht verändert zurückkomme. Dies war für mich ein Anlaß, die Frage, was ein solches Verhalten über den Führungsstil aussagt, zu einem Thema des Seminars zu machen.

Während der Konflikt hier durch mangelnde Freiheit bereits vorprogrammiert war, kann er auch durch den Mißbrauch vorhandener Freiräume in Form von *verantwortungslosem Handeln* zum Ausbruch kommen. Arbeitsteilung verlangt Teamgeist. Ausgehend von der gegenseitigen Abhängigkeit in der Produktion, die bereits ein Verantwortungsbewußtsein erfordert, das sich über den persönlichen Arbeitsbereich hinaus erstreckt, muß eine soziale Verantwortung für die Gemeinschaft entwickelt werden.

Freiheitsmißbrauch

Menschen, die nicht anerkennen wollen, daß man bei der Zusammenarbeit in einem Verhältnis gegenseitiger Abhängigkeit steht, oder die nicht gelernt haben, mit solchen Abhängigkeiten umzugehen, können die Atmosphäre in einer Gemeinschaft vergiften und den Konflikt heraufbeschwören. Wenn ein anderer Kollege auf meine Leistung angewiesen ist, und ich erbringe sie nicht, dann schade ich zunächst ihm und erst in nächster Konsequenz der Firma. Dieses Bewußtsein muß herangebildet werden. Man muß deutlich machen, daß eine moderne Arbeitsteilung solche Verantwortung dem anderen gegenüber unbedingt erfordert.

Gruppenziel: verantwortungsvolle Arbeitsteilung

Um eine solche Form der Kollegialität innerhalb einer Arbeitsgruppe zu verwirklichen, muß der gruppendynamische Prozeß ein Stadium erreicht haben, das die früheren Lernstufen wie Vertrauensbildung und Kommunikationsbereitschaft bereits durchschritten und anfängliche, falsche Erwartungen korrigiert hat. Dann kann die Bereitschaft und die Einsicht entstehen, auch die menschlichen Schwächen ins Kalkül zu ziehen und sie gegebenenfalls auch zu tolerieren. Dabei wird verhindert, daß Haß, Neid und Eifersüchteleien, die man überall beobachten kann, jenes Stadium erreichen, wo sie notwendigerweise Konflikte erzeugen. Das gleiche gilt für Persönlichkeitsprobleme, die aus Kindheitserfahrungen resultieren oder anerzogen sind und im Erwachsenenalter nur mit großen Schwierigkeiten korrigiert werden können.

5.3 Kreative Konfliktlösung

5.3.1 Destruktion und Deeskalation

Bei der Konflikteskalation lassen sich drei wesentliche Phasen unterscheiden:[9]

1. Die neurotische Phase
2. Die psychotische Phase
3. Die destruktive Phase

Deeskalation durch Umkehrung des Konfliktverlaufs

In jeder dieser Phasen müssen andere Mittel und Methoden der Konfliktlösung eingesetzt werden. Immer jedoch werden sie dasselbe Ziel ansteuern: eine *Umkehrung des gewöhnlichen Konfliktverlaufs*, eine Deeskalation, bei der dem *Helfer* eine bedeutende Aufgabe zukommt. Befindet sich der Konflikt bereits in seiner dritten, der destruktiven Phase, wird man ihn zunächst in die psychotische und schließlich in die neurotische Phase zurückführen müssen, um so die Parteien wieder zum gemeinsamen Gespräch zu bewegen.

Dies ist das Prinzip jeder Konfliktlösung: den Konflikt zurückführen in eine Situation, die mit der ersten Phase vergleichbar ist, in der das Gespräch einen Ausweg öffnen kann. Nur durch das Gespräch kann ein Entwicklungsprozeß eingeleitet werden, der zu einer Lösung hinführt. Konfliktbewältigung bedeutet immer, Entwicklungsnotwendigkeiten erkennen und annehmen. Je weiter aber ein Konflikt auf dem Eskalationsweg voranschreitet, um so schwieriger und länger wird der Weg der Deeskalation.

Die destruktive Phase

In der destruktiven Phase wird man durch das Appellieren an den gesunden Menschenverstand nichts mehr erreichen können. Auch beim sogenannten *Mobbing*, dem Psychoterror am Arbeitsplatz, haben wir es mit einem Phänomen der destruktiven Phase zu tun. Es wird nicht mehr miteinander geredet. Äußerungen erfolgen nur noch »unter der Gürtellinie«. Verleumdungen, unberechtigte Vorwürfe, Anspielungen auf Unehrlichkeit oder sogar anzügliche und obszöne Bemerkungen beherrschen die Kommunikation. Es wird hinter vorgehaltener Hand geredet, man läßt das Opfer ins offene Messer laufen und hat Freude daran, wenn es gelungen ist, ihm zu schaden. Ein weiteres Mittel des Psychoterrors besteht darin,

110

wichtige Informationen zurückzuhalten und statt dessen grundlose Anspielungen und falsche Informationen weiterzugeben, die ein Fehlverhalten provozieren. Meist endet es damit, daß der Betroffene kündigt oder gefeuert wird, weil der Druck durch die Gruppe überhandnimmt.

5.3.2 Die praktische Dimension der Konfliktlösung

Werden diese oder auch ähnliche Phänomene wahrgenommen, so ist man auch als unbeteiligter Beobachter dazu verpflichtet, in das Geschehen einzugreifen, weil sich das Opfer aus eigener Kraft nur schwer den Angriffen widersetzen kann und nur selten den Mut findet, um Hilfe zu bitten. Besitzt man die Macht oder die entsprechende Autorität, sollte man zunächst einmal die Parteien voneinander trennen und damit eine Art Waffenstillstand erreichen. Das Opfer soll seine Ruhe bekommen, und die Angreifer sollen für eine Weile ihr Ziel aus den Augen verlieren. Ein Eingriff von außen muß erfolgen.

Trennung der Konfliktparteien

Danach sollte – wenn möglich unter Mithilfe eines professionellen Konfliktberaters – mit allen Betroffenen die Situation im Gespräch analysiert werden. Dabei steht im Mittelpunkt, Anschuldigungen dingfest zu machen und Verhaltensweisen der Angreifer mit Beispielen zu belegen, die auch nachprüfbar sind. Es ist vorteilhaft, möglichst konkret zu werden, Fakten zu sammeln, um damit pauschale Urteile entkräften oder auch erhärten zu können. Natürlich muß auf der Suche nach der Ursache des Psychoterrors vor allem auch mit dem Opfer gesprochen werden. Was hat dazu geführt, daß diese Person zum Ziel der Attacken werden konnte?

Hat sich für den Helfer aus all diesen Ermittlungen ein Gesamteindruck der Situation ergeben, wird er als nächstes versuchen, die Parteien zunächst einzeln, dann gemeinsam mit dem Bild zu konfrontieren, das er dabei gewinnen konnte. Ein gemeinsames Gespräch unter Anwesenheit aller Betroffenen muß erfolgen. Der Vermittler sollte imstande sein, verständlich zu machen, welche Prozesse sich abgespielt haben, darf aber nur die vorhandenen Konfliktmechanismen aufzeigen, ohne ein persönliches Urteil auszusprechen. Erkenntnisfähigkeit soll erzeugt werden.

Gemeinsames Gespräch zusammen mit einem Vermittler

Gelingt dies, darf man davon ausgehen, daß bei den Beteiligten eine Einsicht in die eigene Unzulänglichkeit erfolgt, die um so deutlicher wird, je wirklichkeitsgetreuer der Helfer die Situation darzustellen vermag. Erst danach wird es sinnvoll sein, in erneuten Einzelgesprächen auf die soziale Verantwortung eines jeden hinzuweisen, die sich aus der gemeinsamen Aufgabe und der Zusammenarbeit ergibt, ohne in belehrender Form zu moralisieren.

Nun kann verhandelt werden. Lösungsmöglichkeiten sollten besprochen werden. Die Parteien müssen bereit sein, sich zu öffnen, Fehler der Vergangenheit einzugestehen und sich über Ziele und Erwartungen in der Zukunft zu verständigen. Dies ist der schwierigste Schritt. Wenn in dieser Phase eine Einigung auf gemeinsame und verbindliche Spielregeln scheitert, wird es unvermeidlich zu neuen Problemen kommen.

Oft wurden schon so tiefe Wunden geschlagen, daß einem Teil der Betroffenen eine weitere Zusammenarbeit nicht mehr zumutbar erscheint und eine Trennung notwendig wird. Dann muß eine *Trennungsstrategie* erarbeitet werden. Gelingt es dagegen, eine Trennung zu vermeiden, sind zwei Aspekte zu berücksichtigen:

Wie sieht die Zukunft aus?

- Unter welchen Bedingungen ist ein Zusammenbleiben möglich? Auch hier muß ein Konsens gefunden werden.
- Welche Aspekte des Zusammenlebens oder der Zusammenarbeit, die zum Konflikt beigetragen haben, sind unveränderbar und wie kann man in Zukunft damit umgehen?

5.3.3 Konflikte wahrnehmen – der erste Schritt zur Lösung

Im Anschluß an einen meiner Vorträge über Konfliktlösung wurde ich einmal von einer Dame angesprochen, die im Zwist mit ihrem Mann lebte und meine Hilfe in Anspruch nehmen wollte. Ich beruhigte sie zunächst und forderte sie auf, sich mit ihrem Mann abzusprechen, um einen gemeinsamen Termin zu finden. Hier lag schon das erste Problem. Für sie war der Konflikt zwar vorhanden, nicht aber für ihren Mann. Für diesen war sie einfach nur ein hysterisches Weib, mit dem man nicht vernünftig reden kann.

Hilfe bei der Konfliktlösung setzt die Bereitschaft der Betroffenen voraus

Der erste praktische Schritt bei einer Konfliktlösung besteht darin, bei den Konfliktparteien die Bereitschaft zu erzeugen, einen Konflikt anzuerkennen, an seiner Lösung mit-

112

zuarbeiten und fremde Hilfe zu akzeptieren. Damit ist oftmals schon der entscheidende Schritt zu einer konstruktiven Lösung getan. Doch erst einmal steht man nun vor einem Berg neuer Probleme, die den bisherigen Erfolg sehr rasch wieder zunichte machen können. Man muß sich auf das weitere Vorgehen einigen. Soll man Hilfe in Anspruch nehmen oder schafft man es alleine? Wer könnte helfen? Gehen wir zum Pfarrer, gehen wir zum Ehe- oder Konfliktberater? Wer genießt das Vertrauen beider Seiten, wer hat die Fähigkeit und die Bereitschaft zu helfen? – Ein Helfer kann nur dann eingreifen, wenn ihn beide Seiten akzeptieren und es ihm damit möglich ist, ein ausgewogenes Bild der Situation zu gewinnen. Jede einseitige und somit parteiische Haltung würde den Konflikt möglicherweise verschärfen.

Soll ein Dritter helfen, müssen ihn alle Konfliktparteien akzeptieren

Doch nun zurück zu unserem Beispiel: Nach zwei Jahren hatte sie ihren Mann schließlich so weit, daß er in ein Gespräch einwilligte. Als wir zusammensaßen, war mir aber schon nach wenigen Minuten klar, daß er nur mitgekommen war, damit das Genörgel seiner Frau aufhöre. Wirkliches Interesse an diesem Gespräch hatte er nicht. Ich mußte ihm zu verstehen geben, daß es keinen Sinn habe, wenn nicht die Bereitschaft aller Betroffenen vorhanden ist.

Verweigert eine Seite die Mitarbeit an einer Konfliktlösung, bleiben nur noch zwei Möglichkeiten: Entweder man lernt, mit dem Konflikt zu leben, oder man bringt den Mut auf, sich zu *trennen*. Manchmal kann es auch ein Gewinn sein, daß man lernt, mit der Problemsituation zurechtzukommen und sich in Geduld zu üben. Entscheidet man sich zur Trennung, sollte verhindert werden, daß noch mehr Porzellan zerschlagen wird, und zu erreichen versucht werden, daß man sich auch später noch in die Augen sehen kann.

5.3.4 Auf der Suche nach Gemeinsamkeit

Hat man aber den Konflikt erkannt und ist bereit, sich helfen zu lassen, können neue Schwierigkeiten auftreten. Oft nimmt der folgende Entscheidungsprozeß bei den einzelnen Parteien einen unterschiedlichen Verlauf. Der eine braucht länger, um sich an die neue Situation zu gewöhnen, während der andere auf eine rasche Lösung drängt. Hier muß eine *Feinabstimmung* erfolgen, die sämtliche Bedürfnisse berücksichtigt.

Ein gemeinsames Ziel muß gefunden werden

Nun muß man sich auf ein mögliches Ziel einigen. Was wollen wir eigentlich erreichen? Welche Lösung kann angestrebt werden? Es ist oft nicht einfach, beide Parteien auf eine gemeinsame Zielvorstellung festzulegen. Denn häufig bestehen sehr grundsätzliche Verschiedenheiten im Wertesystem, im Menschenbild oder in den persönlichen Erwartungen.

Wenn Eheleute mit der Einsicht aus einem Konflikt hervorgehen, daß sie weiterhin zusammenbleiben wollen, müssen sie gemeinsam klären, unter welchen Bedingungen dies möglich ist und weshalb sie es überhaupt wollen. Hierbei geht es für sie um die Sinnfrage.

Zuerst kleine Schritte

Die Bereitschaft zu einem Neubeginn wird dann am größten sein, wenn man in kleinen Schritten dem Ziel entgegengeht und einen jeden einzelnen Schritt als einen Versuch betrachtet, von dessen Erfolg man alles weitere abhängig macht. Oft werden vom Partner Garantien verlangt, daß er bei seiner Entscheidung bleibt und sich bedingungslos zur Fortsetzung der Partnerschaft bekennt. Ein Ergebnis, das den eigenen Wünschen und Erwartungen entspricht, wird dabei schon vorweggenommen. Das Höchste wird angestrebt, ohne zuvor die Fähigkeit entwickelt zu haben, in Kleinigkeiten Übereinstimmung zu erzielen.

Hier muß deutlich gemacht werden, daß ein vorläufiger, wenn auch nur bescheidener Erfolg besser ist, als Ziele anzustreben, bei denen es ungewiß bleibt, ob sie den Weg zu einer dauerhaften Lösung markieren. Eine gescheiterte Beziehung neu aufzubauen ist ein schwieriger Prozeß, und es kann gefährlich werden, den Partner gleich am Anfang zu überfordern. Kleine Schritte machen und nach jedem Zwischenerfolg neu überlegen, wie es weitergehen könnte, ist der sicherste Weg und zwingt beide dazu, in ihren Anstrengungen um eine harmonische Partnerschaft nicht nachzulassen.

5.3.5 Phasen der Annäherung

Die Annäherungsphase folgt den Prinzipien der Gesprächsführung: Bildgestaltung, Urteilsbildung, Beschluß

In seinen Grundzügen sollte das Vorgehen bei der Konfliktlösung mit den Prinzipien der Gesprächsführung und der des Verhandelns ohne Verlierer übereinstimmen, denn auch dort liegt das Ziel in der Annäherung der unterschiedlichen Standpunkte und im Erreichen eines gemeinsamen Wollens, dem *Konsens*.[10] Dabei muß aber berücksichtigt werden, daß sich die

Positionen in einer Konfliktsituation nicht nur durch Meinungsunterschiede ergeben, sondern auch von Vorurteilen, Ressentiments und dem emotionalen Ballast der zurückliegenden Auseinandersetzung bestimmt werden. Emotionen können rasch wieder aufflackern, wenn die Annäherung nicht behutsam erfolgt und mit viel Fingerspitzengefühl gesteuert wird.

Die Rückkehr zum Gespräch muß mit einer *Bildgestaltungsphase* beginnen. Sie besteht darin, daß jede Partei die Möglichkeit hat, ihre Geschichte zu erzählen. Ich nenne sie auch gerne die *Märli-Phase*. Jeder erzählt sein Märli, das seine Sichtweise des Geschehens enthält. Man muß zunächst geduldig zuhören, Fragen stellen und zum Wiederholen auffordern, wo Mißverständnisse möglich sind, um dann die wiedergegebene Geschichte auf ihren Wahrheitsgehalt zu prüfen.

Nun kommt man zur Phase der *Urteilsbildung*. Sie besteht aus mehreren Aspekten. Man muß die Ursachen für den Konflikt finden, ein Verständnis für seinen Verlauf entwickeln und seine Einsichten an die Betroffenen weitergeben, damit sie verstehen lernen, wie sie in diese Konfliktsituation hineingeraten konnten. Dann stellt sich die Frage, ob man das Problem zusammen aufgreifen will und Bereitschaft zum Lernen vorhanden ist.

Nicht immer wird die Frage: »Willst du gesund werden?« auch mit ja beantwortet. Oft wird die fehlende Bereitschaft zur Auseinandersetzung mit bestehenden Problemen durch Ausreden wie diese zu rechtfertigen versucht: »Wissen Sie, ich kenne meine Probleme, aber so bin ich halt. Alles ist die Schuld meiner Eltern. Ich war bereits beim Psychiater, und auch er hat gesagt, ich könne nichts dafür. Die Schuld liegt in meiner Erziehung. Daran kann ich nichts ändern! Nehmen Sie mich halt so, wie ich bin.«

Die Ausrede: »So bin ich halt«

Für alle anderen, die bereit sind, an ihren Problemen zu arbeiten, ist eine solche Einstellung natürlich nicht akzeptabel. Zu Recht wirft man dann dem Betreffenden vor, er sei schließlich ein erwachsener Mensch, der für sich selbst Verantwortung übernehmen und auch die Fähigkeit mitbringen müsse, an sich selbst zu arbeiten, auch wenn es schwierig ist.

Jede Situation erfordert andere Mittel. Manchmal kann es angebracht sein, eine Konfliktpartei mit den Folgen ihres Verhaltens recht drastisch zu konfrontieren, vor allem wenn es wie hier an der Bereitschaft zur Mitarbeit mangelt.

Bei einer zerrütteten Lebensgemeinschaft besteht eine bewährte Methode darin, beide Parteien einen fiktiven Brief schreiben zu lassen. Darin sollen sie darzustellen versuchen, wie eine gemeinsame Zukunft aussehen könnte. Zugleich sollte jeder in einem weiteren Brief begründen, weshalb er die Trennung oder Scheidung anstrebt und wie diese verlaufen könnte. Eine andere Möglichkeit besteht im Erstellen einer sogenannten *Museumsliste*, die alles enthält, was einem am anderen nicht gefällt, und einer *Wunschliste*, in der all das verzeichnet ist, was man sich beim Partner anders vorstellen könnte. Beide Listen werden ausgetauscht und als Grundlage weiterer Verhandlungen benutzt. Übungen wie diese zwingen dazu, konkret zu werden und sich in die möglichen Konsequenzen einer Entscheidung hineinzuversetzen.

Abstimmung der Ziele und Beschluß

In einem nächsten Schritt muß man nun versuchen, *neue Ziele* zu formulieren. Sind die Ziele, die wir am Anfang gesetzt haben, noch richtig? Es muß deutlich sein, wie die Interessen verteilt sind und wo sie sich begegnen können. Was liegt uns besonders am Herzen, und was ist uns weniger wichtig? Es kann eine Hilfe sein, wenn jeder aufschreibt, was ihm am anderen Schwierigkeiten bereitet und welche Veränderungen er wünscht. Dann tauscht man die Zettel untereinander aus und spricht darüber.

Wir wissen nun ungefähr, welche Ziele wir vielleicht erreichen können und was aussichtslos ist, was der eine sich wünscht und was dem anderen Schwierigkeiten bereitet. Jetzt muß in irgendeiner Form ein *Beschluß* gefaßt werden. Wie soll es mit uns weitergehen? Bleiben wir zusammen oder trennen wir uns? Müssen wir dazulernen und uns ändern? Und wie tun wir das? Wollen wir eine Probezeit vereinbaren, um zu testen, ob sich unsere Absichten auch im Alltag bewähren?

5.4 Die seelischen Dimensionen einer Konfliktlösung

5.4.1 Die Ich-Entwicklung

Konfliktlösung erfordert ein *starkes Ich* sowohl von den beiden Parteien als auch von demjenigen, der Hilfe leisten möchte. Im selben Maße, wie wir diesen innersten Wesenskern zur Selbständigkeit und Unabhängigkeit entwickeln, können wir uns über die Unbeständigkeit unserer Eindrücke und Seelenregungen erheben und können uns freimachen von Stimmungen, dem Wechsel der Gefühle von Sympathie und Antipathie. Dem Ich offenbart sich die Welt von einer anderen Seite: sie erscheint ihm als sinnerfüllte Wirklichkeit. Das Ich vermag im Vergänglichen das Ewige wahrzunehmen und damit das eigene wie auch das fremde Handeln in seiner schicksalhaften Bedeutung zu betrachten.

Das starke Ich: beständig im Unbeständigen

Ein starkes Ich bedeutet:

- zu wissen, was man will, doch ohne Sturheit und mit Rücksicht auf den anderen;
- ein hohes Selbstwertgefühl zu haben, ohne Stolz und Überheblichkeit und ohne die Absicht, dem anderen eigene Werte aufzwingen zu wollen, für die man selbst nicht geradesteht;
- die Bereitschaft zu haben, um einer Sache willen in einer Gemeinschaft mit anderen zusammenzuarbeiten, ohne die Gemeinschaft beherrschen zu wollen oder sich darin zu verlieren.

Wie entwickelt man nun solch ein starkes Ich? – *Innere Standhaftigkeit* muß gewonnen werden. Man muß praktizieren, was man predigt. Konsequenz zu üben ist eine Forderung, deren Vernachlässigung nicht nur bei der Erziehung von Kindern verhängnisvolle Folgen haben kann.

Standhaftigkeit, Verzeihen, Zurückhaltung im Urteil

Man muß seine *Angst vor der Einsamkeit* ablegen. Viele Menschen haben diese Angst. Sie können sich auch nicht aus einer Konfliktsituation befreien und wollen nichts zu ihrer Lösung unternehmen, weil sie fürchten, daß es unter Umständen auf eine Trennung oder Scheidung hinausläuft und ihnen ein Leben in der Einsamkeit bevorsteht. Die Wahrheit zu suchen, auch gegen Widerstände in einem selber, und sich nicht damit zu begnügen, oberflächliche Argumente zu finden, trägt ebenfalls zur inneren Stärke bei.

Verzeihen können ist ebenso schwierig wie zuzugeben, daß man unrecht hat. Beides trägt aber zur Ich-Entwicklung bei. Wer nicht verzeihen kann, muß mit unverdauten Seelenproblemen leben, denn Antipathie- und Haßgefühle wuchern in der Seele wie ein Krebsgeschwür. Verzeihen kostet Überwindung und erfordert Kraft und Mut. Wenn es aber gelingt, entkrampft man sein Seelenleben, man öffnet sich und findet neue Lebenskraft. Ähnlich verhält es sich mit der Fähigkeit, sich entschuldigen oder bedanken zu können.

Wer die Ursachen aller Lebenskonflikte bei sich selbst zu suchen beginnt und Vorsicht bei seinem *Urteil* über andere Menschen walten läßt, schafft die Grundlage für eine Stärkung des Ich, das mit innerer Stabilität die sozialen Aufgaben bewältigt, die in seiner Umgebung warten. Heute wird in unserer Welt unglaublich viel *über* die Menschen gesprochen, aber viel zu wenig *mit* den Menschen. Die meisten Urteile, die wir über andere fällen, sind überflüssig. Nicht etwa, daß wir keine Urteile bilden dürften. Sie können dort nützlich sein, wo wir bereit sind, unsere Erwartungen gegenüber anderen auf uns selbst zu beziehen. Wenn man dazu nicht bereit ist, sollte man auf Urteile über andere Menschen verzichten.

5.4.2 Konfliktbewältigung – ein Passionsgeschehen

Nachdem wir uns die Logik und die Gesetzmäßigkeit der Konflikteskalation am alttestamentlichen Beispiel vom Sündenfall verdeutlicht haben, wollen wir ihm zur Veranschaulichung für den Prozeß der Konfliktbewältigung, der stets als Leidensprozeß erlebt wird, ein Bild aus dem Neuen Testament gegenüberstellen: den *Leidensweg Christi.*

Von der Passion zur Auferstehung
Im Konfliktlösungsprozeß müssen alle betroffenen Parteien eine Problematik bewältigen, die symbolisch in den Ereignissen der Karwoche wiedergefunden werden kann. Konfliktlösung gleicht einer Art *Passionsgeschehen.*

Die Konfliktlösung beginnt symbolisch mit der *Fußwaschung.* Die Konfliktparteien müssen bereit sein, niederzuknien, d.h. sich in das Schicksal des Konfliktpartners zu vertiefen, sich auf seinen Standpunkt zu stellen und von der egozentrischen Position eines »Ich allein habe recht« zu entfernen.

118

Darauf folgt die Analogie zum *Verrat Christi*. Alle Betroffenen werden erfahren, daß sie mißverstanden werden, daß sie sich verraten, im Stich gelassen und einsam fühlen.

Im weiteren Verlauf kann man in die Phasen der *Geißelung* und der *Dornenkrönung* eintreten. Man muß ertragen lernen, daß Aggressionen auf einen zukommen, daß man Vorwürfe entgegennehmen muß, berechtigte ebenso wie unberechtigte. Dabei kann und darf man sich nicht einmal wehren, weil sich die Aggressionen dann nur noch steigern würden. Man muß mit den Worten Christi erwidern: »Du sagst es!« Dabei bemerkt man, daß jeder sein eigenes Kreuz zu tragen hat. Keiner gerät völlig unbeteiligt in eine Konfliktsituation. Niemand ist vollständig schuldlos. Man hat ein Stück Schicksal geschaffen und muß dies mit tragen und mit ertragen.

Die *Kreuzigung* im Erleben eines solchen Konfliktlösungsprozesses ist mehr als nur ein Symbol. Jeder Betroffene wird sie als Realität erfahren können. Zuletzt wird das *Sterben*, aber auch die *Auferstehung* durchlebt, und alle Parteien gehen gestärkt und verwandelt aus einem Konfliktlösungsprozeß hervor. Man erlebt neue Kräfte, verfügt über neue Erkenntnisse und weiß, daß man die Voraussetzungen für eine Neuorientierung in seinem Denken und Handeln geschaffen hat. Der »Sinn« eines Konfliktes ist der, daß man in seiner Bewältigung einen das Ich stärkenden Entwicklungsprozeß in Gang setzt.

5.5 Schicksalsbegriff und Therapie

Wenn man den Konflikt als Entwicklungsmöglichkeit betrachtet, genügt es keineswegs, nur in Sachfragen eine Einigung zu erzielen. Es muß ein innerer Entwicklungsprozeß angestrebt werden, bei dem es vor allem darauf ankommt, wie jeder einzelne Beteiligte aus dem Konflikt hervorgeht. Auf die grundlegende Frage, warum es überhaupt zu einem Konflikt kommen konnte, wird man nicht in äußeren Streitpunkten nach einer Antwort suchen dürfen, sondern in den Personen und ihrem *Schicksal*.

Nachdem der äußere Anlaß einer Auseinandersetzung gefunden und deren Verlauf untersucht wurde, wird man die individuelle Problematik in der Biographie der Beteiligten

Konflikte haben einen äußerern Grund und einen Schicksalshintergrund

genauer betrachten müssen. Theoretische Kenntnisse über den Konfliktverlauf und die Technik der Deeskalation sind unverzichtbar, man muß aber auch die Sinnfrage stellen, die nur aus einem Wissen um die menschliche Natur beantwortet werden kann. Der Mensch rückt somit in den Mittelpunkt unserer Betrachtung.

5.5.1 Die Persönlichkeit des Patienten in der Psychotherapie

Aufgabe des Psychotherapeuten

In der Psychotherapie wird die Persönlichkeit des Patienten einer *Analyse* unterworfen. Der tiefenpsychologische Ansatz geht davon aus, daß das Leben des Menschen und sein Verhalten aus dem Unterbewußtsein heraus gesteuert werden. Die Aufgabe des Therapeuten besteht darin, das verborgene Seelenleben seines Patienten freizulegen. Indem der seelisch Erkrankte damit konfrontiert wird, soll er lernen, seine Probleme zu bewältigen.

Über das Wesen und die Bedeutung des Unterbewußtseins kursieren die unterschiedlichsten Meinungen. Übereinstimmung herrscht jedoch in der strikten Ablehnung des Reinkarnationsgedankens. Hierin besteht der prinzipielle Unterschied zwischen der herkömmlichen Psychotherapie und dem anthroposophischen Ansatz, der auf dem Karmagedanken und den Karma-Übungen *Rudolf Steiners* gründet.

Die Psychotherapie Carl Rogers: nicht Patient, sondern Klient und Partner

In der Geschichte der Psychotherapie nimmt auch die Persönlichkeit *Carl Rogers* eine herausragende Stellung ein. Seine Ansichten weichen ganz wesentlich von der traditionellen Lehrmeinung ab, denn er berücksichtigt zwar das Unterbewußte, weigert sich aber, es zu interpretieren. Nach seiner Überzeugung sind wir als Mensch nicht imstande, das Schicksal eines anderen Menschen zu deuten. Dies kann nur dem Betroffenen selbst gelingen.

Den Hilfesuchenden betrachtet Rogers daher nicht als Kranken oder als Patient. Er ist für ihn Kunde bzw. Klient. Der Therapeut begegnet ihm als gleichberechtigter Partner. Seine Aufgabe ist es, ihm behilflich zu sein, sein Schicksal selbst in die Hand zu nehmen.

Eine solche Hilfe kann nur im Entwickeln von Selbsterkenntnis bestehen, und zwar nur in einem solchen Maße, wie sie der Klient in seiner gegenwärtigen Situation verkraften kann. Der Therapeut macht ihn nur auf Fakten, Gefühlsäußerungen und Wünsche aufmerksam, die ihm bedeutend erscheinen, und versucht mit Realitätssinn und gesundem Menschenverstand, einen Entwicklungsprozeß einzuleiten. Anstatt zu deuten, werden Fragen gestellt, Aussagen des Klienten gespiegelt und Lösungsansätze auf ihre Konsequenzen geprüft. Stets wird aber dem Klienten die endgültige Entscheidung überlassen, welchen Weg er gehen möchte. Es werden ihm keine verbindlichen Ratschläge erteilt.[11]

5.5.2 Das Menschenbild der Anthroposophie

Für die heutige Naturwissenschaft und auch für die meisten Religionen hat der Mensch nur ein einziges Erdenleben. Hier vertritt die Anthroposophie einen anderen Standpunkt: Der Mensch geht in seiner Entwicklung durch *mehrere Erdenleben* hindurch!

Der Reinkarnations-gedanke

Dem Versuch, das Phänomen von Tod und Wiedergeburt zu vermitteln, stehen in unserer Zeit sowohl materialistische Anschauungen als auch Glaubensdogmen entgegen. Dabei ist das Prinzip jedem von uns vertraut, machen wir doch täglich eine ähnliche Verwandlung im Wechsel von Schlafen und Wachen durch. Wenn wir einschlafen, verlieren wir das Tagesbewußtsein für eine begrenzte Zeit. Stets kehrt es aber am nächsten Morgen zurück. Dort, wo wir abends unsere Arbeit abgebrochen haben, können wir am nächsten Morgen wieder anknüpfen und sie fortsetzen. Was wir gestern nicht erledigen konnten, müssen wir heute tun. Und was wir heute versäumen, müssen wir morgen nachholen. Ebenso könnte man sich vorstellen – natürlich läßt sich das nicht äußerlich beweisen –, daß jedes Menschenleben einem Tag gleicht und der Tod ebenso wie der Schlaf in einen anderen Bewußtseinszustand hineinführt.

Der *anthroposophische Therapieansatz* stützt sich auf diesen Reinkarnationsgedanken. Vor allem die von Rudolf Steiner gegebenen Beispiele und Übungen haben sich in der therapeutischen Praxis bewährt. Auch hier findet kein Deuten des Schicksals oder Erteilen von Ratschlägen statt. Das Ziel besteht darin:

Therapie als Selbsterkenntnis und Schicksalsaufgabe

- *Selbsterkenntnis* entsprechend den Möglichkeiten des Könnens und Wollens zu fördern,

- beim *Bewußtwerden* des persönlichen Menschenbildes und Wertesystems zu helfen,
- die Entdeckung eigener *Schicksalsaufgaben* von außen zu unterstützen.

Das ganze Leben wird als Entwicklungsweg betrachtet, wobei der Mensch in einem permanenten Lernprozeß begriffen ist und seine besondere Aufgabe in der Welt zu erfüllen hat.

Meiner Auffassung nach kann es sinnvoll sein, sich selbst als Hilfeleistender mit seinem eigenen Schicksal in diesen Lernprozeß einzubringen, ohne sich hinter der Maske eines Therapeuten zu verstecken. Man kann durch Lebensbeispiele zu verstehen geben, wie sehr man als ganz gewöhnlicher Mensch selbst mit ähnlichen Problemen und ihren Herausforderungen behaftet ist. Oft höre ich von meinen Klienten: »Ich war beim Psychiater, ohne zu wissen, welcher Mensch sich hinter dieser Maske verbirgt. Für mich ist er ein Fremder geblieben. Ich fühlte mich *angeschaut*, nicht *angenommen*.«

Bei jedem Konfliktberater handelt es sich um einen Menschen, der seine eigenen Probleme hat und damit zurechtkommen muß. Ich halte es daher für unangemessen, mit einem Klienten die Rollen zu tauschen. Man kann nur aus eigener Erfahrung oder mit Hilfe seiner Kenntnisse auf das eine oder andere hinweisen.

Karmische Beziehungen zwischen Konfliktpartnern

Sind wir bereit, den Reinkarnationsgedanken zumindest als Arbeitshypothese zu akzeptieren, können sich daraus erstaunliche Konsequenzen ergeben. Vertiefen Sie sich nur einmal in die Vorstellung, Sie wären in einem früheren Erdenleben von der Inquisition verurteilt worden und begegnen in diesem Leben Ihrem Ankläger wieder. Stellen Sie sich vor, welche unterschwelligen Gefühle sich dabei bemerkbar machen könnten, welche Antipathie Sie entwickeln würden. Was könnte sich nicht alles in der Begegnung zwischen Menschen ereignen, die sich in zurückliegenden Inkarnationen gegenseitig das Leben schwer gemacht haben?

Ständig stehen wir vor Phänomenen, die allein aus der Erziehung nicht mehr erklärbar sind. Man muß weiter in die Vergangenheit zurückgreifen. Doch nicht immer ist die Gewißheit über die karmischen Hintergründe eines Konfliktes nötig, um die richtigen Maßnahmen zu ergreifen. Oft genügt eine bloße Vermutung oder ein Verdacht. Betrachten wir dazu das Beispiel einer Familie, in der der Ehemann der Spielsucht verfallen ist. Sein Einkommen als Beamter verliert er regelmäßig am Spieltisch. Für den Unterhalt der Familie mit Kindern sorgt ganz alleine die Frau mit ihrem eigenen Gehalt. Man wird ihren Wunsch nach Trennung leicht begreifen, doch scheitert sie bei jedem Versuch, ihn in die Tat umzusetzen. Sucht man nach Gründen für die Unfähigkeit, eine solche Bindung zu lösen, wird man sie nur in einer Schicksalsbeziehung zwischen den Partnern entdecken können. So wie hier hatte ich in Konfliktsituationen öfter das Gefühl, daß die heutige Wissenschaft mit ihren Erklärungsversuchen nicht immer zu einem wirklichen Verständnis der Problematik hinreicht.

Für die Zukunft wird es von Bedeutung sein, daß wir uns in der Beratung und Therapie als gleichberechtigte Menschen begegnen und nicht mehr in der Pose des allwissenden Spezialisten auftreten, der auf alles sogleich eine Antwort weiß. Als Konfliktberater ist man zwar Katalysator, der einen Entwicklungsprozeß auslösen kann, andererseits entsteht aber aus der Therapie heraus auch eine Schicksalsbeziehung mit all ihren Konsequenzen. Mit dieser Verantwortung muß man bewußt umgehen, man muß mit gegenseitigen Macht- oder Ohnmachtgefühlen rechnen, mit Anerkennung oder Ablehnung, mit Liebe oder Haß. Man muß lernen, bei einem Abhängigkeitsverhältnis den anderen liebevoll auf sein eigenes Ich zu verweisen und bei Aggressionen manches zu ertragen, ohne gleich die Beziehung abzubrechen.

Auch Therapie ist eine Schicksalsbeziehung

Dabei muß uns deutlich werden: Alles, was mir bei der Lösung eines Konfliktes nicht gelingt, ist unbewältigtes Schicksal. Jeder muß damit rechnen, daß er irgendwann mit den Versäumnissen aus seiner Vergangenheit konfrontiert wird. Jeder gestaltet sein eigenes Schicksal!

5.5.3 Schicksal und Freiheit

Sobald wir uns mit Schicksalsfragen beschäftigen, werden wir unausweichlich mit der *Sinnfrage* konfrontiert: Welcher Sinn verbirgt sich hinter dem Ausbruch eines Konflikts? Konflikte haben Signalwirkung. Sie weisen auf Entwicklungsschritte hin, die im Werdegang der Konfliktpartner gemacht werden müssen. Wenn sie unterbleiben, verschärft sich die Auseinandersetzung. Der Konflikt tritt in eine neue Phase ein.

Schicksal und Sinnfrage

Freiheit im Umgang
mit dem Schicksal

Menschliche Freiheit ist dort möglich, wo man sich entscheiden muß, sein Schicksal anzuerkennen oder nicht, wo es um die Frage geht, wie man es bewältigen will. Völlig frei ist der Mensch nur in der *Meditation*, in der es ihm gelingt, sich von allen fremden Einflüssen zu befreien. In seinem Handeln dagegen ist er in vieler Hinsicht gebunden. Wenn es draußen regnet, können wir es nicht ändern, wir können uns aber entscheiden, wie wir dieser Situation begegnen wollen. Riskieren wir es, naß zu werden – oder bleiben wir lieber zu Hause? Ebenso verhält es sich mit dem Schicksal. Wir können es nicht ändern! Es steht uns aber frei zu entscheiden, wie wir damit umgehen wollen.

So wird man sich in jeder Konfliktsituation aufs neue die Frage stellen müssen: Was will das Schicksal von mir? Wie gehe ich mit dem Konflikt um? Was muß ich tun? Was kann ich daraus lernen? Weshalb kommt es gerade mit diesem Menschen zum Konflikt? Welche Folgen kann es haben, wenn ich nicht bereit bin, an der Lösung eines Konflikts mitzuarbeiten? Was bedeutet dies für mein eigenes Schicksal und das des anderen?

»Schicksal« ist keine
Ausrede, sondern
fordert in die
Verantwortung für
seine Erfüllung.

Schicksal verlangt seine *Erfüllung*, wenn nicht jetzt, dann später! Dies bedeutet, sich selbst und auch demjenigen, mit dem man schicksalsmäßig verbunden ist, die Erfüllung einer Schicksalsaufgabe zu ermöglichen. Dabei sollte man den Reinkarnationsgedanken nicht als Alibi für die mangelnde Lernbereitschaft mißbrauchen. Das tut man nämlich, wenn man die fehlende Lernbereitschaft mit dem Verweis auf ein Kindheitsstadium seiner individuellen Entwicklung legitimiert, in dem man zu keiner Verantwortung für das eigene Handeln fähig sei. Ebensowenig läßt sich Entwicklungsfaulheit dadurch rechtfertigen, daß man schließlich in seinem nächsten Leben nachholen könne, was man in diesem versäumt hat. Keinesfalls darf vor dem Hintergrund der Reinkarnationsidee das Verantwortungsbewußtsein für die Gegenwart verloren gehen. Schicksal wird in jeder Sekunde gebildet. In jedem Augenblick werden die Weichen für die Zukunft gestellt.

Jede Tat ist schicksals-
bildend. Beispiel:
Ehebrecherin

Das Neue Testament liefert uns mit der *Geschichte von der Ehebrecherin* ein interessantes Beispiel zu diesem Thema. Die Beschuldigte, die nach dem Urteil der Pharisäer gesteinigt werden soll, wird zu Christus gebracht. Dieser sagt: »Wer von euch von der Sünde frei ist, der werfe den ersten Stein auf sie.« In diesem Gleichnis stoßen wir auf eine merkwürdige Stelle,

124

wo es heißt: »Jesus jedoch beugte sich nur nieder und schrieb mit dem Finger in die Erde.« (Joh. 8/6) Die Ehebrecherin entläßt er mit den Worten: »Geh, und sündige von jetzt an nicht mehr!« (Joh. 8/11) Mit den Zeichen im Sand werden die Folgen des individuellen Handelns in das Erdenschicksal eingeschrieben. Jede Tat hat schicksalsbildende Kraft. Wir können sie nicht ungeschehen machen, wir können aber unser Verhalten ändern und Fehler der Vergangenheit vermeiden.

5.5.4 Moralisches Handeln in unserer Zeit

Rudolf Steiner spricht davon, daß wir gegenwärtig in einem Zeitalter leben, in dem wir uns verstärkt mit dem *Bösen* auseinandersetzen müssen. Überall werden wir mit Formen der Aggressivität konfrontiert: mit Gewaltbereitschaft, steigender Kriminalität, die schon im Kindesalter um sich greift, und vielen anderen Beispielen eines menschenverachtenden Verhaltens. Zahlreiche Erklärungsversuche, die keineswegs falsch sind, haben es nicht vermocht, zu den Ursachen dieses Phänomens vorzudringen. Man steht ihm weiterhin ratlos gegenüber und sucht vergeblich nach Mitteln, es wirksam zu bekämpfen. Bevor man ihm Einhalt gebieten kann, wird man sich vergegenwärtigen müssen, welche Funktion das Böse in der Welt hat.

Notwendigkeit einer Auseinandersetzung mit dem Bösen

Wer ehrlich zu sich selbst ist, wird zugeben müssen, daß auch er im Grunde zu mehr oder weniger »bösen« Taten imstande wäre. Wenn viele von uns einigermaßen gesittet in der Welt stehen, verdanken wir dies vielleicht weniger einem persönlichen Verdienst als viel eher unserer Erziehung oder den Lebensumständen, in die wir hineingeraten sind. Es ist leicht, das Verhalten anderer nach moralischen Gesichtspunkten zu beurteilen, doch niemand weiß, wie er sich unter veränderten Voraussetzungen verhalten würde. Können wir mit Gewißheit sagen, ob wir so standhaft gewesen wären, wie wir uns das manchmal wünschen, wenn wir beispielsweise während der Naziherrschaft in Deutschland gelebt hätten?

Man kann in seinem Verhalten eigentlich nur dann Sicherheit gewinnen, wenn man sich darüber Klarheit verschafft, warum jeder von uns dieser Versuchung ausgeliefert ist, welche inneren Kämpfe man selbst zu bestehen hat und welche Folgen sich daraus für die eigene Entwicklung ergeben. Nach

Warum sind wir der Versuchung ausgesetzt?

Rudolf Steiner ist das Böse deshalb in der Welt, damit die Menschheit daran für die moralische Frage erwacht und damit wir aus unserem Innern heraus ein Stück wirklicher Moralität entwickeln!

An die Stelle von Normen und Gesetzen tritt die innere Auseinandersetzung

Heute beobachten wir, daß mit zunehmendem Autoritätsverlust die normierende Kraft der Religionen und staatlichen Institutionen zerbröckelt. Wir Menschen haben in weiten Bereichen selbst zu entscheiden, nach welchen Regeln und Normen wir unser Leben gestalten wollen. In der Vergangenheit war es stets so, daß ethische Werte von der Kirche oder von einer staatlichen Autorität diktiert wurden. Durch einen verbindlichen Kodex gesellschaftlicher Normen wurde der Mensch im Zaum gehalten. Es gab eine soziale Kontrolle, und auf die Verletzung der Spielregeln folgte Strafe.

In unserer Zeit werden die Kämpfe ins Innere des Menschen verlegt. Die Auseinandersetzung mit dem Bösen in uns selbst ist die Aufgabe, die uns das Schicksal stellt, wenn es uns in einen Konflikt hineinführt. Parzival, Gawein, König Artus und seine Tafelrunde sind Urbilder, die uns dabei eine Hilfe sein können.

Parzival ist der reine Tor, der durch Erfahrung lernen muß. Er macht einen Fehler nach dem anderen. Seine Erziehung ist traditionsgebunden und hindert ihn gerade deshalb, im richtigen Moment die entscheidende Frage nach dem Leiden des Amfortas zu stellen. Nach längerer Irrfahrt, wobei er zahlreiche Sinnkrisen durchlebt, findet er erneut den Weg zum Gral, diesmal um richtig zu handeln.

Gawein, der unterdessen in ein verzaubertes Schloß gelangt, muß dort eine typische Konfliktsituation überstehen. Er verliert den Boden unter den Füßen, muß Angst und Aggression ertragen und tritt schließlich mutig einem brüllenden Löwen entgegen, womit er sich der Herausforderung seines Lebens stellt.

König Artus und seine Tafelrunde, ein Bild für Christus mit seinen Jüngern, können als Vorbild für ein Team stehen. Diese Runde ist eine Gemeinschaft, die für Recht und Gerechtigkeit kämpft. Hier kann und muß sich jeder im anderen spiegeln. Hier werden aber auch Zusammenhalt und Loyalität geübt, und die gemeinsame Aufgabe ist das Leitbild jedes einzelnen. Wir können uns diese Form als das Ideal eines Teams zum Vorbild nehmen!

6 Die Gestaltung einer Arbeitsgemeinschaft

6.1 Integration und Teamgeist –
Der Weg zu einer erfolgreichen Zusammenarbeit

Im heutigen arbeitsteiligen Wirtschaftsleben mit seinen vielen technischen Spezialberufen wird dem einzelnen Mitarbeiter die Bedeutung seiner Aufgabe im großen Zusammenhang nur noch selten deutlich. Die Funktionsweise einer Gesamtorganisation ist für ihn kaum mehr überschaubar. Er erlebt sich selbst oft nur noch als kleines Rädchen im Gesamtgetriebe, als Teil einer gesichtslosen Masse.

Das Bewußtsein, etwas Sinnvolles zu erzeugen, ist für die meisten Menschen im heutigen Arbeitsalltag weitgehend verlorengegangen. Nur noch selten wird die Bedeutung des eigenen Handelns erfaßt. Doch gerade in komplexen Arbeitsprozessen, die aus einem umfassenden System von Abhängigkeiten bestehen, ist die gesamte Gruppe immer nur so gut wie ihr schwächstes Glied. Für ihren Erfolg ist jeder einzelne mitverantwortlich.

Für den Erfolg der Gruppe ist jeder einzelne verantwortlich

Es ist daher von großer Bedeutung, sich selbst als ein notwendiges Glied im Gesamtgefüge zu begreifen, fest verbunden mit der Gruppe, in der man eine bestimmte und unverzichtbare Funktion erfüllt. In unserer modernen Industriegesellschaft stehen wir heute vor der gigantischen Aufgabe, Millionen von Spezialisten zu einem Bewußtsein für ihr Handeln und für ihre Verantwortung zu verhelfen, damit wir nicht mit notorischem Stumpfsinn und dem Gefühl der Sinnlosigkeit an einem Projekt mitarbeiten, das nur im Turmbau von Babel ein Vorbild hat und ebenso wie dieser zum Scheitern verurteilt ist.

6.1.1 Individualität und Gemeinschaftssinn

Teamarbeit bedeutet
Selbstüberwindung

In ihrem *Individualstreben* wehren sich die meisten Menschen instinktiv gegen die Forderung nach Gruppenarbeit und Gemeinschaftsbildung. Unsere Do-it-yourself-Gesellschaft hat neben dem Spezialistentum auch das Ideal des Allround-Könners geschaffen: unabhängig in seinem Streben nach Selbstverwirklichung, frei von Bindungen und Verpflichtungen gegenüber anderen, urteilsfähig in allen Fragen und umfassend begabt, steht er auf eigenen Beinen. Es kostet ihn erhebliche Selbstüberwindung, sich mit anderen zu einer Gruppe zusammenzufinden.

Zusammenarbeit
bedeutet Verzicht auf
egoistische Interessen

Bei jeder Art der Zusammenarbeit muß ein Teil des Egos zurückgenommen werden. Eine sinnvolle Arbeit in der Gruppe wird nur dann zu erreichen sein, wenn jeder einzelne persönliche Forderungen zurückstellt und auf viele seiner privaten Wünsche verzichtet. In den meisten Bereichen des Lebens beobachten wir jedoch, daß statt dessen Egoismus und Konkurrenzneid herrschen. Dabei wird oft auch vor der physischen und psychischen Vernichtung des Mitmenschen nicht haltgemacht. Ein ego-orientiertes Verhalten ist allein in einer Lerngemeinschaft angemessen, denn hier machen die Lernprozesse ein gewisses Maß an Selbstsucht und Ichbezogenheit nötig.

Daran, wie die Menschen heute Geld und Güter für ihre privaten Zwecke anhäufen, läßt sich ablesen, wie sich ein nahezu grenzenloser Egoismus ausbreitet, der in unserer modernen Gesellschaft durch nichts gebremst wird. Weitgehend unbeachtet bleibt dabei, daß jeder persönliche Vorteil im Wirtschaftsleben auf Kosten anderer stattfindet. Unser Wohlstand geht zu Lasten unzähliger Menschen, die ihr Leben in Armut verbringen, weil eine gerechte Verteilung der Güter ausbleibt. Wer zwei Brote besitzt, muß damit rechnen, daß ein anderer keins hat und seinetwegen hungern muß.

Doch entgegen allen egoistischen Tendenzen wird sich immer wieder auch ein echtes Gemeinschaftsbedürfnis bemerkbar machen. Der Mensch ist sowohl ein *individuelles* als auch ein *soziales Wesen.* Jeder ist in wirtschaftlicher Hinsicht, bei der Befriedigung seiner materiellen Bedürfnisse, auf die Gemeinschaft angewiesen. Leistung und Gegenleistung stehen einander gegenüber.

Wir alle bedürfen aber nicht nur fremder Hilfe, wir wollen

auch der Vereinsamung, einem der Hauptprobleme unserer Gegenwart, entfliehen. Und wir brauchen, obwohl dies zunächst widersprüchlich erscheint, die Gemeinschaft zur Entwicklung unserer Individualität. Nur durch den Austausch mit anderen Menschen können wir zu uns selbst finden. Unser individuelles Entwicklungsziel liegt in der Ausbildung unserer Fähigkeit zur Gemeinschaft. Insofern ist *Gruppenarbeit* eine Herausforderung für den egozentrisch orientierten Zeitgenossen. Nur wenn sie von allen Beteiligten gewollt und erwünscht ist, kann sie als *konzertierte Gruppenaktion* erfolgreich sein.

Entwicklung der Individualität durch die Erfahrung einer Gemeinschaft

Gemeinschaftsinteressen müssen der Entfaltung des Individuums dabei keineswegs entgegenstehen. Unterschiedliche Auffassungen und Charaktere können die gemeinsame Arbeit durchaus befruchten und fördern. Man darf individuelle Besonderheiten nicht als Widerspruch zum gemeinsamen Wollen betrachten, sondern als Ergänzung und Bereicherung. Wo ein solches Verständnis geschaffen wird, kann sich der Mensch innerhalb der Gemeinschaft sowohl als Ego wie auch als soziales Wesen begreifen.

Individuelle Besonderheiten und gemeinsames Wollen

6.1.2 Freiraum und Einengung

Immer mehr Freiräume konnte sich das menschliche Individualstreben im Lauf der Menschheitsgeschichte erobern. Doch geht es nicht darum, daß wir durch die Erweiterung unserer Freiräume mehr Möglichkeiten eröffnet bekommen, sondern darum, den Freiraum sinnvoll zu nutzen. Erst diese Fähigkeit bestimmt das individuelle Maß an Freiheit, das nicht mit Bindungslosigkeit verwechselt werden darf.

Wo uns Freiräume gewährt werden, können wir den Mut zur Selbständigkeit entwickeln, und dort sollen wir auch unser Leben unabhängig und eigenverantwortlich gestalten. Herausforderungen, bei denen wir uns bewähren konnten, erfolgreich überstandene Schwierigkeiten, das Lob, das den Erfolg begleitet – all dies beinflußt dann wesentlich unsere Erziehung. Es bewirkt eine *Entschränkung* und Erweiterung unserer Kräfte und Fähigkeiten.

In Freiräumen Kräfte entfalten

Die entgegengesetzte Erfahrung machen wir bei der *Einschränkung* und Einengung unseres Spielraums. Dann werden wir daran gehindert, unsere Persönlichkeit zu entfalten. Als einschränkend und hemmend erleben wir die Rügen und die Unzahl gutgemeinter Ratschläge, die wir in der Kindheit erdulden mußten, alle Verbote und Gebote, Vorschriften und Regeln. Zu den negativen Seiten der Erziehung gehört da oft auch der herabsetzende Vergleich mit Geschwistern und das Nicht-akzeptiert-Werden der persönlichen Eigenarten.

Aufgabe der Erziehung: Balance zwischen Freiheit und Anpassung

Eine gute Erziehung hat hingegen die Aufgabe, eine Balance zwischen den Extremen Freiheit und Anpassung herzustellen. Jedes Ungleichgewicht kann zu Verhaltensschwierigkeiten im späteren Leben führen. In unserer kindlichen Erziehung werden die Voraussetzungen geschaffen, um unser Leben in Freiheit zu gestalten, in der Gemeinschaft Gleichberechtigung zu verwirklichen und Brüderlichkeit zu üben.

6.1.3 Die Forderung: bewußte Lebensgestaltung und Gemeinschaftsbildung

Eine sinnvolle Gruppenarbeit ist nur dann zu verwirklichen, wenn es jedem möglich ist, eigene Kenntnisse ebenso wie Informationen aus der Gruppe neu zu überdenken und auf ihre sachliche Richtigkeit zu prüfen, auch wenn man selbst nicht unmittelbar in dem betreffenden Fach- oder Erfahrungsbereich steht.

Geistig-seelische Flexibilität setzt Selbstkritik voraus

Doch gerade damit tut man sich schwer. Oft mangelt es an der nötigen geistig-seelischen *Flexibilität*, um in größeren Zusammenhängen zu denken und zu urteilen. Unser »intellektoides« Schulsystem, dessen Notengebung das Konkurrenzdenken fördert, und eine einseitige und zu theoretische Erziehung haben es verhindert, daß diese Fähigkeiten entwickelt werden konnten.

Ungeprüfte Vorurteile beherrschen die Meinung vieler Menschen. Jeder beharrt auf seinem Standpunkt, übt sich gerne im Widerspruch, ohne seine eigene Position jemals kritisch überprüft zu haben. Was manch einer für Selbstverwirklichung hält, ist in vielen Fällen weniger das Ergebnis seines freien Willens als vielmehr Folge jener zahlreichen Manipulationsversuche, denen der Mensch heute permanent ausgesetzt ist und die sein Handeln aus dem Unterbewußtsein heraus steuern. Fertige Urteile und Meinungen werden ungeprüft übernommen, Schlagworte einer vielfach tendenziösen Berichterstattung ohne Überlegung weiterverwendet. Die Medien sind auf Sensationen ausgerichtet. Sachliche Informationen bleiben die Ausnahme. Doch sind wir gerade dazu aufgefordert, an der Beweglichkeit unseres Denkens und der Fähigkeit zur Objektivität zu arbeiten. Nur so können wir auch mit der Gruppe harmonieren. Selbsterziehung und gegenseitige Korrektur des Verhaltens sind dabei unverzichtbar.[12]

Wo neue Gemeinschaftsformen nicht aus dem Bewußtsein heraus gestaltet wurden, entfaltet sich eine Dynamik, die aus dem Unbewußten wirkt und Strukturen herausbildet, die eigentlich der Vergangenheit angehören sollten: nämlich Konformismus und Gruppenzwang statt Freiheit und Gleichberechtigung.

Konformismus und Gruppenzwang versus Freiheit und Gleichberechtigung

Man beobachtet dies beispielsweise in Betrieben, bei denen die Leistungsbereitschaft durch das Anstacheln des Egoismus gesteigert wird, etwa mit Hilfe von Akkordlöhnen oder individuellen Leistungsprämien. Jeder wird hier geradezu dazu aufgefordert, seinen eigenen Vorteil wahrnehmen.

Arbeitet jemand so rasch, daß der Akkord geschnitten wird, bedeutet das, daß für alle kürzere Zeiteinheiten bei gleichem Lohn angesetzt werden. Das kann freilich auch zur Folge haben, daß sich die anderen betrogen fühlen und dann selber Druck ausüben. Die Gemeinschaft beginnt sich zu solidarisieren, und der übertriebene Egoismus wird durch Gruppenzwang gebremst. So werden gruppendynamische Prozesse ausgelöst. *Unausgesprochene Hierarchien* entstehen, *informelle Führungspositionen* bilden sich, die weder auf der Anerkennung durch die Geschäftsleitung beruhen, noch auf eine offizielle Vereinbarung zurückgehen und durch persönliches Geltungsbedürfnis und Ehrgeiz begünstigt werden. Wenn sich jemand diesen ungeschriebenen Gesetzen widersetzt, kommt es zum Konflikt. Dann muß entweder eine informelle Führung formelle Bestätigung erhalten, oder man muß neue Formen auf der Basis von Gleichberechtigung und Kooperation entwickeln, die fortan die Zusammenarbeit regeln.

6.1.4 Gruppenarbeit und Führungsprinzip

Wer die Führung durch Einzelpersonen ablehnt und Mitbestimmung erreichen will, muß neue Wege der Zusammenarbeit suchen. Nur im Verbund mit anderen können sich die Spezialisten innerhalb einer Gemeinschaft sinnvoll ergänzen. Jeder einzelne muß seinen Beitrag zum Ganzen beisteuern.

Wie effizient ist eine Gruppe?

Negative Erfahrungen der Vergangenheit stehen einer solchen Einsicht jedoch allzuoft im Wege. Man kann zwar argumentieren, daß zwei Köpfe mehr wissen als einer, vier Augen mehr sehen als zwei. Dennoch wird man immer wieder mit der Tatsache konfrontiert, daß Gruppenarbeit in den meisten Fällen weniger effizient ist. Zu den oft unheilvollen und wirklichkeitsfremden Ergebnissen sogenannter *Komitees* und ihrem kaum wahrnehmbaren Wirkungsgrad ließen sich unzählige Beispiele nennen. Die Engländer sagen: »A camel is a horse designed by a committee.« Will ein Komitee ein Pferd konstruieren, entsteht in den meisten Fällen ein zweihöckriges Trampeltier.

Meist fehlen Konzept und Disziplin

Doch auch negative Erfahrungen, die man in der Vergangenheit gemacht hat, können die Notwendigkeit zur Gruppenarbeit nicht widerlegen. Sie zeigen vielmehr, daß sie ohne *Konzept* und ohne *Disziplin* nicht möglich ist. Wenn viele Experimente mit alternativen Formen einer Lebens- oder Arbeitsgemeinschaft scheitern, liegt es gewöhnlich nicht an der zugrundeliegenden Idee, sondern an der Methode ihrer Verwirklichung. Meist verhält es sich schlichtweg so, daß man nicht weiß, wie es gemacht wird.

Es darf also nicht heißen: Gruppenarbeit – ja oder nein? Die Frage muß vielmehr lauten: Wie läßt sich eine effiziente und sinnvolle Gruppenarbeit gestalten? – *Die Welt wird nicht mehr länger nur dem Tüchtigen gehören, sondern demjenigen, der seine Fähigkeiten in einen Zusammenhang zu stellen vermag, in dem sie wirksam werden können.*

6.1.5 Denken, Fühlen und Wollen

Wieviel Egoismus verträgt der Gemeinschaftssinn?

Bisher ist deutlich geworden, daß wir das Problem der Gemeinschaftsbildung zunächst von seiner gedanklichen Seite angehen müssen. Im Mittelpunkt steht dabei die Frage: Wieviel *Egoismus* ist erlaubt, wieviel *Gemeinschaftssinn* muß aufgebracht werden? Und wie sind die beiden zunächst anscheinend gegenläufigen Interessen zusammenzubringen?

Sobald wir die Notwendigkeiten einer planvollen Gemeinschaftsgestaltung einsehen, haben wir bereits einen ersten und entscheidenden Schritt getan. Doch müssen weitere folgen! Der Lernprozeß muß in einen Prozeß der Gemeinschaftsbildung münden.

Das Wesen des Menschen gliedert sich nach Geist, Seele und Leib, nach *Denken, Fühlen und Wollen,* und steht mit diesen drei Tätigkeiten in drei unterschiedlichen Beziehungen zur Gesellschaft.

Auf der Ebene des *Gedanklichen* muß ein Bewußtsein für gemeinschaftsbildende und -störende Verhaltensweisen und Organisationsformen entwickelt werden. Das ist eine Frage der Erkenntnis.

Die Forderung nach Gleichberechtigung ist eine Sache des richtigen Gefühls. Gleichberechtigung läßt sich nicht organisieren. Man kann sie nur in der Seele erfahren, dem Organ, das Gleichberechtigung wahrnimmt und realisiert. *Herzenskräfte* müssen entwickelt und angesprochen werden.

Hier sind die größten Defizite in unserer Erziehung festzustellen. Im zweiten Jahrsiebt macht sich in der kindlichen Entwicklung ein starkes Gerechtigkeitsgefühl bemerkbar. Mangelnde Gleichberechtigung wird deutlich registriert. Was aber wird getan, anstatt in dieser Phase den Gerechtigkeitssinn zu entwickeln? In der Schule wird er durch Leistungsdruck und Konkurrenzneid verstümmelt. Die grundlegende Erfahrung, die für das Kind nötig wäre, ist das Erleben einer Autorität, die Gerechtigkeit ausübt, die Überlegenheit und Rückgrat verkörpert und die Ehrfurcht vor der Menschenwürde praktiziert. Die Probleme vieler Lehrer resultieren daraus, daß sie keinerlei Sensibilität für dieses Grundbedürfnis eines Heranwachsenden entwickelt haben. Kinder suchen intuitiv nach Vorbildern, doch sie finden in ihren Lehrern nicht mehr die Autorität, die sie brauchen, um in ihr die Anerkennung ihrer eigenen sich heranbildenden Persönlichkeit zu erfahren.

Wurde diese Erfahrung nicht gemacht, können sich die späteren Folgen unter anderem auch im Fehlen sozialer Fähigkeiten bemerkbar machen. Der Mensch ist dann nur noch mit sich selber und seinen eigenen Nöten beschäftigt, sein Empfinden für den Mitmenschen verkümmert. Die Existenz des andern wird als lästig empfunden. Es gelingt nicht mehr, auf ihn einzugehen und sich in seine Lage zu versetzen. Im Unterbewußtsein entsteht oft ein Gefühl der Verachtung, das sich zum Menschenhaß steigern kann.

Meine Führungsseminare werden oft von Menschen aufge-

Die Suche nach der anerkennenden Autorität

sucht, deren *Seelenkräfte* nur schwach ausgebildet sind. Sie werden nun mit den Folgen davon konfrontiert, insofern sie als Manager zwischenmenschliche Beziehungen nicht wahrnehmen und gestalten können. Sie sind nicht in der Lage, ihren Mitarbeitern das Gefühl der Gleichberechtigung zu vermitteln und ihnen zu zeigen, daß nicht nur ihre Arbeitskraft, sondern auch ihre Persönlichkeit geschätzt wird.

Gelegentlich verwende ich in diesen Seminaren Bilder aus Märchen, um bestimmte Inhalte zu verdeutlichen. Dabei muß ich immer wieder darüber staunen, wie sehr die Menschen nach solchen Bildern dürsten. Hochbezahlte Führungskräfte sitzen mir dann mit leuchtenden Augen und offenem Mund gegenüber und lauschen einem Märchen. Man merkt deutlich, daß sie als Kind auf diese Seelennahrung verzichten mußten und nun über die Gemütskräfte, die sie für ihre heutige Aufgabe dringend benötigen, nicht verfügen. Alles wird durchdacht und organisiert, die Seele aber bleibt auf der Strecke.

In der mangelnden Fähigkeit, mit Gefühlen umzugehen oder sie offen auszusprechen, liegt auch die Hauptursache dafür, daß soziale Kontakte immer häufiger scheitern. Wir sind viel zu sehr mit uns selbst beschäftigt, um anderen Menschen noch etwas von unserer Zeit und Aufmerksamkeit zu schenken. Umgekehrt glaubt man, es gehöre sich nicht, andere mit persönlichen Empfindungen, mit Freude und Kummer zu belästigen. Zugleich aber wächst bei den meisten Menschen gerade das Bedürfnis, sich offen und unbeschwert mitzuteilen und im Gespräch ein Ventil für den emotionalen Überdruck zu finden.

Auch im *Wollen* des Individualisten liegen viele Hindernisse für eine Gruppenarbeit verborgen. Das Problem liegt nicht nur darin, daß man Aktivität entwickeln muß. Diese muß gemeinsam und koordiniert erfolgen. Die Willensimpulse aller Gruppenmitglieder müssen aufeinander abgestimmt werden. Das bedeutet letztlich, daß Entscheidungen über den Weg des Konsenses anzustreben sind. Das heißt, daß auseinanderlaufende Willensrichtungen innerhalb einer Gruppe so weit in Einklang zu bringen sind, daß alle Entscheidungen von jedem einzelnen mitgetragen werden können. Auch die unterschiedlichsten Menschen mit ihren vielfältigen persönlichen Erfahrungen müssen in ihrem gemeinsamen Wollen bereit sein, nicht nur am selben Strang, sondern auch in dieselbe Richtung zu ziehen.

6.2 Institutionen und ihre Gliederung

6.2.1 Arbeitsteilung und Spezialistentum

Die zunehmende Zahl von *Individualisten* und *Spezialisten* in unserer arbeitsteiligen Gesellschaft führt zu einer zunehmenden Abhängigkeit vom Gruppenverband. Der Spezialist liefert seinen persönlichen Beitrag zu einem gemeinsamen Wollen. Deshalb muß er einen Sinn für die Gemeinschaft und seine Rolle in ihr entwickeln und den ständigen und ungestörten Austausch mit der Gruppe pflegen. Eben dazu muß er seine sozialen Fähigkeiten ausbilden. Eine bloß mechanistische Auffassung, die den einzelnen als ein Rad im Getriebe versteht, das mit einer bestimmten Funktionsaufgabe betraut ist, wird der eigentlichen Forderung nicht gerecht, denn ein Team ist kein Räderwerk, sondern ein Organismus. Das Rädchen kann nicht anders, der Mensch hingegen kann wollen.

Spezialistentum erfordert Gemeinschaftssinn

Auch die Wissenschaft, der Bereich des Forschens und Erkennens, unterliegt einer quasi industriellen Arbeitsteilung. Es ist noch nicht lange her, daß ein Wissenschaftler Universalist sein mußte, um seiner Aufgabe gerecht zu werden. Heute schreitet das Spezialistentum immer weiter fort. Die Fachgebiete haben sich soweit aufgesplittert, daß sich Experten nur noch in den engen Grenzen ihres Spezialgebiets zurechtfinden. Verständigungsschwierigkeiten zwischen den Einzeldisziplinen treten auf. Jeder spricht eine andere Sprache. Erfahrungsaustausch und die Koordination der Aufgaben werden immer schwieriger. Eine zweite babylonische Sprachverwirrung ist eingetreten. Dieses *Nicht-mehr-voneinander-Wissen* und *Sich-nicht-mehr-Verstehen* bedeutet eine ernste Gefahr für unsere Zukunft. Das Mißtrauen wächst, Mißverständnisse häufen sich. Konflikte entstehen.

Doch welche Heilkräfte können wir dem auseinanderfallenden Spezialistentum entgegensetzen?

Gegen die Einseitigkeit der Spezialisierung: Schulung des Denkens

Die Uhren lassen sich nicht zurückdrehen. Nur Spezialisten können die Vielfalt der Aufgaben wahrnehmen, denen wir heute gegenüberstehen. Dennoch muß vermieden werden, daß der Universalist durch den »Fachidioten« abgelöst wird, der sich außerhalb seines Wissensgebietes nicht mehr zurechtfindet. Der enge Horizont des Spezialisten muß sich einem universellen Denken öffnen. Darunter kann in unserer heutigen Zeit nicht mehr eine umfassende enzyklopädische Bildung verstanden werden. Dies wäre unmöglich. Die Summe an Spezialwissen der unterschiedlichsten Disziplinen ist zu groß, um von einzelnen Menschen bewältigt zu werden. Statt dessen muß die Einseitigkeit einer Spezialisierung durch eine Schulung des Denkens, des Urteilsvermögens und nicht zuletzt des sozialen Verhaltens ausgeglichen werden.

Helicopter View   Das Denken, das heute nötig ist, wurde in einem Beurteilungsbogen für Spitzenmanager eines petrochemischen Konzerns »Helicopter View« genannt. Hier wurde auch von Spezialisten ein Überblick über die Gesamtzusammenhänge verlangt, wie ihn kein Computer leisten kann. Eine Schulung im Sinne der anthroposophischen Geisteswissenschaft Rudolf Steiners kann hier die Voraussetzungen schaffen, denn es gilt, eine Erweiterung des Bewußtseins zu erreichen. Es muß gelernt werden, Probleme und ihre Lösungsmöglichkeiten auf ihre möglichen Konsequenzen hin zu durchdenken und die Vor- und Nachteile zu prüfen. Das Übungsfeld ist dabei die Gruppe. Hier muß gemeinsam an der richtigen Bildgestaltung, der Urteilsbildung und ihren Kriterien gearbeitet werden. Ein offenes Feedback und eine bewußt gewählte Lösung sind Sache der Gemeinschaft und damit auch der Spezialisten in ihr.

Der Mensch lernt nur in der Auseinandersetzung mit anderen Menschen. Das menschliche Denken ist nicht nur dazu da, ewige Wahrheiten zu finden, sondern vor allem auch, um sich selbst in der Auseinandersetzung mit anderen beständig zu korrigieren. Die Macht der Autorität muß durch die Macht der klaren Argumente ersetzt werden. Das gelingt nur in einer angstfreien Atmosphäre gleichberechtigter Gruppenmitglieder.

6.2.2 Organisation und Organismus

Die Leibesorganisation als Bild für den sozialen Organismus   Suchen wir nach einem Modell für funktionsfähige Gemeinschaftsstrukturen, können wir die *menschliche Leibesorganisation* als Analogiequelle für das komplexe Zusammenwirken der einzelnen *Organe* im sozialen *Organismus* betrachten. Der menschliche Organismus bewältigt seine Lebensprozesse durch spezialisierte Organe, die ihre Aufgabe koordiniert wahrnehmen. Wird er von einer Schwäche befallen, wird sich dies auf seine Gesundheit auswirken, auf das Wohlbefinden und nicht zuletzt auf die Fähigkeit, seine Ziele zu verwirklichen.

Auch der *soziale Organismus* kann von Krankheiten befallen werden. Wenn seine spezialisierten Organe nicht arbeiten, wenn Koordinationsaufgaben nicht wahrgenommen werden, können Fehlfunktionen den gesamten Organismus zerstören. Heilprozesse müssen eingeleitet werden, um dem Zerfall entgegenzuwirken.

Betrachten wir die Aufgabenverteilung und das Zusammenwirken aller Steuerungsmechanismen im menschlichen Organismus, lassen sich daraus Prinzipien für eine Entscheidungsstruktur und Hinweise auf Informations-, Kommunikations- und Führungsprobleme in der Organisationsentwicklung ableiten.

Der menschliche Organismus

Eine Organisation ist ein Gesamtorganismus, bei dem Entscheidungen auf allen Ebenen in Absprache getroffen werden müssen. Sie müssen so ausfallen, daß alle Organisationsziele optimal erfüllt werden können. Dazu bedarf es eines *Informationssystems*.

Beim Menschen erfüllt das *Nervensystem* mit seinen verschiedenen Sinnesorganen eine vergleichbare Aufgabe. Mit Hilfe der Sinne nimmt man die Innen- und Außenwelt wahr. Die gewonnenen Informationen werden verarbeitet, in Bilder verwandelt und in Vorstellungen umgesetzt. Ein Teil dieses Informationsflusses verläuft im Bereich des Bewußten, ein nicht unerheblicher Teil jedoch unbewußt.

Die verschiedenen Systeme im Gesamtorganismus

Neben dem Nervensystem besitzt der Mensch ein Herz-Lunge-Kreislaufsystem. Mit seiner Hilfe kann er aus der Umgebung Sauerstoff aufnehmen, transportieren und wieder als Kohlendioxyd an die Umwelt abgeben. Dieses *rhythmische System* ist für den Erhalt der Lebensprozesse verantwortlich und bindet den Menschen in eine Symbiose mit seiner Umwelt ein. Was er aufnimmt, braucht er zum Leben, was er ausscheidet, ermöglicht anderen Organismen die Existenz.

Hinzu kommt als drittes das *Stoffwechselsystem*. Es verwandelt die aufgenommene Nahrung in Energie, die dem Menschen Kraft für sein Handeln gibt und es ihm ermöglicht, gestaltend in seine Umgebung einzugreifen. Beim Stoffwechsel verwandelt er die innere Welt, im Handeln die äußere.

Als viertes System kann das *Lymphdrüsensystem* gelten. Seine Aufgabe ist es, für den Organismus gefährliche Krankheitserreger unschädlich zu machen.

Der soziale Organismus

Im menschlichen Organismus hat die Natur ein Vorbild für eine funktionstüchtige Lebenseinheit geschaffen, in dem die vielfältigsten Lebensprozesse koordiniert und reibungslos nebeneinander ablaufen. Ein lebender Organismus, wie es auch eine Organisation ist, besteht aus Organen, die integriert werden müssen. Versuchen wir nun, ausgehend vom Beispiel des menschlichen Organismus die Funktionsweise einer sozialen Organisation konkreter zu erfassen: Wie kommen Entscheidungen zustande? Wie gehen die Menschen damit um? Und wie können sie wirksam werden?

Die Vernetzung innerhalb des sozialen Organismus

Bei jedem Entscheidungsprozeß werden Informationen ausgetauscht, Urteile gebildet und Beschlüsse gefaßt, die verwirklicht werden müssen, um nach außen hin wirksam zu werden. Effektivität und Effizienz einer Organisation beruhen ganz wesentlich auf der *Entscheidungsstruktur*. Es muß sich dabei ähnlich wie bei den menschlichen Lebensprozessen um ein *vernetztes Integrationssystem* der Organisation handeln, das funktionstüchtig und störungsfrei arbeitet.

Informationssystem und Abwehrsystem

Wie der menschliche Organismus hat auch eine soziale Organisation ihr Informationssystem. Auch sie entnimmt die zum Überleben notwendigen Substanzen ihrer Umwelt und transportiert sie durch ihren eigenen Organismus, verarbeitet sie und entläßt sie in verwandelter Gestalt wieder an ihre Umgebung. Daneben muß sich eine Organisation auch selbst erhalten, das heißt, sie muß Krankheitserreger unschädlich machen, indem sie lernt, mit Konflikten umzugehen.

Obwohl es sich hier nur um eine vereinfachte Darstellung handelt, kann ein solcher Vergleich ganz wesentlich dabei helfen, die Funktionsweise eines sozialen Organismus zu verstehen. Dabei dürfen natürlich gewisse Vorbehalte nicht übersehen werden. Grundsätzlich hat aber meine Praxis bei der Organisationsentwicklung gezeigt, daß ein undogmatischer Umgang mit dem Modell des menschlichen Organismus beim Aufbau von Entscheidungsstrukturen durchaus sinnvoll sein kann. Jede Darstellung in Analogien zeigt dort ihre Grenzen, wo es darum geht, eine konkrete Form zu finden, die den

Aufgaben einer ganz bestimmten Organisation in der Praxis gerecht wird. Hier müssen Organe ausgebildet werden, die im menschlichen Körper nicht immer eine unmittelbare Entsprechung haben. Jeder Organismus muß ein eigenes, ihm angemessenes Integrationssystem entwickeln.

6.3 Organisationsformen der Gemeinschaft

6.3.1 Das autokratische Modell – eine Form der Vergangenheit

Die Organisationsform einer Gemeinschaft wird sich stets an der Natur des Menschen orientieren müssen, um die Kräfte und Fähigkeiten, die in ihm schlummern, wirksam werden zu lassen und seinen Bedürfnissen gerecht zu werden. Heutige Organisationsformen sind oft Relikte aus der Vergangenheit, Überreste alter Kulturen, die zurückliegende Entwicklungsstufen der Menschheit widerspiegeln. Ihre sozialen Strukturen und Führungsmodelle sind gewöhnlich hierarchisch-pyramidal aufgebaut. Wo sie wirksam sind, wiederholen wir seelisch-geistig, was als physische Wirklichkeit in alten Stammeskulturen oder in der altägyptischen Kultur mit ihren Pyramidenbauten sichtbar wurde.

Das autokratische Prinzip folgt der Annahme, daß der in der Hierarchie Höherstehende ein überlegenes Wissen besitzt. In der ägyptischen Kultur war dies der *Eingeweihte*. Bei der Erfüllung seiner Aufgaben handelte er in Übereinstimmung mit kosmischen Weltgesetzen. Sein Status wurde in vielen Kulturen über die Blutlinie »vererbt«. Degenerierte Formen dieses Führungsprinzips finden sich auch heute noch: in Königshäusern oder auch bei Familienunternehmen.

Der vererbte Status

Die zwei häufigsten autokratischen Führungsmodelle sind:

• Das *Stammes-* oder *Sippenmodell*, bei dem der Patriarch oder in vielen Kulturen auch die Matriarchin die Führung innehatte und von den Stammesmitgliedern absoluten Gehorsam fordern konnte. Oft fand bei einem Verstoß, der mit dem Vergehen indirekt auch die Führungsordnung in Frage stellte, die Todesstrafe Anwendung. In verwandelter Form finden wir dieses Modell noch heute in

Autokratische Führung

vielen kleinen Organisationen oder Familienbetrieben. *Mitmachen oder gehen* lautet dort die Devise.

- Das hierarchisch geordnete, ägyptische *Pyramidenmodell*, bei dem die Führungshierarchie von oben nach unten eingesetzt wird. Der Höherstehende kann Befehle erteilen und vom Untergebenen Gehorsam erwarten. Das Herrschaftsgebiet wird in Provinzen aufgeteilt und durch ein Heer von Dienstleistenden bürokratisch verwaltet.[13]

Die Abhängigkeit der Untergebenen

Untergebene waren in früherer Zeit häufig in einer Situation starker Abhängigkeit, oft gehörten sie als Leibeigene oder Sklaven zum Besitz ihres Herrn und hatten keinerlei Mitspracherecht. Obwohl manche Formen der Abhängigkeit bis heute erhalten geblieben sind, hat der absolute Führungsanspruch weitgehend seine Anerkennung verloren. Nicht immer sind die in einer Hierarchie Höherstehenden die »Weisen«, auch wenn sie sich selbst gelegentlich dafür halten. Oft sind es gerade die Führungskräfte, die immer noch nicht bemerkt haben, daß sich die Zeiten gewandelt haben. Entscheidend ist, ob der »Untergebene« die Autorität des Höhergestellten anerkennen kann und will.

Neue Organisationsformen sind nötig

Unsere heutige Zeit erfordert eine grundsätzliche Neuorientierung. Etwas Neues und noch nicht Dagewesenes zu entwickeln erfordert Kreativität und nicht den Rückgriff auf erstarrte Traditionen. Letzteres erzeugt nur Nostalgie, keinesfalls aber lebensfähige Strukturen. Konflikte haben oft ihre Ursache in veralteten Gemeinschaftsformen.

Wir alle müssen *Selbstverantwortung* entwickeln. Diese Forderung läßt sich aber nur in einer angemessenen Organisationsform verwirklichen. Jeder muß die Verantwortung für die Führung mittragen, in der nur Personen wirksam werden dürfen, die auch die Anerkennung der Gemeinschaft genießen. Dies erfordert eine *Organisationsgestaltung nach neuartigen Prinzipien*.

Das »gegenhierarchische« Modell der Soziokratie

Ein Beispiel dafür ist das *soziokratische Modell*, wie es mein Freund Gerard Endenburg von Endenburg Electronics in Rotterdam praktiziert. Es ist ein Modell für den Entscheidungsmodus in Organisationen und wurde schon 1970 entwickelt. Hier wird nach bestimmten Kriterien und Prinzipien eine von unten nach oben sich entwickelnde »Gegenhierarchie« von Vertretern und Mitarbeitern geschaffen, die als

140

gleichberechtigte Partner auf allen Ebenen der Organisation an allen Entscheidungsprozessen teilnehmen, die innerhalb des Kompetenzbereichs dieser Gruppe liegen. Das Ziel dabei ist, die Mitarbeiter in die unternehmerischen Denkprozesse einzubeziehen und damit das gemeinschaftliche Verantwortungsbewußtsein zu stärken.

6.3.2 Das Wesen des Menschen als Grundlage sozialer Gestaltung

Alles Bestehende hat seine Wurzeln in der *Vergangenheit*. Unsere Urteile berufen sich gewöhnlich auf Werte und Normen, die wir nicht selbst entwickelt haben. Sie wurden von vorangehenden Generationen geschaffen. Woher können wir bei unserer Suche nach zeitgemäßen Organisationsformen die passenden Kriterien ableiten?

Die *Zukunft* bleibt unserer Wahrnehmung verschlossen. Wir können sie jedoch selbst gestalten. Wir müssen sie nicht als gegeben hinnehmen, sondern sind an ihrer Bildung beteiligt. Wollen wir etwas auf seine Tauglichkeit für die Zukunft beurteilen, genügt es nicht, von nebulösen Wunschvorstellungen auszugegen. Wir müssen die Fähigkeit entwickeln, Schicksal zu erkennen. Diese kann nur aus einer tieferen Erkenntnis des Menschenwesens hervorgehen. Dazu müssen wir die Grundlagen der anthroposophischen Geisteswissenschaft selbst ins Auge fassen.

Zukunft gestalten lernen durch Schicksalerkenntnis

In seiner *Geheimwissenschaft im Umriß* spricht Rudolf Steiner von vier Entwicklungsstufen, die der Menschen bis heute durchschritten hat. Auf jeder dieser Stufen wird ein bestimmtes Wesensglied ausgebildet. Den vier gegenwärtig bestehenden Wesensgliedern werden sich in der Zukunft weitere zugesellen, an deren Entwicklung der Mensch selbst mitwirken kann.

Die Entwicklung des Menschen und seiner Wesensglieder

Das älteste Wesensglied ist der physische Leib, danach entstand der Ätherleib, als drittes der Astralleib und als jüngstes Glied der Entwicklung das Ich des Menschen.

Von der Leiblichkeit zum Ich

Der *physische Leib* setzt sich aus mineralischen Substanzen zusammen, die an sich leblos und dem Zerfall unterworfen sind. Bei einem Lebewesen werden diese Eigenschaften durch die Kräfte des Lebendigen überwunden, bis die Abbauprozesse nach seinem Tod wieder die Oberhand gewinnen.

Der *Ätherleib* birgt diese Lebens- und Gestaltungskräfte. Sie selbst bleiben für das physische Auge unsichtbar, doch ihre Wirkungen sind augenfällig. Das Ätherische wirkt der Schwerkraft des Physischen entgegen. Nach dem Bauplan des Ätherleibes formt sich die Materie des physischen Leibes und wird in einen lebendigen Zusammenhang gebracht. Rudolf Steiner nennt den Ätherleib auch Lebensleib oder Bildekräfteleib.

Der *Astralleib* eines Lebewesens umfaßt den Bereich der Seelenregionen, worin all seine Empfindungen und Gefühle leben. Das Wort astral deutet dabei auf die Beziehung zum Kosmos, zu den Gestirnen hin, denn die menschlichen Seelenkräfte sind mit kosmischen Kräften verwandt. Der Astralleib, der zusammen mit dem Ätherleib dem physischen Leib seine Gestalt verleiht, ist der Baumeister unseres Schicksals. In ihm liegen auch die geistigen Anlagen und der Charakter begründet.

Das *Ich* ist das jüngste Wesensglied in der Menschheitsentwicklung. Es ist der Träger unserer eigentlichen geistigen Willensimpulse und verhilft dem Menschen zur Entwicklung eines Bewußtseins, mit dem er sich selbst als unverwechselbare individuelle Wesenheit wahrnimmt. Mit unseren Ich-Kräften vermögen wir uns zur Wahrheit zu erheben, das Bleibende im Vergänglichen zu erkennen und ein Bewußtsein für die Zeit, für Vergangenheit und Zukunft, zu entwickeln. Dies ist die Voraussetzung dafür, unsere eigentliche Schicksalsaufgabe zu erkennen.

Wahrnehmung und Urteilsbildung sind abhängig von den Seeleneigenschaften

In einer weiteren Differenzierung unserer Seeleneigenschaften in *Empfindungsseele, Verstandes- und Gemütsseele* und *Bewußtseinsseele* finden wir die Ursache für die grundlegenden Unterschiede bei der Wahrnehmung und Urteilsbildung:

Durch unsere *Empfindungsseele* nehmen wir unsere Mitmenschen hierarchisch wahr, d.h. entweder als übergeordnet oder als »Untertan«. Dieser Seelenaspekt wurde während der ägyptisch-babylonischen Kulturepoche für die Menschheit entwickelt.

Erst in der griechisch-römischen Zeit bildete sich die *Verstandes- und Gemütsseele* heran, mit der wir einen anderen Menschen als individuellen Verhandlungspartner wahrnehmen, dem wir unsere Sympathie entgegenbringen können, der aber auch unsere Abneigung hervorrufen kann. In der Menschheitsentwicklung kam es hier zum selbständigen Denken. Die Polarität von Privatrecht und Gemeinschafts-

142

recht machte sich geltend, und das individuelle Selbstbewußtsein trat hervor.

Durch die *Bewußtseinsseele* nehmen wir einen Mitmenschen als Konkurrenten, als Mitbewerber wahr und damit zugleich als fremdes Ich im sozialen Prozeß. Die Entwicklung der Bewußtseinsseele hat erst im 15. Jahrhundert begonnen, parallel zur Entstehung der modernen Naturwissenschaft, der Technik und des industriellen Zeitalters. Ihre Entwicklung ist auch in unserem Jahrhundert noch nicht abgeschlossen.[14]

Außerdem trägt der Mensch noch die Keime zu weiteren Wesensmerkmalen in sich, die er in einem bewußten Gestaltungsprozeß entwickeln muß. So sehen wir durch unser sich erst keimhaft entwickelndes *Geistselbst* den Mitmenschen als ebenbürtiges Gottesgeschöpf mit einem eigenen Schicksal und einem individuellen Entwicklungsweg. Aus dem bisher ebenfalls nur veranlagten *Lebensgeist* können wir die Möglichkeit zur Erkenntnis entwickeln, wie wir auf einen anderen Menschen wirken und welche Konsequenzen unser Verhalten für ihn hat. Sich im Sinne des christlichen Menschheitsimpulses für eine gemeinsame Aufgabe zu entscheiden, ist die Voraussetzung für die Entwicklung des *Geistmenschen.* Durch seine Entwicklung wird es uns möglich, Schicksalsbeziehungen aufzubauen. Die Schicksalsgemeinschaft können wir somit als höchste Aufgabe bei der sozialen Gestaltung begreifen.

Die Keime zu einer geistigen Entwicklung

Betrachten wir die Notwendigkeit zur Gemeinschaftsbildung vor diesem geistigen Hintergrund, so ergibt sich bereits in der Wahrnehmung des Mitmenschen eine Voraussetzung zur persönlichen Bewußtseinsentwicklung. Wir betrachten den anderen Menschen stets als *Spiegel* – als Spiegel unseres Ich, in dem wir uns selbst wahrnehmen können. Was uns am anderen irritiert sind unsere eigenen Unfähigkeiten, die uns in ihm gespiegelt werden.

Wir haben damit den Punkt in unserer Betrachtung erreicht, wo sich der Widerspruch zwischen Individualstreben und Gemeinschaftsinteresse auflöst, insofern sich beide Tendenzen als voneinander abhängig erweisen. Als Individuum brauchen wir die Gemeinschaft, um uns zu entwickeln, und die Gemeinschaft wiederum braucht unsere individuellen Kräfte, um ihr Schicksal in die Hand zu nehmen, um ihren Sinn zu erfassen und ihre Ziele zu gestalten. Strebt man ge-

Vor einem geistigen Hintergrund löst sich der Widerspruch zwischen Individualstreben und Gemeinschaftsinteresse auf

meinsame Ziele an und berücksichtigt man, was jeder an Fähigkeiten und Schwächen einbringt, kann die Gemeinschaft Kräfte entwickeln, die über die Summe der Kräfte ihrer Mitglieder hinausgehen. Das nennt man heute »Synergie«.

6.3.3 Toleranz und Selbstverantwortung – das Prinzip der Zukunft

Gruppenbildung durch Bewußtseinsentwicklung

Heute gibt es keine selbstverständliche, natürliche Autorität mehr. Der Anspruch auf Führung will anerkannt sein. Gruppenbildung muß in unserer Zeit über das Bewußtsein erfolgen.

Die Geschichte vom Nashorn

In seiner Geschichte von *Norbert Nackendick oder Das nackte Nashorn* schildert Michael Ende die typischen Folgen falscher Autorität und eines übersteigerten Geltungsbedürfnisses.[15] Norbert Nackendick, ein Nashorn, das in der afrikanischen Steppe lebt, spielt sich als Alleinherrscher auf. Aus Furcht vor seiner Übermacht entschließen sich die anderen Tiere, aus seinem Revier zu fliehen. Die Erzählung endet schließlich damit, daß Norbert Nackendick, von keinem wahrgenommen, auf einem Felsen als sein eigenes Denkmal posiert, bis er, abgemagert und dem Hungertod nahe, aus seinem Panzer herausfällt und sich als schwaches, hilfsbedürftiges Wesen zu erkennen gibt. Dabei muß er erfahren, daß er selbst sein größter Feind war.

Vergleichbare Situationen erlebe ich während meiner Beratungstätigkeit unentwegt. Viele Menschen erheben den Anspruch, ein Monopol auf Weisheit zu besitzen, ohne jedoch in der Lage zu sein, mit den alltäglichsten Problemen fertig zu werden.

Als ich einmal einen Sektionschef in der Schweizer Bundesverwaltung wegen Führungsproblemen beraten sollte, signalisierten mir die Aktenberge auf seinem Schreibtisch sofort: Der Mann ist vollkommen überarbeitet. Er hatte siebzehn Mitarbeiter, die nicht ausgelastet waren, und wußte dennoch nicht, wie er mit seiner Arbeit fertig werden sollte. Er konnte nichts delegieren. Alle Mitarbeiter waren in seinen Augen unfähig. Hier handelte es sich um eine typische Pharaonenhaltung.

Nun kann man in vielen Fällen zu Recht über die Unfähigkeit anderer klagen. Doch es ist keine Lösung, sie deshalb von ihren Verpflichtungen zu befreien. Wenn man sie nicht erset-

144

zen kann, muß man als Vorgesetzter eben dafür sorgen, daß sie die nötigen Fähigkeiten erwerben.

Die meisten haben aber nur deshalb das Stigma der Unfähigkeit, weil sie nicht dem Idealbild des Chefs von einem Untergebenen entsprechen. Auch ein Vorgesetzter muß lernen, den anderen als Individualität zu begreifen. Er muß einsehen, daß man auch auf anderen Wegen zum Ziel gelangt, daß die eigene Methode nicht die einzig richtige sein muß. Wie jemand vorgeht, sollte seinem persönlichen Arbeitsstil überlassen bleiben. Alle Wege führen nach Rom, doch jeder muß selbst entscheiden, auf welchem er dorthin gelangen möchte.

Ein weiteres gruppendynamisches Problem ist das der *Autonomie*. Vom Verhalten zahlreicher Tierarten wissen wir, daß sie ein Revier abstecken und jeden Eindringling als Feind betrachten. Auch der Mensch benötigt eine Persönlichkeitssphäre, die toleriert werden muß. Er braucht einen Freiraum, in dem er selbst entscheiden kann und ihm niemand in seine Angelegenheiten hineinredet.

Freiräume als Bedingung für Verantwortung

Ein Beispiel: In einem großen Unternehmen, dessen Räume neu gestaltet wurden, mußte jedes Detail einem einheitlichen Design entsprechen. Niemand durfte mehr über seinem Schreibtisch Postkarten anheften. Es war nicht einmal mehr erlaubt, die eigene Kaffeetasse mitzubringen. Dies würde die Gesamtkomposition zerstören. Nun wurde aber in diesem Betrieb viel Wert auf Persönlichkeitsentwicklung gelegt. Künstlerische Kurse wurden veranstaltet, Mitsprache und Gleichberechtigung wurden verwirklicht. An nichts wurde gespart! Und dennoch begann das Personal zu rebellieren. Der Grund: Man hatte den Menschen ihre letzten Freiräume streitig gemacht.

Jeder Mensch braucht seinen eigenen Freiraum, um Verantwortungsbewußtsein zu entwickeln. Wer keinen eigenen Aufgabenbereich hat, für den er zuständig ist und die volle Verantwortung trägt, wird irgendwann seine Pflichten vernachlässigen.

Neue Gemeinschaftsformen müssen Geborgenheit vermitteln. Doch darf diese nicht mit dem Gefühl verwechselt werden, wie es die Glucke ihren Küken vermittelt. Sie muß aus dem Bewußtsein hervorgehen: Ich werde gebraucht und von der Gruppe mitgetragen, meine Fähigkeiten werden anerkannt, und ich habe die Möglichkeit mitzuentscheiden.

145

Den anderen bewußt Jeder Mensch ist anders, und die jeweilige Andersartigkeit
wahrnehmen ist nichts, was sich moralisch bewerten ließe. Diese Einsicht
gehört zu den Grundvoraussetzungen bei der Bewältigung
sozialer Probleme. Nur daraus kann die Fähigkeit hervorgehen, den anderen und damit zugleich seine Bedürfnisse bewußt wahrzunehmen. *Tatkraft und Toleranz* sind die Kernpunkte einer aus der Freiheit des Willens hervorgehenden
sozialen Verantwortung. Sie findet sich in den folgenden
Worten Rudolf Steiners zusammengefaßt:

»Leben in der Liebe zum Handeln und leben lassen im
Verständnis für das fremde Wollen ist die Grundmaxime des
freien Menschen.«[16]

6.3.4 Die soziale Dreigliederung

Die drei sozialen Sucht man nach einem Leitfaden zum Aufbau einer Gemein-
Grundsätze schaft, der unseren bisherigen Grundsätzen folgt, wird man
ihn in den Prinzipien zur *Dreigliederung des sozialen Organismus*
finden, wie sie bereits zu Beginn unseres Jahrhunderts von
Rudolf Steiner entwickelt wurden.

Vereinfacht bedeutet dies:

- *Freiheit* muß walten, wo es um die Entwicklung der individuellen Fähigkeiten geht, um Lehren und Lernen:
Freiheit gewähren im Lehren und in Freiheit sich für das
Lernen entscheiden.
- *Gleichberechtigung* ist in der Gestaltung, Formulierung
und Durchsetzung gemeinsam verabredeter Spielregeln
gefordert. Die Mitglieder einer Gemeinschaft geben sich
in der Orientierung an einem gemeinsamen Ziel selbst
die Spielregeln und entscheiden auch über Maßnahmen,
wenn diese Spielregeln nicht eingehalten wurden.
- *Brüderlichkeit* oder gegenseitiges Verantwortungsgefühl
muß in jeder Zusammenarbeit herrschen. Jeder ist dazu
aufgefordert, sein Bestes zu leisten und damit auch allen
anderen in der Gemeinschaft zu ermöglichen, daß sie
ebenfalls ihr Bestes geben können. In der Zusammenarbeit kommt es darauf an, daß jeder sich verantwortlich
fühlt für seine eigene Leistung ebenso wie für die der
gesamten Gemeinschaft.

Jede Beziehung von Menschen innerhalb einer Gemeinschaft ist dieser Dreigliederung unterworfen. Wenn sich die Grenzen und Überschneidungen der drei Bereiche auf eine unangemessene Weise verschieben, wird der Organismus krank. Um etwas zu seiner Heilung beizutragen, müssen wir die Aufgaben und Funktionsweisen der zu unterscheidenden Glieder näher betrachten:

Institutionen des Geisteslebens haben andere Aufgaben zu erfüllen als Institutionen des Wirtschafts- oder des Staatslebens. Wir müssen erkennen, wo die drei Prinzipien der Freiheit, Gleichheit und Brüderlichkeit ihre Gültigkeit haben und wie sie zusammenwirken. Wir müssen damit beginnen, zu prüfen, um welche *Art der Organisation* es sich handelt.

Welchen Lebensbereichen sind Freiheit, Gleichheit und Brüderlichkeit zugeordnet?

Das Geistesleben

Bei den Institutionen des Geisteslebens handelt es sich im Grunde um *Mysterienstätten*. Schulen und andere Ausbildungsstätten, therapeutische und heilpädagogische Einrichtungen gehören dazu. Sie beschäftigen sich mit der Entwicklung des Menschen, seinen Fähigkeiten, seiner Persönlichkeit und seinem Schicksals. Ihre Aufgabengebiete sind:

Institutionen des Geisteslebens und ihre Aufgaben

- Pflege des Geistigen und Religiösen
- Ausübung der Kunst
- Forschung
- Aus- und Weiterbildung
- Bildung von Initiativgruppen.

Die Freiheit des Geisteslebens muß überall dort gewährleistet sein, wo gelehrt und gelernt wird. Es muß so gelehrt werden, daß sich der Schüler frei fühlt, das Angebotene aufzunehmen, oder aber auch nicht. Auch muß der Schüler entscheiden können, wo, was und wie er lernen will. Freiräume erlauben ein freies Geistesleben. Aber wieviel Freiheit gestatten wir uns gegenseitig? Wie gehen wir mit diesen Freiräumen um? Wozu benützen wir sie? Können wir uns wirklich frei fühlen? Haben die anderen das gleiche Maß an Freiheit zur Verfügung wie wir selbst?

Das Rechtsleben

Das Rechtsleben umfaßt den Bereich der *Spielregeln*, die unsere
sozialen Beziehungen ordnen, und es umfaßt die dann notwendigen sozialen Kontrollmechanismen, die dafür sorgen,
daß die Spielregeln auch eingehalten werden. Jede Gemeinschaft muß ein Rechtsleben entwickeln, das von ihr unter der
Maxime der Gleichberechtigung bestimmt wird. Es regelt die
Entscheidungsprozesse und kontrolliert die Durchführung
von Beschlüssen. Gleichberechtigung ist immer Gefühlssache,
sie kann nicht organisiert werden. Es muß jederzeit möglich
sein, Gefühle auszusprechen und Unzufriedenheit zu artikulieren. Dann erst wird klar, ob Gleichberechtigung herrscht.
Nichts darf zur Bagatelle heruntergespielt werden. Keiner darf
dominieren, den anderen diskriminieren oder sich ohne Einverständnis der Gruppe Privilegien verschaffen.

Gewisse individuelle Freiräume einerseits und die Verbind-
lichkeiten gegenüber der Gemeinschaft andererseits müssen
immer wieder im Gespräch aufeinander abgestimmt werden.
Werden diese Bereiche nicht klar definiert, entwickelt jeder
seine eigenen Erwartungen und Vorstellungen, die natürlich
nicht alle in Erfüllung gehen können, und dann bildet sich ein
potentieller Konfliktherd.

Zum Rechtsleben gehören:

- Die Art von Begegnungen und ihre Voraussetzungen
- Spielregeln für das Zwischenmenschliche
- Gestaltung der Gemeinschaft mit dem Zicl, daß
  Menschlichkeit erlebbar wird und daß sich jeder als
  gleichwertiges und gleichberechtigtes Mitglied empfin-
  det
- Die angemessene Rechtsstruktur
- Das System der Besprechung
- Das Maß an Autonomie, das man sich gegenseitig zubil-
  ligt
- Die Methoden, die Prinzipien und die Organisation der
  Zusammenarbeit
- Die Gestaltung einer Einkommensstruktur
- Die sogenannte Personalführung: Aufnahme von neuen
  Mitwirkenden, ihre Einführung in die Gemeinschaft
  und wenn nötig auch ihr Ausschluß
- Grundsätze, nach denen man eine Aufgabenverteilung
  durchführen möchte (z. B. Mandate mit Rückmeldung)

- Koppelung der Mandate oder Mandatsgruppen mit einem integrierten Kommunikations- und Entscheidungssystem.

Das Wirtschaftsleben

Das Wirtschaftsleben besteht aus Notwendigkeiten und Abhängigkeiten, die aus dem Arbeitsprozeß selbst hervorgehen:

- Es umfaßt alle erbrachten Leistungen, die der Befriedigung der Bedürfnisse anderer Menschen dienen. Es ist also eine kundenorientierte Bedarfsdeckung.
- Es gilt der konkreten Erfüllung von Aufgaben durch die jeweiligen Mandatsträger.
- In ihm wird die finanzielle Existenzgrundlage der Gemeinschaft geschaffen, d.h. es wird eine kundenorientierte Leistung erbracht. (Die Verteilung des Einkommens unter den Mitarbeitern hingegen gehört dem Rechtsleben an).
- Zum Wirtschaftsleben gehört die Arbeit in der Produktion, in den Werkstätten, in der Landwirtschaft. Dabei ist die Landwirtschaft regional gebunden, während die übrigen Bereiche global sind.

Aufgaben des Wirtschaftslebens

Für uns handelt es sich darum, diese drei Glieder des sozialen Organismus mit Bewußtsein zu durchdringen, damit ein jedes nach den ihm gemäßen Grundsätzen gestaltet werden kann: *Freiheit* für das Geistesleben, *Gleichberechtigung* im Rechtsleben und *Brüderlichkeit* im Wirtschaftsleben.

- *Freiheit* bedeutet immer: sie muß für alle gelten. Jeder muß z.B. frei sein, eine Initiative zu ergreifen und zu entscheiden, mit wem er sich zusammenschließen möchte.
- *Gleichberechtigung* ist eine Sache des Gefühls. Sie läßt sich nicht organisieren. Sie existiert nur dann, wenn sie auch erlebt und empfunden wird.
- *Brüderlichkeit* gilt innerhalb aller Leistungsprozesse, in denen Arbeit aufgeteilt werden muß und Abhängigkeiten bestehen.

Was bedeuten die drei Grundsätze für das Geistes-, Rechts- und Wirtschaftsleben?

In der Alltagswelt werden sich diese Aspekte natürlich ergänzen und durchdringen. Innerhalb einer Institution des Geisteslebens können auch wirtschaftliche Aktivitäten entwickelt werden, wenn etwa in einem sozialtherapeutischen Heim eine Werkstätte betrieben wird. Als Institution des Geisteslebens wird sie sich aber nicht ausschließlich auf den Produktionsvorgang konzentrieren dürfen. Sie muß vorrangig ihre therapeutische Aufgabe wahrnehmen, also ein Ziel im Geistesleben haben.

An einer Organisation sind immer alle drei Glieder beteiligt, aber die Mitglieder sollten sich in freier Weise immer stärker darüber Gedanken machen, was zum Geistesleben, was zum Rechtsleben und was zur wirtschaftlichen Seite einer Organisation gehört. Eine gesunde Gliederung kann nur aus dem Bewußtsein und dem Sozialempfinden der Menschen in einer Organisation hervorgehen.

»Nicht darum handelt es sich, anzugeben, wie Institutionen sein sollen, damit das sozial Richtige geschehe, sondern darum handelt es sich, die Menschen in eine solche soziale Verbindung zu bringen, daß aus dem Zusammenwirken der Menschen die allmähliche Lösung der sozialen Fragen entstehe.«[17]

7 Die Entwicklung einer Lebensgemeinschaft

7.1 Lebensgemeinschaft früher und heute

Sippenhafte Elemente bestimmten in früheren Zeiten sämtliche Formen der Gemeinschaftsbildung. Die Zugehörigkeit zur Sippengemeinschaft wurde durch Abstammung und Traditionen bestimmt. Blutsbande garantierten den Zusammenhalt. Noch heute wirken diese sippenhaften Elemente im Gefühlsbereich der Menschen fort. Welche Mutter wäre auf Anhieb von ihrem Schwiegersohn begeistert, welcher Vater von seiner Schwiegertochter? – Ausgenommen vielleicht, sie ist außergewöhnlich hübsch.

Lebensgemeinschaften vereinigten ursprünglich alle Aspekte des Gemeinschaftslebens. Vor allem waren sie aber Wirtschaftsgemeinschaften mit einer traditionsgebundenen Aufgabenverteilung. Es ist eine sehr moderne Form der Partnerwahl, die auf gegenseitiger Zuneigung beruht. Früher fand man sich in einer »Vernunftehe« zusammen, und noch heute findet man in fremden Kulturen, daß ausschließlich wirtschaftliche Interessen bei der Eheschließung berücksichtigt werden. Der Partner wird auf der gleichen Ebene der sozialen Hierarchie gesucht. Ein übereinstimmendes ideelles Wertesystems und ein vergleichbarer Lebensstandard erleichtert das Überleben innerhalb der Gesellschaft. Die Eltern planen eine Verbindung ihrer Kinder oft schon sehr früh, und nicht selten sieht der Ehemann seine Braut während der Hochzeitszeremonie zum ersten Mal. Auch in Europa findet man noch Relikte dieses Klassenbewußtseins, wenn beispielsweise darauf geachtet wird, daß bei einer Heirat das Geld zusammenbleibt und der einmal erreichte Wohlstand den Nachkommen erhalten wird.

Jede Vernunftehe ist eine Überlebensgemeinschaft. Sie

Wirtschaftliche Interessen in der Lebensgemeinschaft

151

gründet auf der Einsicht, daß sich Bedürfnisse in einer arbeitsteiligen Form besser befriedigen lassen.

Als Einzelgänger ist der Mensch nicht überlebensfähig. Bereits seine Zeugung setzt die Gemeinschaft zweier Menschen voraus. Nach seiner Geburt ist das Kind lange Jahre auf die Eltern angewiesen. Mit zunehmendem Alter wird der Mensch in seiner Lebensgestaltung zwar selbständiger, es verschieben sich dabei aber nur die Abhängigkeitsverhältnisse. Alte werden gelöst und neue werden geschaffen.

Die Geschichte von *Robinson Crusoe* ist nichts weiter als ein wirklichkeitsfremdes Wunschbild des nach Unabhängigkeit strebenden Menschen, der von der Freiheit eines Inseldaseins träumt. Man vergißt dabei leicht, daß er nicht hätte überleben können ohne die Utensilien der Zivilisation, die er auf dem Wrack seines Schiffes vorfand: Hilfsmittel, die von anderen Menschen hergestellt wurden.

Heute will jeder den *Freiraum*, den er sich als Individualist erkämpft hat, auch in den sozialen Bereich einer Lebensgemeinschaft hineinretten. Freiheit wird auch in der Ehe großgeschrieben. Bindungen werden lockerer, die Familie wird kleiner und verliert ihre übergeordnete Funktion als Wirtschaftsgemeinschaft. Alte Strukturen zerbröckeln. Kinder werden in den Kindergarten geschickt, die Großeltern ins Altersheim abgeschoben. Man scheut die Verantwortung für das Gemeinwesen und drückt sich vor der Verpflichtung. Viele Paare wollen keine Kinder mehr haben. Sie schaffen sich lieber einen Hund an. Das Ver-Antwortungsbewußtsein füreinander verschwindet. Man möchte keine Antworten auf die Bedürfnisse anderer Menschen geben.

Es gibt Menschen, die sich beim Betrachten der Speisekarte lange nicht entscheiden können, was sie bestellen sollen. Haben sie sich endlich festgelegt, und das Essen wird aufgetragen, hätten sie lieber das, was der der Nachbar bekommt. Ähnlich verhalten sie sich bei der Partnerwahl. Viele junge Paare finden zwar aus Zuneigung zueinander, sind aber nicht bereit, sich in eine gegenseitige Abhängigkeit zu begeben, gemeinsam eine Wohnung zu teilen, Kinder zu erziehen und ihr Leben aufeinander abzustimmen. Sie wollen keine feste Bindung eingehen. Ein Fluchtweg soll offenbleiben, damit sie jederzeit ihre Entscheidung korrigieren und sich aus der Verantwortung stehlen können. Konfrontationen werden vermieden. Man trifft sich stets in Sonntags- oder Ferienstimmung.

152

Bindung und Unverbindlichkeit der Beziehungen widersprechen sich aber in eklatanter Weise. Gemeinschaft ist gleichbedeutend mit Auseinandersetzung. Sie verlangt, daß ein Kompromiß zwischen Autonomie und Gemeinschaftsinteressen gefunden wird. Viele Lebensgemeinschaften scheitern an diesem Punkt.

Aus dem Autonomiebedürfnis resultiert auch das Revierproblem, das Verlangen nach freiem Lebensraum. In alten Kulturen gab es eine feste *Rollenverteilung*: Die Männer haben gejagt und die Frauen gearbeitet. Das ist vielfach noch heute so. Viele Elemente dieser Tradition finden sich auch im Alltag einer modernen Lebensgemeinschaft wieder. Trägt nicht die Frau in den meisten Fällen die größte Last bei der häuslichen Arbeit? Sie arbeitet, versorgt die Kinder, macht den Haushalt und ist dafür zuständig, daß etwas zum Essen auf den Tisch kommt.

Auch heute noch: geschlechtsspezifische Arbeitsteilung und Benachteiligung der Frau

Auch in ihrem Autonomiebedürfnis sind Frauen oft stark benachteiligt. Welcher Mann mag freiwillig auf seine Bastelecke oder seinen Hobbykeller verzichten? Worin aber besteht der Frei-Raum der Ehefrau? Du hast doch die Küche! So lautet die stereotype Antwort auf entsprechende Klagen.

Partnerschaft gibt es nur jeneseits des Egoismus

Eine der Aufgaben unserer Zeit besteht darin, den Egoismus wahrzunehmen und zu überwinden. Alte Gemeinschaften haben solchen Egoismus nicht zugelassen und mit Sanktionen bestraft. Der heutige Mensch kann dagegen ohne größeren Schaden Egoist sein. Doch sobald er eine übermäßige Selbstbezogenheit in eine Zweierbeziehung hineinnimmt, wird er Schiffbruch erleiden. Will er die Partnerschaft retten, muß er sich diesem Problem stellen. Jeder muß wissen, daß er mit den eroberten Freiräumen die Autonomie des anderen einschränkt. Er muß sein Verhalten im gemeinsamen Gespräch kontrollieren und sich überlegen, welche neuen Fragen auf ihn zukommen und wie er sich auf den anderen Menschen einstellen kann. Nur so erlangen wir die Reife, Wahlbeziehungen aufzubauen.

7.2 Die menschliche Biographie als Urbild für die Entwicklung einer Lebensgemeinschaft

7.2.1 Der Entwicklungsbegriff

Soziale Strukturen haben zugleich *ökonomische* und *geistige* Funktionen. Heute sind wir bei der Partnerwahl und der Gestaltung einer Lebensgemeinschaft weitgehend frei von wirtschaftlichen und gesellschaftlichen Zwängen. Dies erlaubt uns, eine Ehe oder Partnerschaft in erster Linie als Entwicklungsgemeinschaft zu begreifen und ihre geistigen Dimensionen zu erfassen.

Entwicklung braucht Zeit. Sie beruht auf Lernprozessen, die uns neue Fähigkeiten vermitteln, und verläuft in einzelnen Phasen oder Abschnitten. Ebenso wie jeder Lernprozeß ist auch die Gemeinschaftsbildung zu keinem Zeitpunkt abgeschlossen. Sie ist stets im Werden begriffen. Mit unseren wachsenden Fähigkeiten gestalten sich auch unsere sozialen Beziehungen immer komplizierter und vielschichtiger. Zu unseren neuen Erfahrungen gesellen sich auch ständig neuartige Herausforderungen. Auch in einer Partnerschaft muß man sich täglich neu bewähren.

Entwicklung: Wechsel von Harmonie und Krisen

Jeder Mensch kann in einer bestimmten Lebensphase seiner seelisch-geistigen Entwicklung steckenbleiben. Das Überspringen einer Entwicklungsphase ist dagegen unmöglich. Entwicklung vollzieht sich in einem ständigen Wechsel von Zeiten der Harmonie und der Krisensituationen.

In jeder Phase der Lebensentwicklung wird zunächst das wiederholt, was in den vorigen Phasen veranlagt wurde. Erst danach kann etwas Neues errungen werden.[18] Das Alte kehrt in verwandelter Form wieder, damit wir das Neue darin integrieren können.

In der Pflanzenwelt findet man dafür ein wunderbares Beispiel. Eine Pflanze entwickelt sich durch mehrere Stadien zunehmender Differenzierung bis hin zur Blüte und verwandelt sich bei der Samenbildung wieder in eine einfache Form zurück. Zum Begriff der Entwicklung gehört das »Stirb und werde«: Altes muß sterben, damit Neues entstehen kann!

Alle diese Gesetzmäßigkeiten werden wir auch in der Entwicklung von Lebensgemeinschaften wiederfinden, wenn wir versuchen, die abstrakte Hülle des Entwicklungsbegriffes mit Beispielen aus der Lebenspraxis zu füllen.

7.2.2 Die Entwicklungsphasen in der menschlichen Biographie

Hier kann natürlich nicht auf alle Einzelheiten der Gesetzmäßigkeit einer biographischen Entwicklung eingegangen werden. Doch bereits eine kurze Betrachtung der einzelnen Lebensphasen kann uns die Analogien zu den Entwicklungsphasen einer Lebensgemeinschaft erkennen lassen.[19]

Das erste Jahrsiebt (1.–7. Jahr)

Die Inkarnation

Aus dem Vorgeburtlichen inkarniert sich der Mensch in eine von ihm selbst mitgestaltete Leiblichkeit, die ihm aus dem Erbstrom der Eltern zur Verfügung gestellt wird. Im ersten Jahrsiebt wird nun diese *physische Leiblichkeit* der Individualität, die sich in ihr inkarniert hat, mehr und mehr angepaßt. Die Erbmasse wird individualisiert. Es ist ein Vorgang, der mit der Geburt und der Abnabelung bereits deutlich eingesetzt hat. Gleichzeitig muß die Welt erobert werden und gelernt werden, mit Freiräumen und Grenzen umzugehen. Damit wird eine Grundlage für den Umgang mit der Freiheit im späteren Leben gelegt.

Das zweite Jahrsiebt (7.–14. Jahr)

Schulreife

Mit dem Beginn des zweiten Jahrsiebts löst sich das Kind mit seinem eigenen *Ätherleib* aus dem Ätherleib der Mutter heraus. Das kommt vor allem darin zum Ausdruck, daß die Kräfte des Ätherleibes, die bisher für die Umgestaltung der Erbmasse nötig waren, frei werden und einem selbständigen bildhaften Denken zur Verfügung stehen. Damit ist in der Schulreife eine neue soziale Phase erreicht, in der auch entsprechende Lernprozesse stattfinden. Nun kann in gruppendynamischen Prozessen Gleichberechtigung geübt werden.

Das dritte Jahrsiebt (14.–21. Jahr)

Entwicklung der Urteilsfähigkeit

Mit der Pubertät löst sich der Mensch auch mit seinem *Astralleib* aus der ihn umgebenden Hülle der Familienbindung. Der

Heranwachsende beginnt mit etwa 14 Jahren, Urteilsfähigkeit sowie sein eigenes Norm- und Wertesystem zu entwickeln. Der junge Mensch macht sich erstmals Gedanken über seine Zukunft. Er sucht die Verbindung zu seinem eigenen Ich. Aus dieser Suche entspringen die jugendlichen Ideale, die seiner Entwicklung ihre Impulse geben. Aber auch die Brüderlichkeit, das Mitverantwortlich-Sein im weitesten Sinne muß jetzt gelernt werden.

Das vierte Jahrsiebt (21.–28. Jahr)

Die Ich-Geburt Im vierten Jahrsiebt wird das Ich des Menschen geboren. Erst jetzt hat er seine volle Mündigkeit erlangt. Mit diesem Ich kann er nun an seinem Gefühls- und Seelenleben, also an seinem Astralleib arbeiten, damit daraus ein neues Wesensglied entsteht, die *Empfindungsseele*. Dabei wird er ein innerliches, selbständiges Gefühlsleben ausbilden. Der heilige Zorn verwandelt sich ins Mit-Leiden-Können.[20]

Das fünfte Jahrsiebt (28.–35. Jahr)

Die Lebens- und Schicksalsaufgabe muß erkannt werden Mit dem 28. Lebensjahr beginnt das Ich den Ätherleib zu bearbeiten und zu individualisieren. Das führt zur Entwicklung der *Verstandes-* oder *Gemütsseele*. Der Ätherleib als weisheitsvoller Baumeister des physischen Leibes trägt dabei Fähigkeiten zur Organisation in die Seele hinein. Daraus resultiert ein Verständnis für soziale Beziehungen und zugleich die Fähigkeit, eine Unabhängigkeit von den Eindrücken der Außenwelt zu erwerben. Es ist die Phase, in der eigene Lebens- und Schicksalsaufgaben erkannt werden müssen und in der nach den äußeren und inneren Wahrheiten im eigenen Schicksal gesucht wird.[21]

Das sechste Jahrsiebt (35. – 42. Jahr)

Bewußte Auseinandersetzung mit der eigenen Existenz Mit dem 35. Lebensjahr, also etwa zur Lebensmitte, müssen wir Antworten auf folgende Fragen finden:

• Wie gehe ich mit dem älterwerdenden physischen Leib um?
• Was ist der Inhalt meines (oft unbewußten) Normen- und Wertesystems?

- Was sind meine Schicksalsaufgaben?
- Warum bin ich auf die Erde gekommen, und was habe ich in diesem Leben zu lernen?[22]

Alle diese Fragen erfordern die bewußte Auseinandersetzung mit der eigenen Existenz und ihren seelisch-geistigen Voraussetzungen. Es ist das Jahrsiebt der *Bewußtseinsseelenentwicklung*. In der Menschheitsgeschichte hat die Entwicklung der Bewußtseinsseele im 15. Jahrhundert eingesetzt und wird sich bis in das nächste Jahrtausend erstrecken.

Das siebte Jahrsiebt (42.–49. Jahr)

Nach dem 42. Lebensjahr tritt man in eine neue Lebensphase ein, in der nach der Überwindung innerer Krisen ein Neubeginn gewagt werden muß. Es sind die Auferstehungskräfte, die jetzt an den Mensch herantreten. Das Physische wird zunehmend in den Hintergrund treten, dafür muß die Verantwortung für soziale und geistige Aufgaben stärker wahrgenommen werden. Die bisherige biographische Entwicklung entfaltet sich wie ein großes *Panorama* vor dem inneren Auge. Es vermittelt Erkenntnisse, die für die künftige Gestaltung des eigenen Lebens von Bedeutung sind. Wesentliches und Unwesentliches wird in seinem Verhältnis zueinander sichtbar.

Ein Neubeginn muß gewagt werden

Das achte Jahrsiebt (49.–56. Jahr)

Nach dem 49. Lebensjahr kann ein gewisser Ruhepunkt in der biographischen Entwicklung erlebt werden. Ein neuer Weg wurde beschritten – neue Werte müssen nun verinnerlicht werden. Gleichzeitig sollen Lebenserfahrungen an die kommende Generation weitergegeben werden, deren Heranwachsen oft als Bedrohung erlebt wird. Auf die Jüngeren wirken die 49- bis 56jährigen daher oft starrsinnig, dogmatisch und unfähig, sich mit den Problemen der Gegenwart auseinanderzusetzen. Die Aufgabe muß deshalb lauten: *Lehren ohne zu belehren*. In dieser Phase müssen wir in der Lage sein, unsere Wirkung auf andere Menschen einzuschätzen. Nur so können wir ein gesundes soziales Miteinander ermöglichen und Generationskonflikte vermeiden.

Lebenserfahrung muß weitergegeben werden

Das neunte Jahrsiebt (56.–63. Jahr)

Der Sinn der eigenen Biographie wird deutlich

Mit 56 Jahren tritt der Mensch in die Phase seines Lebens ein, in der er *Bilanz* zu ziehen beginnt. Er beschäftigt sich auch mit der Frage, wie es nach Ablauf dieser Phase, nach dem 63. Lebensjahr weitergehen soll. Oft wird jetzt versucht, all das nachzuholen, was man glaubt, bisher versäumt zu haben. Der Sinn der eigenen Biographie dringt klar ins Bewußtsein. Damit wird auch sichtbar, wo Lücken in der eigenen Entwicklung geblieben sind.

Diese kurze Skizze der einzelnen Lebensphasen soll uns im folgenden eine Hilfe sein, die Unterschiede bei den Entwicklungsphasen einer Lebensgemeinschaft zu verstehen.

7.3 Die Entwicklungsphasen einer Lebensgemeinschaft

Aus der Sicht der anthroposophischen Geisteswissenschaft müssen wir bei der Betrachtung der Entwicklungsphasen einer Lebensgemeinschaft sowohl irdische, menschlich-soziale als auch kosmische Aspekte betrachten und miteinbeziehen. Der *Mensch* bildet die Brücke zwischen *Erde* und *Kosmos*. Wir sind Bürger beider Welten!

7.3.1 Der irdische und der kosmische Aspekt der Gemeinschaftsbildung

Die weisheitsvolle Regie in unserem Schicksal

Immer wieder können wir beobachten, wie Menschen scheinbar mehr oder weniger zufällig zusammenfinden. Die wenigsten Begegnungen, die in eine Schicksalsbeziehung münden, lassen sich vorhersehen. Sie ereignen sich völlig unerwartet, auf einer Reise, auf einem Fest oder bei der Arbeit. Ohne Zutun unseres Bewußtseins wirkt in unseren Gliedmaßen ein Wille, den wir nicht begreifen, von dem wir aber oft erkennen, daß er in weisheitsvoller Regie in unser Schicksal eingreift. Soweit gibt es im Schicksal keine Freiheit.

Im Moment der Begegnung mit einem anderen machen wir Wahrnehmungen, die auf unsere Seele wirken und Gefühle erzeugen. Es kann auch geschehen, daß emotionale Regungen nur bei einem von beiden Beteiligten erwachen.

Sympathie, Antipathie oder auch neutrale Gefühle bestimmen nun unser weiteres Handeln. Freude, aber auch Angst und Befangenheit können sich regen.

Je nachdem, wie bewußt wir mit diesen neuen Gefühlen umgehen, kann sich eine zunächst nur flüchtige Bekanntschaft weiterentwickeln. Hier haben wir, in der Entscheidung darüber, wie es weitergehen soll, die Möglichkeit, mit unserem Bewußtsein ein Stück Freiheit zu realisieren. Wie weit gehen wir auf den Menschen zu? Oder meiden wir ihn und ziehen uns zurück? Welche Bedeutung könnte er in unserem zukünftigen Leben spielen? Und welche Auswirkungen könnte dies auf unsere eigene Entwicklung haben?

All diese Aspekte können uns ein tieferes Verständnis der Bedeutung zwischenmenschlicher Beziehungen geben. Unser *Schicksal* kommt zunächst stets von außen auf uns zu, zum Beispiel wenn sich Menschen begegnen. Entscheidend dafür, was sich daraus entwickelt, ist unsere Reaktion und unser Verhalten. Wir können aus *freiem Willen* in unser eigenes und in fremdes Schicksal eingreifen und es mitgestalten.

7.3.2 Stationen der Entwicklung

In der schicksalhaften Verbindung der Lebensgemeinschaft werden Entwicklungsschritte gemeinsam erlebt, die in mancher Hinsicht mit den *Siebenjahresrhythmen* der individuellen biographischen Entwicklung übereinstimmen. Doch während dort Entwicklungsziele und Lernaufgaben sehr deutlich abzulesen sind, erscheinen diese in der Lebensgemeinschaft, in der sich das Schicksal zweier Menschen verbindet, weniger leicht durchschaubar.

Schicksalserfüllung ist eine Lebensaufgabe, die hohe Anforderungen stellt und Entwicklungsbereitschaft verlangt. Dabei können sich auch innere Widerstände aufbauen. Angestaute Konflikte und innere Unzufriedenheit werden nach außen projiziert und münden oft in Schuldzuweisungen, Selbstmitleid und in ein gestörtes Verhältnis zur eigenen Lebenssituation. Eine Lebensgemeinschaft ist der geeignete Rahmen, um solche Probleme zu besprechen und aufzuarbeiten. Dies ist die *geistige Aufgabe* einer Lebensgemeinschaft, die sie neben ihrer physischen und sozialen zu erfüllen hat. In ihr kann man sich gegenseitig helfen, den roten Faden in der eigenen Biographie zu finden.

Schicksalserfüllung in der Lebensgemeinschaft

Individuelle Biographie und Lebensgemeinschaft

Betrachten wir nun noch einmal die *Siebenjahres-Zyklen der individuellen Biographie* und suchen nach Parallelen in der Lebensgemeinschaft!

Mit einiger Übung kann man wahrnehmen, wie sich in der Lebensgemeinschaft bestimmte Phasen ineinanderschieben. Dabei bilden das erste, vierte und siebte Jahrsiebt einen Komplex, ebenso das zweite, fünfte und achte sowie das dritte, sechste und neunte: Dies wird im folgenden veranschaulicht:

1. Jahrsiebt (0–7)   2. Jahrsiebt (7–14)   3. Jahrsiebt (14–21)
4. Jahrsiebt (21–28)   *5. Jahrsiebt (28–35)*   *6. Jahrsiebt (35–42)*
7. Jahrsiebt (42–49)   8. Jahrsiebt (49–56)   9. Jahrsiebt (56–63)

Die zwei Prozesse: Inkarnation und Exkarnation

Der kritische Abschnitt einer Lebensgemeinschaft ist der vom vierten bis zum sechsten Jahrsiebt. Daraus ergibt sich der zeitliche Rahmen für ein Entwicklungsmodell. Die anderen Jahrsiebte der persönlichen Biographie schieben sich sozusagen von oben und von unten hinein. Aus der Sicht der individuellen Biographie bilden sich bis zum 21. Lebensjahr die physischen, ätherischen und astralen Hüllen, worin sich der Mensch als Ich-Wesen inkarniert. Erst jetzt kann er vollbewußt an sozialen Prozessen teilnehmen. Vom 21. bis zum 42. Lebensjahr durchlebt er dann die soziale Phase. Und ab dem 42. Lebenjahr setzt schließlich ein entgegengesetzter Prozeß, der Prozeß der Exkarnation ein. Der Mensch löst sich schrittweise von seiner Körperlichkeit. Seine Aufgaben ändern sich mit diesem Vorgang und sollten sich im Bestreben ausdrücken, seine Lebenserfahrungen an die nächste Generation weiterzugeben. Was hierbei geschieht, ist einer zweiten Ich-Geburt vergleichbar.

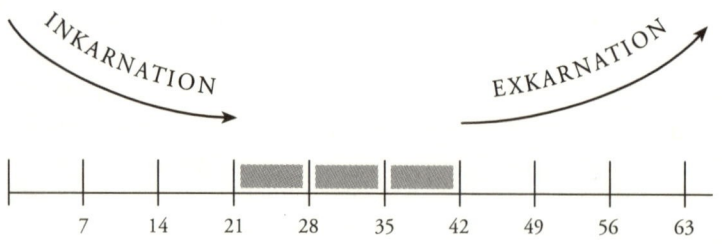

Das erste Jahrsiebt

Die erste Phase einer Lebensgemeinschaft – sie kann sieben Jahre oder länger andauern – wird weitgehend von der *Empfindungsseele* und ihren Entwicklungsphänomenen bestimmt. Dieser Zeitraum ist in der individuellen Biographie natürlich vom Beginn der Gemeinschaftsbildung abhängig. In den meisten Fällen erfolgt er in der Phase zwischen 21 und 28 Jahren. Aber auch später geschlossene Lebensgemeinschaften werden Phänomene des Empfindungsseelen-Verhaltens zeigen.

In einer Partnerschaft geht es nun darum, Empfindungen aufeinander abzustimmen, Gewohnheiten und Seelenstimmungen aus der Kindheit abzuschleifen und neue gemeinsam heranzubilden. Dabei besteht eine Neigung zu Empfindlichkeiten und Überreaktionen. Die ersten Konflikte treten auf, und zwar oft im zweiten oder dritten Jahr der Lebensgemeinschaft.

Jeder muß nun lernen, den anderen wahrzunehmen, wie er wirklich ist. Er darf am Partner nicht die eigenen Maßstäbe anlegen. Dieser wird nicht immer dem Wunschbild entsprechen, das man von ihm hat. Man erlebt ihn als eigene Individualität mit seinem eigenen Schicksal und wird sich fragen müssen: Weshalb hat man sich verbunden? Wo liegt die gemeinsame Schicksalsaufgabe? Was trennt uns, und was haben wir gemeinsam? – Die Fragen, die man sich jetzt stellt, betreffen die Identität der Gemeinschaft. Man lernt »wir« zu sagen.

Der Beginn einer Partnerschaft: man muß sich aufeinander abstimmen

Wir können dieses erste Jahrsiebt als *Lehr-* und *Gesellenzeit* einer Lebensgemeinschaft begreifen. Dies bedeutet für viele, »Ausflüge« in andere Bindungen oder Gemeinschaftsformen zu machen. Die eigentliche Aufgabe während dieser Zeit besteht aber darin, den anderen in seiner individuellen Lebensweise bewußt wahrzunehmen und sich mit ihm zu arrangieren. Es kann dabei eine Hilfe sein, Vergleiche zu ziehen, beispielsweise zu beobachten, wie befreundete Paare miteinander umgehen und wie sie ihre Beziehung gestalten. Das Zusammenleben muß als eine neue Erfahrung verinnerlicht werden. Dazu gehört auch das Kinder-Kriegen.

Der *Ehebund* kann dazu dienen, der Gemeinschaft eine Form zu geben. Mit dem *Ehevertrag* gliedert man sich in das Rechtsleben der Gesellschaft ein, mit dem *Ehesakrament* in den religiösen Strom, dem man sich zugehörig empfindet.

Die Bindung durch eine Ehe

161

Neben dem Ehevertrag und dem Ehesakrament kommt ungewollt auch ein sogenannter *psychologischer Vertrag* zustande. Er gründet sich auf Erwartungen, die man gegenüber dem Partner hegt, und bleibt meist unausgesprochen und in vielen Fällen sogar unbewußt. Mit diesen Erwartungen sollte man sich in den ersten sieben Jahren einer Lebensgemeinschaft auseinandersetzen. Es muß klar ausgesprochen werden, was man voneinander erwartet, wo man Grenzen ziehen muß, welche Freiräume erhalten bleiben sollen und welchen Spielregeln man gehorcht. Enttäuschungen, Ärger und Konflikte sind die Folge, wenn diese psychologischen Aspekte vernachlässigt werden. Sie signalisieren stets, daß keine Abmachungen getroffen wurden und die Vorstellungen beider Partner zu stark voneinander abweichen.

Eine Lebensgemeinschaft muß wie jeder soziale Organismus ein *Rechtsleben* entwickeln. Zwei gleichberechtigte Partner stehen sich gegenüber, die sich gemeinsamen Spielregeln unterwerfen müssen. Oft geht es bei Kontroversen um kleine und banale Angelegenheiten. Aber auch in grundlegenden Fragen wird oft keine Einigung erzielt:

Fragen, über die Einigung erzielt werden muß

- Welche Rolle spielt das Religiöse in einer Gemeinschaft?
- Wie spricht man miteinander? In welchem Ton, mit welchem Wortschatz?
- Wie verwenden wir unser Einkommen?
- Wie gestalten wir unseren Alltag, die Jahresfeste, Besuche, unsere Ferien?
- Wie gestaltet sich unser sexuelles Verhältnis?
- Wie erziehen wir unsere Kinder?
- Wollen wir Haustiere? Wer sorgt dafür?
- Wie richten wir unsere gemeinsame Wohnung ein?
- Welche Kleidung tragen wir?

Diese Aufzählung ist natürlich unvollständig und wäre zu erweitern.

Ebenso wie es im öffentlichen Rechtsleben nicht ohne *soziale Kontrolle* geht, muß es auch innerhalb einer Partnerschaft immer wieder möglich sein, auf gemeinsame Abmachungen hinzuweisen, die einvernehmlich getroffen wurden. Beide Partner müssen sich das Recht zugestehen, ihre Einhaltung zu fordern oder sich auf neue Prinzipien zu einigen.

Vielen Menschen erscheint soviel Sachlichkeit in einer gefühlsbetonten Bindung nicht angebracht. In einer Zeit, in der Normen und Traditionen ihre selbstverständliche Gültigkeit eingebüßt haben und die Seelenkräfte immer weniger integriert werden, sehen wir uns aber zunehmend mit der Notwendigkeit konfrontiert, all das, was früher selbstverständlich war, aus unserem Bewußtsein heraus neu zu ordnen. Die ungeschriebenen Gesetze von einst, die das Sozialverhalten geregelt haben, funktionieren nicht mehr und widersprechen in weiten Bereichen unserem heutigen Lebensstil.

Freiwillige Überein-künfte sind nötig

Auch im *Eherecht* macht sich die Lockerung von Rechtsverbindlichkeiten bemerkbar. Wenn es immer einfacher wird, eine Ehe zu scheiden, bedeutet dies aber nicht, daß wir damit aus unserer Verantwortung für den Partner entlassen werden. Im Gegenteil, denn was früher gesetzlich oder gewohnheitsmäßig geregelt war, muß in einer Zeit, in der starre Formen schwinden, durch freiwillige Übereinkünfte ersetzt werden, wenn wir nicht in Anarchie und Chaos versinken wollen.

In der Welt der *Technik*, etwa beim Umgang mit Computern, sehen wir, daß ein erwartungsgemäßes Funktionieren nur durch das Respektieren gewisser Vorgehensweisen, durch das Befolgen von Spielregeln gewährleistet werden kann. Im sozialen Miteinander wollen wir davon merkwürdigerweise nichts wissen. So wie bei einer Maschine, die ihren Dienst verweigert, wenn wir sie fehlerhaft bedienen, sind auch unsere Konflikte soziale Verweigerungsformen, bei denen Entwicklungsspielregeln nicht eingehalten wurden.

Es wurde bereits angedeutet, daß Merkmale des ersten und des siebten Jahrsiebts auf bestimmte Weise im vierten wirksam werden können. Aus dem *ersten Jahrsiebt* sind es *Merkmale des Physischen*:

Das erste Jahrsiebt einer Lebensgemein-schaft

- Zunächst muß eine *neue Orientierung* in der physischen Welt gefunden werden. Wie das Kind wird sich auch der Erwachsene in den ersten Jahren einer Lebensgemeinschaft mit der veränderten Situation im Privat- und Berufsleben, in einem neuen Freundes- und Bekanntenkreis und der eigenen Familie – wenn man Kinder bekommt – zurechtfinden müssen. Man wird seine finanziellen Möglichkeiten abstecken und – sofern man den Wohnort wechseln muß – sich in seiner neuen Umgebung einleben müssen.

163

- Die Krise des dritten Lebensjahres, in dem in der Sprachentwicklung des Kindes das *Ich*-Sagen erfolgt, hat in der Ehegemeinschaft ihre Entsprechung in dem *Wir*. Wer sind wir, und was wollen wir für eine Gemeinschaft sein? Eine Besinnung auf die Leitbilder einer Partnerschaft muß erfolgen: Weshalb sind wir zusammen? Was verbindet uns?
- Diese Lebensphase kann als *Kindergarten* der Lebensgemeinschaft betrachtet werden. Vieles wird noch als »Spiel« begriffen. Das Leben – und manchmal auch die Ehe – wird noch nicht ganz ernst genommen.

Die Merkmale aus dem *siebten Jahrsiebt* der individuellen Biographie, die sich in diesem Zusammenhang Geltung verschaffen, sind eher *geistiger Natur*. Die Forderung nach der Entwicklung eines Panoramabewußtseins[23] oder Leitbildes findet sich in den ersten Jahren einer Lebensgemeinschaft wieder. Auch die Beziehung muß in ihrer Ganzheit betrachtet werden, indem man die veränderte Lebenssituation im Verhältnis zur eigenen Erziehung, zum Familien- und Freundeskreis beider Partner und auch angesichts der eigenen Kinder begreifen lernt und den Mut faßt, daraus etwas Neues zu gestalten.

Das zweite Jahrsiebt

Das zweite Jahrsiebt einer Lebensgemeinschaft

Bereits gegen Ende des ersten Jahrsiebtes einer Lebensgemeinschaft können neue Aufgaben sichtbar werden, die den folgenden Zeitraum beherrschen. In der individuellen Biographie befinden wir uns dann meist im Stadium der Entwicklung der *Verstandes-* oder *Gemütsseele*.[24] Wiederum reichen Aufgaben und Lernherausforderungen des *zweiten* und *achten* Jahrsiebts in diese Phase hinein.

Die Ausbildung der Verstandes- oder Gemütsseele erfordert eine Neuorganisation der Lebensgemeinschaft. Die Beziehung muß neu gestaltet werden. Aus dem *zweiten Jahrsiebt* der individuellen Biographie spielen die Fragen der Autorität und der Gleichberechtigung in diese Phase hinein, aus dem *achten Jahrsiebt* die Aufgabe, ein Bewußtsein dafür auszubilden, wie man auf die Seele seiner Mitmenschen wirkt. In der Lebensgemeinschaft müssen wir Aufmerksamkeit dafür entwickeln, welchen Eindruck wir auf den Partner und auf unsere Kinder machen.

164

Viele Familien leiden unter der Situation, daß der Mann seine berufliche Karriere verfolgt, meist erst spät nach Hause kommt, die Kinder die Schule besuchen und die Frau oft neben ihrer Berufstätigkeit das Familienleben organisieren muß. All diese Einflüsse stellen eine permanente Gefährdung für die Lebensgemeinschaft dar. Keiner hat Zeit für den anderen und für die notwendigen Aussprachen. Die Kommunikation ist am Ersterben. Die Gewohnheit trägt das Familienleben, sie verstellt aber das Bewußtsein für die bestehenden Probleme.

Vieles droht zur Routine zu werden

Im Beruf dominiert der Verstandesseelen-Aspekt, die Gemütsseele wird meist vernachlässigt. Das Familienleben verkümmert. Vieles droht zur Routine zu werden, wenn die Verstandesseele unsere Aufmerksamkeit zu sehr nach außen lenkt und kein Dialog geführt wird. Es muß die Bereitschaft entwickelt werden, Konflikte auszutragen, und die Auseinandersetzung darf nicht aus Angst vor Störungen in der Gefühlsbeziehung gescheut werden. Falsches Harmoniestreben kann zu einem kritischen Punkt hinführen, wo sich die über lange Zeit angestauten Gefühle entladen. Wenn die Partner ihre Sorgen schlucken, stauen sich Emotionen, bis sie eines Tages explosionsartig zum Ausbruch kommen. Eine Bagatelle kann Anlaß dafür sein.

Die Partner müssen bereit sein, über ihre Gefühle zu reden, und sich gegenseitig deutlich machen, wie es in ihrem Inneren aussieht und welche Empfindungen das Verhalten des anderen bei ihnen auslöst.

Wenn nun die *Autoritätsfrage* und die gruppendynamischen Erfahrungen des zweiten individuellen Jahrsiebts wieder aktuell werden, beinhaltet dies die Aufforderung, Grundlagen für ein eigenes Wertsystem und Weltbild zu legen. Beim Auftreten gegenüber dem Partner und den Kindern muß klar sein, wer in welcher Situation und in welcher Angelegenheit als Autorität Anerkennung erwarten darf. Autorität beinhaltet nicht die Befugnis, unbeherrscht und willkürlich Macht auszuüben. Sie will anerkannt sein. Die gegenseitige Anerkennung ist dabei die Grundlage der Gleichberechtigung.

Die Frage der Autorität und der Wertmaßstäbe muß geklärt werden

Doch unter welchen Bedingungen wird die eigene Autorität anerkannt? Eine Anerkennung findet immer nur dann statt, wenn sie dem anderen aufgrund von Charaktereigenschaften, Kenntnissen, Mut und Standhaftigkeit berechtigt erscheint. Die große Anzahl von Ehen, in denen Frauen und

Kinder mißhandelt werden, zeigt, wie verbreitet die Tendenz ist, einem ungerechtfertigten Autoritätsanspruch mit Gewalt Anerkennung zu verschaffen, und weist auf die Notwendigkeit hin, sich diesem Problem anzunehmen und es in der Gemeinschaft mutig anzusprechen. Es muß die Bereitschaft entwickelt werden, den anderen ernst zu nehmen und auf ihn zuzugehen.

Das dritte Jahrsiebt

Die Objektivität der Bewußtseinsseele

Nochmals ergeben sich neue Probleme und neue Herausforderungen. Sie haben ihren Ursprung in der Entwicklung der *Bewußtseinsseele*. Diese befähigt zur Objektivität, zum Erreichen eines übergeordneten Standpunktes, der Zusammenhänge sichtbar macht. In der individuellen Biographie muß sie nach dem 35. Lebensjahr entwickelt werden. Ihre Ausbildung entspricht auch der Aufgabe unserer gegenwärtigen Kulturepoche. Alle heutigen Entwicklungsprozesse wollen mit dieser Bewußtseinsseelen-Qualität durchdrungen werden.

Was aus einer früheren Phase der individuellen Etwicklung in diesen Zeitraum hineinragt, sind Merkmale der Pubertät, in der der junge Mensch nach Idealen sucht, nach einem Partner Ausschau hält, seine ersten Erfahrungen mit der Liebe macht und die Berufswahl ansteht.

Die Frage nach den Idealen und was daraus geworden ist, wird aktuell, ebenso die Frage nach dem richtigen Lebenspartner, wie es durch die außerordentliche Scheidungsrate nach dem vierzigsten Lebensjahr deutlich wird. Das Thema Sexualität gewinnt nochmals an Bedeutung, ein Dreiecksverhältnis kann zum Problem werden.[25] All diese Fragen können nur vor dem Hintergrund der individuellen und gemeinschaftlichen biographischen Situation ernsthaft behandelt werden.

Das dritte Jahrsiebt der Lebensgemeinschaft: ein Neubeginn wird nötig

Eine gefürchtete Erscheinung im sechsten Jahrsiebt der biographischen Entwicklung ist die sogenannte »Midlife-crisis«. Ein vergleichbares Phänomen macht sich auch in der dritten Phase einer Lebensgemeinschaft bemerkbar, und zwar häufig nach 12–14 Jahren Ehe. Eine Krise äußerst sich dann nicht selten im Bedürfnis nach Abenteuern, nach einer außerehelichen Beziehung, nach neuen Aufgaben, nach eine Weltreise etc. – kurzum nach Neugestaltung des Zusammenlebens.

Die Kennzeichen des neunten Jahrsiebts, das in der individu-

ellen Biographie eine Aufforderung zur biographischen Rückschau enthält, zeigt sich in der Notwendigkeit zur persönlichen
Neuorientierung auf unterschiedlichen Gebieten, auch innerhalb der eigenen Familie bzw. Lebensgemeinschaft.

Je älter eine Gemeinschaft wird, je individueller sie sich
entwickelt hat, desto schwieriger wird es, allgemeine Gesetzmäßigkeiten zu formulieren. Eines jedoch gilt ohne Einschränkung: Mit zunehmendem Alter wird man sich überlegen müssen, welche Lebenserfahrungen man an die jüngere
Generation weitergibt und wie dies geschehen kann. Hierbei
stellen sich folgende Fragen:

*Welche Lebenserfah-
rungen kann man
weitergeben?*

- Welche Rolle spielt die eigene Lebensgemeinschaft für
  die nachfolgende Generation?
- Kann die Lebensgemeinschaft ein Ort der Zuflucht für
  die jüngere Generation werden, wo sie Gespräche führen kann und mit ihren Problemen Gehör findet?
- Gelingt es, Erfahrungen zu vermitteln ohne belehrend
  aufzutreten? Ist man geistig soweit jung geblieben, um
  als Ansprechpartner der Jugend respektiert zu werden?

*Rück- und vorausblik-
kende Besinnung
auf die Lebens-
gemeinschaft*

Um den Erwartungen zu genügen, wird eine ernsthafte Auseinandersetzung mit der eigenen Biographie notwendig. Echte Lebenshilfe setzt voraus, daß man selbst mit Problemen
konfrontiert war und sie bewältigen konnte. Wenn der Dialog mit der Jugend nicht innerhalb der Lebensgemeinschaft
stattfinden kann, werden sich sicher andere Berührungspunk-
te ergeben, etwa im beruflichen Umfeld.

Für die Beziehung unter den Partnern spielen folgende
Fragen eine Rolle:

- Welche gemeinsamen Interessen haben wir, wo liegen
  unsere gemeinsamen Aufgaben und wie können wir sie
  verteilen?
- Wie müssen wir dazu unsere Lebensgemeinschaft organisieren?
- Wo gibt es keine Gemeinsamkeiten mehr und welche
  neuen Freiräume müssen wir schaffen?
- Wo sind wir voneinander abhängig, wo können wir uns
  gegenseitig unterstützen und unsere Tätigkeit aufeinander abstimmen? Wo ergänzen wir uns?
- Was können wir noch voneinander lernen?

167

Dabei sind verschiedene Lösungen zu bedenken, Vor- und Nachteile abzuwägen. Immer jedoch wird man eine bewußte Auseinandersetzung mit der Situation und den offenen Austausch suchen müssen. Eine erweiterte Dimension hat diese Fragestellung insbesondere dann, wenn die Altersunterschiede der Partner beträchtlich sind. Kinder aus erster Ehe können für Konfliktstoff sorgen. Verschiedene Lebensphasen der individuellen Biographie treffen aufeinander, deren Unterschiede ins Bewußtsein treten müssen!

7.4 Das Dreiecksverhältnis

Das Urbild einer Dreierbeziehung: Adam, Eva und Lilith

Einer alten Legende zufolge hatte Adam nach seiner Vertreibung aus dem Paradies eine zweite Frau namens Lilith. Im Gegensatz zu Eva, die alle mütterlichen Merkmale verkörpert, gilt Lilith als Personifikation des Bösen, Dämonischen und Verführerischen. In dieser Konstellation können wir das Urbild einer Dreierbeziehung sehen.

Der Doppelaspekt der Verführung

Doch bereits in der Verführung durch Luzifer zeigte sich ein Doppelaspekt, der auch seine positive Seite erkennen ließ: das Element der Verführung, das bei der Vertreibung aus dem Paradies für die Entstehung eines Konfliktes verantwortlich war,[26] brachte dem Menschen das selbständige Denken, die Begeisterung und alles Künstlerische. Auch in jedem Dreiecksverhältnis spielt es eine bedeutende Rolle.

Die Welt der Sagen und Legenden ist reich an Beispielen für Dreiecksbeziehungen, die Auskunft über ihre Entstehung und ihre unterschiedlichsten Folgen geben können. Auch die Artusgeschichte enthält viele solcher Episoden. Merlin entstammt der Verbindung zwischen einer gottesfürchtigen Magd und einem Teufel, dem es gelingt, sie zu verführen. Und Artus selbst ist ein illegitimes Kind, hervorgegangen aus einer Ehebruchsituation. Gahmuret, Parzivals Vater, hatte im Osten eine zweite Frau, mit der er Feirefiz zeugte.

Bei aller Toleranz und Freizügigkeit bleiben Dreiecksbeziehungen eine emotionale Belastung

Für immer mehr Menschen wird es heute zum Problem, daß der Partner einen Freund bzw. eine Freundin hat und eine außereheliche bi- oder heterosexuelle Beziehung unterhält. Dennoch fehlt meist auf beiden Seiten die Bereitschaft, sich vom Ehepartner zu trennen. Fremdgehen wird als Berei-

cherung oder Abwechslung zum Ehealltag betrachtet. Natürlich birgt dies eine erhebliche Menge Konfliktstoff, und selbst
wenn viel Toleranz aufgebracht wird und beide Partner be-
strebt sind, eine vernünftige und für beide akzeptable Lösung
zu finden, können Ängste und Emotionen nicht völlig ausge-
schaltet werden.

Es gibt kein Leben ohne Bindungen. Daher stellt sich für
jeden von uns die Frage, welche Form der Bindung er eingehen möchte und welche Konsequenzen er dabei verantwor-
ten und akzeptieren muß. Im Falle einer Partnerschaft muß
dies mit Bewußtsein entschieden werden und nicht aus einem
erotischen Rausch heraus.

Unsere heutige Zeit läßt der Gestaltung von Beziehungen
fast alle Freiheiten. Außereheliche intime Verhältnisse sind
beinahe zur Normalität geworden. Die Belastung, der alle
Beteiligten dabei ausgesetzt sind, wird dadurch aber keineswegs geringer.

Welches Verhalten ist nun in einer solchen Situation angemessen? – Patentrezepte gibt es nicht. Jeder einzelne Fall verlangt eine individuelle Lösungsstrategie. Es kann hier nur auf
Aspekte hingewiesen werden, die es zu berücksichtigen gilt.
Eines aber gilt für jede Lebenssituation: Alles, was man tut,
hat Folgen, die man »ausbaden« muß. Das wichtigstes Kriteri-
um für eine Konfliktlösung ist, daß die Lösung von *beiden*
Partnern akzeptiert werden kann. Beide müssen sie emotional verkraften können. Es ist gefährlich, Dreiecksbeziehungen uneingeschränkt als Schicksalsverbindungen rechtfertigen zu wollen. Zunächst einmal sollten sie als Symptome
dafür betrachtet werden, daß in der Partnerschaft etwas nicht
stimmt. Nun muß untersucht werden, wo das Problem liegt.
Es sollte dann als potentieller Konflikt betrachtet werden, der
einen Prozeß der Konfliktlösung notwendig macht, an dem
alle Parteien beteiligt werden müssen.

Dreiecksbeziehung als Symptom dafür, daß in der Partnerschaft etwas nicht stimmt

Jedes Zusammenleben hat seine Tücken. Man muß in allen
Lebenssituationen aufeinander Rücksicht nehmen und sich
anpassen. In einer ständigen Partnerschaft teilt man eine
Wohnung, verbringt die meiste Zeit miteinander, sofern man
keine sogenannte LAT-Beziehung (living apart together) unterhält, bei der man sich nur nach Belieben trifft und anson-
sten sein eigenes Leben führt.

Anders die Beziehung zu einem Freund, einer Freundin
oder dem Liebhaber: Man trifft sich gelegentlich, oft nur für

wenige Stunden. Es ist eine Sonntagsbeziehung. Dadurch kann man sich der Konfrontation mit den problematischen Aspekten der Persönlichkeit entziehen, die erst im Alltag sichtbar werden. Bestimmte Entwicklungsmöglichkeiten können nicht wahrgenommen werden. Doch gerade dies kann eine starke Euphorie auslösen, eine ungeheure Motivation und Lebensbegeisterung und einen Anreiz zu außergewöhnlichen Leistungen, zu denen der Ehealltag kaum noch beflügeln kann.

Ist der Bewußtseinsprozeß auf der Höhe der neuen Situation?

Wollen wir das Stichwort der Schicksalsbeziehung aufgreifen, müssen wir zugleich die Frage nach solchen Entwicklungsmöglichkeiten stellen, die sich aus einer Dreieckssituation ergeben können. Hier spielt das Thema der *inneren Freiheit* eine Schlüsselrolle. Wie jede neue Situation verlangt sie nach der Fähigkeit, mit Gefühlen wie Eifersucht, Neid, Unrecht und Schuld umgehen zu können, die uns emotional binden und unfrei machen.

Ein guter Bekannter von mir, der sich im Alter von mehr als sechzig Jahren überraschend von seiner langjährigen Ehepartnerin scheiden ließ und sich kurz darauf mit einer sehr viel jüngeren Frau vermählte, gestand mir einmal, er könne seine erste Frau nicht vergessen und müsse fortwährend an sie zurückdenken. Eine neue Beziehung wurde eingegangen, ohne daß die frühere Partnerschaft emotional abgeschlossen wurde. Das Verhalten stand in keiner Beziehung zu dem Bewußtseinsprozeß, der notwendig gewesen wäre, um sich aus der alten Situation zu befreien. Ähnlich verhält es sich in vielen anderen Fällen, wenn ein Ehekonflikt einen oder beide Partner in neue, meist sexuelle Bindungen hineintreibt, bevor die innere Freiheit errungen wurde, aus der heraus die neue Lebenssituation objektiv beurteilt werden kann. Um eine solche innere Freiheit zu gewinnen, wäre es nötig, etwa zwei Jahre ohne Bindung zu leben.

Wir müssen dazu die verschiedenen Ebenen unserer Beziehung unterscheiden lernen, d.h. die *geistige, seelische und physische (sexuelle) Ebene* getrennt betrachten. Für jeden einzelnen Bereich läßt sich getrennt die Frage stellen, wie es zu dem Wunsch nach einem Partnerwechsel kommen konnte und welche Folgen sich daraus ergeben. Kann eine Schicksalsbeziehung erkannt werden? Oder war es nur die Erotik? Läßt sich eine neue gemeinsame Aufgabe erkennen?

In unserem Unterbewußtsein schlafen wir, unser Gefühl gleicht der Bewußtseinsebene des Traumes, und nur unser

170

Denken können wir vollbewußt wahrnehmen und steuern. Mit dem Bewußtsein nehmen wir alle Menschen wahr, es kann die ganze Welt umfassen. Geistiger Austausch ist keiner Beschränkung unterworfen. Reagieren wir nur auf Sympathien, dann schränken wir unsere Beziehungen dagegen auf einen bestimmten Personenkreis ein. Es wäre nun eine interessante Frage, ob das Unterbewußtsein, der Bereich des Körperlich-Sexuellen, nicht die Forderung nach einem einzigen Partner stellt.

Wie meldet sich das Unterbewußte in einer Dreiecksbeziehung?

Hieraus ergeben sich Aspekte, die fern jeder moralisierenden Sichtweise auf die Notwendigkeit einer intakten Zweierbeziehung hinweisen. Bereits die amerikanische Psychologin *Jetta Bernard*, bei deren Eheberatungsseminaren ich in den sechziger Jahren als Assistent teilnahm, bemerkte zum Thema Dreiecksverhältnis, der Mensch müsse wählen! »Ein Dreiecksverhältnis funktioniert fast nie, weil die wenigsten Menschen hier mit ihren Gefühlen fertig werden und dadurch seelisch zerrieben werden.«

In allen mir bekannten Fällen scheiterten Dreiecksverhältnisse immer am gleichen Problem, dem der *Unabhängigkeit* und der *inneren Freiheit*, die nicht errungen werden konnte, ohne die sexuelle und emotionale Bindung zum Partner zu lösen. Dieses Ausbrechen aus einer festen Beziehung macht stets Gefühle sichtbar, die bisher nicht ins Bewußtsein dringen konnten: Besitzansprüche, fehlende Gleichberechtigung, verletzte »Männerehre« bzw. verletzter »Frauenstolz«.

Das Problem der inneren Freiheit

Kann man dem Partner so viel Freiheit gewähren, daß er die ausschließliche Bindung an einen Partner nicht als Fessel wahrnimmt und ihn ohne Besitzgelüste, Schuldgefühle oder erotische Bindungen akzeptieren kann, wie er ist?

Oft ist es ein Dreiecksverhältnis, das solche Defizite signalisiert und außerhalb der Lebensgemeinschaft einen Ausgleich schafft, wenn er in ihr nicht erreicht werden kann. Das Unterbewußtsein wirkt stellvertretend, wo wir ein wirkliches Bewußtsein nicht erringen konnten. Dann muß es als eine Schicksalsfügung betrachtet werden, die zum Konflikt führt und zum Lernen auffordert, weil die Betroffenen nicht in der Lage waren, eine Beziehung sinnvoll zu gestalten.

Wir dürfen unsere Gefühle nicht vernachlässigen, doch dürfen wir ebensowenig aus dem Bauch heraus entscheiden. In beiden Fällen würde der Einklang unserer Seelenkräfte empfindlich gestört.

Ihre persönlichen Antworten auf folgende Fragen sollen Ihnen dabei helfen, die eigene Schicksalssituation zu durchschauen.

Kontrollfragen zur Klärung der Schicksalssituation

- Wie betrachte ich meine eigene biographische Aufgabe, und welche Rolle könnte die betreffende dritte Person spielen (auch aus der Sicht des anderen betrachtet)?
- Welche Beziehung ergibt sich zwischen mir, meinem Partner und dieser dritten Person? Welche anderen Personen geraten in dieses Schicksalsgeflecht hinein und mit welchen Konsequenzen?
- In welcher Lebensphase stehen wir, und was sagt das über unsere Situation aus? Welche unserer Herausforderungen, Fragen und Wünsche hängen mit unserem Alter zusammen?
- Welche Konsequenzen können sich ergeben? Welche davon will man akzeptieren und welche nicht?
- Wie würde eine Beziehung ohne sexuellen Kontakt aussehen, und wie würde es danach weitergehen?
- Achten Sie auf Ihre Träume und schreiben Sie sie auf. Sie enthalten oft wertvolle Hinweise! Achten Sie auf die Dramatik dieser Träume! Sie ist oft wichtiger als die eigentlichen Traumbilder. Sind die Ereignisse gewollt oder nicht?
- Fragen Sie sich, wovor Sie Angst haben! Geben Sie sich eine ehrliche Antwort! Angst kann ein Motiv für die Flucht aus einer Bindung sein. Man kann sie überwinden, indem man sich deutlich macht, was alles passieren könnte, und alle Gefahren nüchtern betrachtet. Handeln ist das beste Mittel, um Ängste zu überwinden!
- Was erwarten Sie von Ihrem Partner? Was erwartet er von Ihnen? Stimmen Sie in Ihren Erwartungen überein? Was erwarten Sie von einer dritten Person, zu der Sie eine Beziehung unterhalten? Möglichst konkret werden!
- Wie stelle ich mir den Verlauf der nächsten sieben Jahre mit dem bisherigen und dem neuen Partner vor? Versuchen Sie sich ein konkretes Bild der gemeinsamen Zukunft bis ins Detail hinein zu machen! Dies wirkt oft ernüchternd.
- Welche Bedeutung hat für Sie der Satz: Wer leidet, der lernt!?

Geben Sie ehrliche Antworten und beobachten Sie dabei Ihre Gefühle! Fühlen Sie sich wohl oder nicht? Was sind das für Gefühle?

7.5 Liebe, Erotik und Sexualität

Um unseren eigenen Standort in der Partnerschaft zu bestimmen, müssen wir unser Verhältnis zum Partner auf den Ebenen des Geistigen, Seelischen und Körperlichen mit Klarheit durchdringen.

Liebe, Erotik und Sexualität sind zu unterscheiden

Begriffe wie Liebe, Zärtlichkeit oder Erotik und Sexualität sind für die meisten Menschen jedoch alles andere als klar und geben häufig Anlaß zu Mißverständnissen. Sie werden gleichgestellt, durcheinandergeworfen oder verwechselt. Besonders in Gesprächen oder Auseinandersetzungen, in denen Emotionen das vernünftige Denken überschatten, kann es dabei zu Irritationen kommen. Die Lösung bestehender Probleme wird dadurch gewiß nicht erleichtert. Wir müssen unsere Begriffe an der Lebenswirklichkeit messen.

7.5.1 Der Körper – Sexualität

Der menschliche Körper wird von den Kräften des Ätherleibes belebt und gestaltet. In seiner Stofflichkeit jedoch ist er wie jeder andere feste Körper der Schwerkraft ausgeliefert und von einer Hülle umgeben. Dies bedeutet, daß sich im Physischen unsere Körper nicht durchdringen können, ohne sich gegenseitig zu zerstören. Im seelischen Bereich gibt es keine solche Grenzen, dort können wir uns innerlich durchdringen. Wer bei Sexualität von *Vereinigung* spricht, bewegt sich bereits auf der Ebene des Gefühls.

Die Begrenzung durch den Körper

In der physischen Welt gibt es dagegen nur ein Nebeneinander der Dinge. In unserem Leib sind wir immer allein – wir sind darin auf uns selbst gestellt. Dies ist eine Grundvoraussetzung zum Erleben von *Freiheit*, aber auch zur Entwicklung des *Egoismus*, der Vorstufe zur Ich-Findung des Menschen.

Das Sexuelle ist stets der Gefahr ausgesetzt, allein vom Egoismus bestimmt zu werden, wenn es nur physisch erlebt wird.

Gefahr des Egoismus und Chance der geistigen Durchdringung

173

Was oft als Liebe bezeichnet wird und nur der sexuellen Befriedigung dient, enthält starke egoistische Tendenzen und kann dabei zur reinen Lustbefriedigung verkümmern.

Ein interessantes Phänomen ist das gleichzeitige Einwirken unterbewußter Prozesse und höchster geistiger Kräfte in den Bereich des Physischen. Dies zeigt sich am deutlichsten bei der Fortpflanzung, der Zeugung von neuem Leben!

7.5.2 Das Geistige – Liebe

Mit der Betrachtung des Geistigen wenden wir uns dem Gegenpol zum Körperlichen zu. Beim Menschen finden wir es im Bereich des Ich und seiner Bewußtseinskräfte, die ihm Selbsterkenntnis und die Herrschaft über sein Denken und Handeln verleihen. Sie sind auch das Werkzeug, mit dem der Mensch lernen kann, sein Unterbewußtsein zu erkennen und unter Kontrolle zu halten, wenn er dies will. Unser Wille erhält seinen Antrieb gewöhnlich aus dem Unbewußten, er kann aber auch vom erkennenden Bewußtsein beherrscht werden.

Die Verschmelzung im Geistigen: das Verstehen

Auch im Geistigen ist ein Verschmelzen mit dem anderen Menschen möglich, wenn wir uns in seine Gedankenwelt hineinversetzen. Dabei ist Verständnis und Verständigung möglich. *Ver-Stehen* bedeutet, sich auf den Standpunkt des anderen zu begeben. Es ist ein Merkmal der Liebe als geistiger Kraft und altruistischer Hingabe. Wir geben etwas, ohne eine Gegenleistung zu erwarten. Einen Menschen zu lieben heißt, seine Entwicklung ohne Eigeninteresse zu unterstützen. Wir tun etwas ihm *zu-liebe*.

Jemanden in seiner Entwicklung zu unterstützen, erfordert höchste Bewußtseinskraft, denn es geht dabei um Schicksalsgestaltung, Schicksalserkenntnis und Moralität. Wer diese geistige Liebe verwirklichen möchte, muß auf egoistisches Verhalten verzichten. Selbstloses Handeln zugunsten eines anderen wird auch der eigenen Entwicklung zuträglich sein.

Beurteilt man den anderen nach den eigenen Maßstäben, so entsteht häufig ein Bedürfnis nach einem Partnerwechsel

Viele Menschen neigen dazu, den Partner so zu betrachten, wie sie selber sind oder gerne sein möchten. Daraus resultiert ein großes Bedürfnis nach Veränderung und Partnerwechsel. Damit wird aber die Eigenheit des anderen Menschen als Individualität verneint, er wird zu einem beliebig austauschbaren Gegenstand degradiert: eine besonders raffinierte Form des Egoismus!

174

Daß die hohen Anforderungen der geistigen Liebe, obwohl es notwendig wäre, nur selten eingelöst werden, zeigt sich an den Folgen: den *Konflikten,* von denen kaum eine Partnerschaft verschont bleibt. All unsere Schicksalsimpulse sind in unser Unterbewußtsein hineinverwoben und geben uns zu verstehen, was wir brauchen und was wir tun sollten. Mißachten wir diese innere Stimme, rumort es in uns, eine innere Unzufriedenheit macht sich bemerkbar. Dies wiederum beeinflußt unser Verhalten und verursacht Spannungen und Auseinandersetzungen. Der Partner kann zur Zielscheibe unserer Aggressionen werden.

7.5.3 Das Seelische – Zärtlichkeit/Erotik

Im Seelischen sind wir eingebettet zwischen Leib und Geist. Die Seele ist das verbindende Element. In unserem leiblichen Dasein sind wir von Erbanlagen geprägt, die wir unseren Eltern verdanken; in unserer geistigen Existenz hingegen von unserer Persönlichkeit, unserem individuellen Wesenskern. Die Persönlichkeit ist unabhängig von äußeren Eindrücken. Nicht aber die Seele: sie ist von dieser Welt und wird von ihr beeinflußt und gestaltet.

Die Seele – das Bindeglied zwischen Körper und Geist

Das Funktionieren einer Partnerschaft ist von dem empfindlichen *Gleichgewicht* zwischen Liebe und Sexualität abhängig, dessen Verlust nicht ohne Folgen bleibt. Wie ein Seiltänzer drohen wir bei jedem falschen Schritt in den Abgrund zu stürzen.

Im Seelischen findet ein Ausgleich von Egoismus und Altruismus statt, von Geben und Nehmen. Ist dieses Gleichgewicht gestört, macht sich ein Gefühl der Unzufriedenheit bemerkbar. Unsere Seele ist das Barometer, das jede Veränderung sofort registriert, das die »Wetterlage« in unserer Beziehung anzeigt. Wer immer nur nimmt, wird nicht zufrieden sein können; wer nur gibt ebensowenig. Unsere Seele sagt uns, wo Egoismus berechtigt ist und wo nicht, sofern wir auf ihre Stimme horchen. So meldet sie sich auch, wenn wir es mit unserer Selbstlosigkeit übertreiben, wenn wir uns dabei selbst überfordern und einen Entwicklungsstand verwirklichen wollen, den wir zwar anstreben, aber noch nicht erreichen können.

Ausgleich von Egoismus und Altruismus im Seelischen

Stets muß der ganze Mensch angesprochen werden, es muß *Gleichberechtigung* auf allen Ebenen praktiziert werden. Was ich von anderen erwarte, muß ich auch selbst zu geben bereit sein. Stellt sich der Mensch zu hohe Ansprüche, wird er versagen und ist unzufrieden. Dann überfallen ihn Ängste und Depressionen. Setzt er seine Normen zu niedrig an, führt dies ebenfalls zur Unzufriedenheit, weil er dann nicht das versucht, was er eigentlich vollbringen könnte.

Die Seele hat ihr Wertesystem

Wenn unsere Seele zu uns spricht, so dient ihr ein *inneres Wertesystem* als Maßstab. Werte sind die bewußt in der Seele integrierten Normen, die uns die Gesellschaft und unsere Erziehung vermittelt haben. Darin spiegeln sich Erfahrungen unserer Jugend und Kindheit, Verhaltensregeln, Freiräume, Verbote und Tabus, die unbewußt in unsere Seele gepflanzt wurden. Im Erwachsenenalter müssen wir dieses Normensystem einer Prüfung unterziehen. Welche Prinzipien gelten auch für mich? Wie will ich sie handhaben? Erst wenn wir unsere eigenen Maßstäbe entwickelt haben, werden sie sich zu einem inneren, integrierten Wertesystem verbinden.

Über dem Wertesystem steht das Gewissen

Doch über diesem Wertesystem steht noch eine weitere Instanz: unser *Gewissen*. Es ist das integrierte Wertesystem unseres Ich und besteht aus Forderungen, die unser Entwicklungsweg verlangt, um unser Schicksal zu ergreifen.

Mit Normen, Werten und der »höheren« Stimme unseres Gewissens ausgestattet, gehen wir urteilend durch die Welt. Dabei ist es wichtig zu erkennen, welche Maßstäbe wir anlegen und wo sie ihren Ursprung haben. Einem Urteil liegt stets das Wahrnehmen einer fehlenden Übereinstimmung zwischen der Realität und den inneren Erwartungen zugrunde, die wir in unserer Seele tragen. So kann uns jedes Urteil helfen, tief in unser Seelenleben hineinzuschauen, wenn wir fragen: Wie komme ich zu diesem Urteil, was sagt es über mich selbst aus?

Liebe, Zärtlichkeit und Sexualität begleiten den Menschen, seit es ihn als zweigeschlechtliches Wesen gibt. Adam und Eva mußten als getrennte und doch zusammengehörende Wesen geschaffen werden, damit die Liebe in die Welt einziehen konnte. In ihrer Zweiheit mußten sich die getrennten Wesenselemente suchend begegnen, um wieder in der Gemeinschaft zusammenzufinden. Jeder Mensch trägt seinen Partner in sich. Jede Frau hat ihren Animus, jeder Mann seine Anima. Wir suchen beim anderen, was wir unerkannt in uns tragen. Daher beginnt jede Entwicklung mit der Selbsterkenntnis und erfüllt sich in ihr, wenn sie für die Entwicklung der Gemeinschaft fruchtbar wird.

176

8 Soziale Praxis und Menschenbildung

8.1 Krisen und Veränderungen als Erweckungsprozeß

8.1.1 Lebenserfahrung und Lernprozesse

Soziales Lernen gehört zu den wesentlichen Aufgaben der Gegenwart. Dies wird an einer Vielzahl von Konflikten deutlich. Bei diesem Lernen wird das *Denken, Fühlen* und *Wollen* in gleichem Maße gefordert. Es ist ein Prozeß, der zwar über das Bewußtsein erfolgen muß, keinesfalls aber im Kopf enden darf. Er muß den ganzen Menschen ergreifen.

Aus der Lerntheorie ist bekannt, daß Lernerfolge davon abhängig sind, inwieweit sich ihre Inhalte mit dem Gefühl und – durch Übung – mit dem Wollen verbinden. Entsprechend stammen unsere nützlichsten Kenntnisse aus der Lebenserfahrung, vorausgesetzt, wir beherrschen die Kunst, sie im Alltag neu zu beleben.

Der Unterschied zwischen *Erkenntnis* und *Erfahrung* besteht darin, daß wir bei der Erkenntnis von den Fehlern anderer lernen, bei der Erfahrung dagegen aus unseren eigenen. Erfahrungen sitzen tiefer als Erkenntnisse. Der Mensch lernt am meisten aus seinen Fehlern. Viele Menschen haben Probleme damit, ihr Wissen in die Tat umzusetzen. Was wir aber am eigenen Leibe erfahren, das werden wir nicht mehr vergessen.

Erfahrungen gehen tiefer als Erkenntnisse

Eine Episode aus Goethes Kinderzeit berichtet von der Entdeckung eines Feuersalamanders im Kaminfeuer. Nachdem der junge Goethe seinen Vater darauf aufmerksam gemacht hatte, bekam er – so wird erzählt – sofort eine schallende Ohrfeige mit der Begründung, auf diese Weise werde er in seinem ganzen Leben diese Begegnung mit einem Feuersalamander nicht mehr vergessen.

Der Mensch lernt am meisten, wenn er *leidet*. Je mehr wir

gelitten haben, desto tiefer gehen die Erfahrungen. Durch Leid gelangen wir zu einem höheren Bewußtsein. Dies bedeutet nun keineswegs, daß wir uns gegenseitig verprügeln und unsere Kinder züchtigen sollen. Ganz im Gegenteil: Wir wollen lernen, diese schmerzhaften Erfahrungen zu vermeiden, indem wir die Probleme mit Bewußtsein anpacken. Wenn uns das Schicksal Schläge versetzt, fordert es uns auf, versäumte Entwicklungsschritte nachzuholen. Die meisten Leidensprozesse in unserer Zeit resultieren aus sozialen Erfahrungen, die von einem unzeitgemäßen Gemeinschaftsbewußtsein ausgehen.

Lernbereitschaft ist Bereitschaft zu Veränderungen   Veränderungen, die nicht gewollt sind, wecken in uns Gefühle der Ablehnung und eine *Neigung zum Widerstand*. Die Fähigkeit, mit neuen Situationen zurechtzukommen, ist heute stärker denn je gefordert. Dagegen ist die Bereitschaft zum Lernen oft nur sehr gering und wurde nicht selten schon in der Schule gebrochen. Besonders im Bereich der Menschenführung in Arbeitsgemeinschaften, wo die Existenz vieler davon abhängt, daß Lernprozesse durchschritten werden, ist Ignoranz und Gleichgültigkeit weit verbreitet. An uns selbst und an unseren Mitmenschen müssen wir erzieherisch arbeiten, um innere Widerstände gegen eine manchmal bedrohlich erscheinende Veränderung zu überwinden. Wir müssen uns gedanklich mit anstehenden Veränderungen auseinandersetzen, die Vor- und Nachteile bedenken, aber auch Erfahrungen sammeln und üben, damit wir eine Sicherheit bekommen, mit der wir der vermeintlichen Bedrohung entgegentreten können.

Die Zukunft gehört den Suchenden und den Lernenden. Lernen bedeutet, Gelegenheiten zu ergreifen, die sich täglich bieten. Es erfordert Zeit. Erfolge lassen sich nicht erzwingen. Doch kleine Schritte in einem angemessenen zeitlichen Rahmen führen sicher zum Ziel.

8.1.2 Bereitschaft zum Lernen und zur Selbsterziehung

Eklatante Fehler in der Kindererziehung führen heute dazu, daß viele Menschen in einem gewissen Stadium ihrer biographischen Entwicklung steckenbleiben, ohne daß der Wille ausgebildet wurde, sich selbständig weiterzuentwickeln. Viele stehen auf dem Standpunkt, wenn sie die Schule abgeschlossen haben, bräuchten sie nichts mehr dazulernen. Lernen bedeutet Anstrengung und erfordert Selbstüberwindung. Wir sträuben uns gegen Veränderungen, verharren lieber in liebgewonnenen Gewohnheiten.

Die Menschheit steht aber heute vor gewaltigen Problemen, deren Lösung ein Höchstmaß an *Kreativität* und *Lernbereitschaft* fordert. Diese Probleme werden von den meisten richtig erkannt. Die dringenden Fragen werden ausgesprochen. Doch nur wenige Menschen sind gewillt, Antworten zu akzeptieren, die sie nicht hören wollen, die ihnen unbequem sind und zu Konsequenzen in ihrem Verhalten aufrufen.

Wie aber kann die Menschheit in ihrer Erstarrung mit den Fragen zurechtkommen, die dringend auf eine Lösung warten? Viele Menschen eifern in ihrem Verhalten fremden Vorbildern und Idolen nach. Gewiß sind es nicht mehr dieselben wie in der Jugend, sie erfüllen aber eine ähnliche Funktion. Andere flüchten in den bequemen Schoß einer Ideologie. Sie ist ein im Denken steckengebliebenes Ideal und meist völlig wirklichkeitsfremd. So edel ihr Ziel auch erscheinen mag, sie kann kein brauchbares Konzept bilden, weil sie die Wirklichkeit in einem Zerrbild darstellt.

Hinzu kommt die immer häufiger zu beobachtende neurotisch erstarrte Seelenhaltung. Jeder will nur für sich alleine sorgen, keiner möchte seines Menschenbruders Hüter sein. Wen kümmert es, was mit unserem Nächsten geschieht, solange es unsere eigenen Verhältnisse unberührt läßt?

Die *soziale Verantwortung* muß aber im Interesse eines jeden wieder geweckt werden. Geht es uns wirklich nichts an, ob der andere Lernbereitschaft zeigt oder nicht? Man muß sich deutlich machen, in welcher gegenseitigen Abhängigkeit wir uns heute befinden. Und da ist es so, daß jemand, der die Weiterarbeit an sich selbst verweigert, auch andere mit sich hinabzieht. Deshalb muß alles getan werden, die Lernbereitschaft anzuregen.

Wie können wir unsere sozialen Aufgaben in einer Zeit wahrnehmen, in der sich ein erschreckender Fundamentalismus in allen Lebensbereichen breitzumachen droht? Die Menschheit klammert sich an Patentrezepte, jeder möchte die Dinge verändern, ohne sich selbst zu ändern. Der gleiche Fehler wird auch ständig beim Umgestalten von Organisationen, bei der Reorganisation von Unternehmen gemacht. Man nimmt die Menschen und die sozialen Strukturen, die sich

Mangelnde Kreativität durch Fixierung auf Normen, Idole und Ideologien

Soziale Verantwortung in der Arbeit an sich selbst

179

gebildet haben, nicht wahr und rechnet nicht mit Widerständen, sondern bearbeitet nur den physischen Leib, die äußere Gestalt, der man ein neues Aussehen geben will.

Jede Umgestaltung muß immer mit der *Erziehungsfrage* beginnen, dem Willen, gemeinsam mit den Betroffenen Veränderungen herbeizuführen. Sie setzt deren Bereitschaft voraus, sich für etwas Neues zu öffnen und an sich selbst zu arbeiten. *Bewußtsein, Erkenntnis* und *Moralität* sind dabei der Anker der sozialen Verantworung, aus der echte Neuerungen geboren werden können. Daran müssen wir anknüpfen, indem wir Entwicklungsmöglichkeiten aufzeigen und zur Mithilfe bereit sind. Keinesfalls dürfen wir aber Verhaltensweisen diktieren, die nicht gewollt sind.

8.1.3 Erfahrung und Gewohnheit

Die meisten *Widerstände gegen Veränderungen* hängen damit zusammen, daß der Mensch Lernprozessen und Lebenserfahrungen ausgesetzt wurde, die sich tief in sein Inneres eingeprägt haben. Ob diese nun positiv oder negativ erlebt wurden, in seiner Seele bleiben sie bewußt oder unbewußt erhalten und fügen sich dort zu einem inneren Wertesystem zusammen, das den ideellen, emotionalen und praktischen Gewohnheitsleib bildet.

Bewußtseinsprozesse und emotionale Regungen bestimmen die Erinnerung

Viele dieser Erfahrungen oder Erkenntnisse können ins Bewußtsein zurückgerufen werden und sind uns als *Erinnerungen* zugänglich. Diese Erinnerungsbilder unterliegen einem ständigen Wandel. Stets kommen neue Erfahrungen hinzu und geben ihnen eine veränderte Färbung. Nicht immer wird unser Erinnerungsbild daher mit dem ursprünglichen Eindruck übereinstimmen. Es kann auch geschehen, daß es im Unterbewußtsein verschwindet, besonders dann, wenn es uns unangenehm berührt, wenn wir es am liebsten *vergessen* möchten.

Erkenntnisse und Erfahrungen sind immer eine Kombination von Bewußtseinsprozessen und emotionalen Regungen, von Gedanken und Gefühlen. Gefühle können verblassen oder sich verstärken. Gute Erfahrungen leben in Form angenehmer Gefühle fort, schlechte Erfahrungen bewirken naturgemäß das Gegenteil.

Begeben wir uns nun auf die Ebene des *Wollens*, so kann

jede Erfahrung als Übung verstanden werden, aus der wir Konsequenzen für unser künftiges Handeln ziehen müssen. Auch der Volksmund sagt: Ein Esel stößt sich nur einmal am gleichen Stein. Gelingt es einem Menschen nicht, aus seinen Erfahrungen zu lernen, stößt er sich immer wieder am gleichen Stein, so ist es schlecht um ihn bestellt. Es ist nicht schlimm, Fehler zu machen. Schlimm ist nur, immer wieder den gleichen Fehler zu begehen. Wie aber können wir es uns erklären, daß sich viele Menschen oft ungeschickter anstellen als so mancher Esel und ihre Fehler beharrlich wiederholen?

Aus Erkenntnissen, Erfahrungen und Fähigkeiten, die wir uns im Leben angeeignet haben, bildet sich unsere Persönlichkeitsstruktur. Auch im Bereich des Seelischen können wir von Strukturen sprechen. Sie bestehen aus *Gewohnheiten*: Denkgewohnheiten, Vorstellungsgewohnheiten und Erlebnisgewohnheiten. Auch unsere Fähigkeiten lassen sich als Handlungs- und Verhaltensgewohnheiten begreifen.

Die Macht der Gewohnheit

Diese Gewohnheiten haben im Leben durchaus ihren Sinn. Sie geben dem Menschen eine Stütze und verfestigen sich zur Tradition, die an nachfolgende Generationen weitergegeben wird. Wenn man ihr folgt, scheint alles wie von selbst zu gehen. Unser Bewußtsein wird dabei kaum benötigt.

8.1.4 Widerstände und Ängste bei Veränderungen

Sobald wir aber genötigt sind, etwas Neues hinzuzulernen und mit unserem Denken zu durchdringen, unser Verhalten zu ändern und uns in unbekannte Situationen hineinzubegeben, lassen uns alte Gewohnheiten im Stich. Dies verunsichert uns. Es gibt zwar abenteuerlustige Menschen, denen der Reiz des Unbekannten als Würze des Lebens erscheint, die sich die Herausforderung zum Lebensziel gesetzt haben, sich permanent verändern wollen oder Gefahr und Risiko suchen, wie es auch auf den wirklichen Unternehmer zutrifft. Für die meisten von uns stellen Neuerungen zunächst aber etwas Unangenehmes, Beängstigendes dar, was sich im *Widerstand gegen Veränderungen* ausdrückt.

Dieser Widerstand kann sich auf verschiedenen Ebenen bemerkbar machen, abhängig davon, ob er sich mehr im Denken, mehr auf der Ebene des Gefühls oder im Willensbereich regt.

- Auf der Ebene des *Denkens* artikuliert sich der Widerstand als *Zweifel* an der Möglichkeit und der Richtigkeit einer Neuerung. Aussagen wie: »Das geht doch nicht …«, »Der Chef will es nicht haben …«, »Das haben wir doch schon x-mal ohne Erfolg versucht« hat jeder schon gehört und selbst ausgesprochen. Meist handelt es sich dabei um ungeprüfte Aussagen.
- Auf der *Gefühlsebene* können sich diese Widerstände in *Antipathie* oder gar Haß gegen bestimmte Personen äußern, die einen Mitarbeiter willentlich oder schuldlos mit einer bevorstehenden Veränderung konfrontieren. Mobilisiert sich eine Ablehnung, etwa gegen eine neue EDV-Anlage am Arbeitsplatz, so beobachtet man oft, wie sich dieser Haß gegen den Berater richtet, der die Angestellten in der Bedienung unterrichten soll, der eigentlich überhaupt keine Schuld an der Maßnahme trägt und nur den Auftrag der Direktion ausführt.
- Ebenso kann sich der Widerstand auf der *Willensebene* äußern. *Existenzangst* und die Angst vor dem Scheitern sind die wichtigsten Auslöser, die zu einem Handeln führen, das einen drohenden Funktions- oder Imageverlust abwehren soll. Gerade dann, wenn es ältere Mitarbeiter betrifft, denen es unsere »Arbeitskultur« nicht immer leicht macht, die nur mühsam eine neue und zufriedenstellende Aufgabe finden können, erscheinen diese Ängste berechtigt.

Ich versehe den Begriff der »*Arbeitskultur*« bewußt mit Anführungszeichen, weil es mir sehr fragwürdig erscheint, ob wir alles, was sie uns gebracht hat, so hinnehmen müssen. Ist es denn wirklich akzeptabel, daß nach dem 40. Lebensjahr kaum jemand für neue Aufgaben herangezogen wird und oft nur noch seine Zeit bis zur Rente abzusitzen hat? Weshalb fordern viele Stellenanzeigen ausdrücklich: »… nicht über vierzig«? Was bedeutet für die Personalführung ein Ausdruck wie »midlife career crises«? Was soll man dazu sagen, wenn die Firma Hitachi in England ihren 35-jährigen Mitarbeitern vorschlägt, in den Ruhestand zu gehen? Wie soll man das Ergebnis einer Untersuchung bewerten, wonach ein Viertel der herangezogenen Führungskräfte zwischen 35 und 45 ihren sogenannten »Plafond« erreicht haben und mit einer Stagnation in der Entwicklung ihrer Laufbahn rechnen müssen?

Es mag so aussehen, als hätten diese Fragen nur wenig mit unserem Thema zu tun. Wir dürfen aber solche gesellschaftlichen Entwicklungen nicht vernachlässigen, denn auch sie haben bei den Menschen deutliche Spuren hinterlassen, die sich tief in ihre Seelen eingegraben haben und die Qualität einer Gemeinschaft beeinflussen. Denken Sie nur an Krisen in der Partnerschaft, die durch Arbeitslosigkeit verursacht werden können!

Spricht man heute vom Widerstand gegen Veränderungen, so findet sich dieses Problem meist am Arbeitsplatz. Widerstand regt sich aber auch überall dort, wo eine Veränderung im sozialen Bereich eintritt, von der man selbst betroffen ist, die man aber nicht mitgestalten kann, wo eine *Fremdbestimmung* erfolgt oder wo man aus seiner Routine herausgerissen wurde und gewohnte Verhaltensmuster auf eine neue Situation plötzlich nicht mehr passen wollen.

Wir müssen bereit sein, Widerstände als etwas Selbstverständliches zu akzeptieren. Jeder wird es als unangenehm empfinden, liebgewonnene und erprobte Gewohnheiten ändern zu müssen. Dies verunsichert! Wir können uns nicht mehr auf unsere bisherigen Fähigkeiten verlassen, müssen uns neu bewähren und dazu noch eine innere Trägheit überwinden. Auch in der Lebensgemeinschaft spielt dies eine Rolle.

8.1.5 Veränderung durch Beeinflussung

Die Tendenz zum Individualismus in unserer Gesellschaft hat den Begriff der Beeinflussung mit einem deutlich negativen Beigeschmack versehen. Wir alle wollen selbständig, unabhängig, eigenverantwortlich handeln und begegnen daher jeder Form der Einflußnahme mit einem durchaus gesundem Mißtrauen. Doch dies hört auf, gesund zu sein, wo wir einer versuchten Beeinflussung nicht entgegentreten und sie bewußt zügeln, sondern uns nur noch durch Rückzug und Isolation davor schützen können. Ungerührt von ihrer negativen Seite müssen wir daher Formen der Beeinflussung als eine Gegebenheit betrachten, an der wir nichts ändern können. Immer wenn Menschen zusammenkommen, werden sie sich gegenseitig beeinflussen. Dies läßt sich nicht verhindern.

Zwei massive Arten der Beeinflussung, die eine bestimmte

Der Rückzug ist keine Maßnahme gegen Beeinflussungen

Einstellung gegenüber dem Mitmenschen offenbaren, sind die folgenden:

Starke Beeinflussung durch Gewalt und Autorität

- *Gewalt* kann Zwang ausüben und Widerstände brechen, indem sie die Ursache des Widerstandes als das geringere Übel darstellt. Zu ihren Mitteln gehören physische Gewalt, Inhaftierung, Folterung, Krieg oder seelische Gewaltakte wie Gehirnwäsche, Drohung, Erpressung.
- *Autorität* vermag ebensolche Ziele zu erreichen, wenn ein starker Aurotitätsglaube bei der Zielperson oder der Gruppe vorhanden ist. Ohne ihre Anerkennung bleibt Autorität wirkungslos. Wir unterscheiden dabei: *Wahre Autorität*, die auf einem überlegenen Wissen, einer moralischen Instanz und außergewöhnlichen Fähigkeiten beruht, und die *formelle Autorität*, bei der sich die Autorität aus einer Rangordnung ableitet oder durch Alter, Funktion, sozialen Status oder Titel bestimmt wird.

All diese Methoden rechnen damit, daß man das Verhalten des Menschen gezielt manipulieren kann. Doch längst weiß man, daß Gewalt nur Gegengewalt erzeugt, daß autoritäres Verhalten nur Unselbständigkeit bewirkt. Den Menschen sollte deshalb vielmehr die positive Herausforderung aufgezeigt werden, die jede Veränderung beinhaltet.

Psychologische Einflußnahme: Eingriff in das Kräfteverhältnis der Seelenlage

Der ehemalige Physiker und spätere Psychologe *Kurt Lewin* hat in diesem Zusammenhang das sogenannte Modell der *psychologischen Kräftefelder* entwickelt, das die seelische Situation mit Hilfe von Begriffen aus der Elektrotechnik beschreibt.[27] Die Seelenlage eines Menschen verhält sich gleich einem magnetischen Feld, das sich in einem labilen Gleichgewicht befindet, in dem sich positive und negative Kräfte gegenüberstehen und gegenseitig neutralisieren. Dieses labile Gleichgewicht muß gestört werden, ein sogenanntes »unfreezing«, ein Auftauen muß stattfinden, um es einer neuen Situation anzupassen.

Bei diesem Modell wird der Umang mit Widerständen gegen Veränderungen als ein Prozeß angesehen, der *am Menschen* vollzogen wird. Die Führung hat die Aufgabe, das Gleichgewicht der Seelenlage zu erschüttern. Nach der Auseinandersetzung mit dem Neuen kann sich dieses Gleichgewicht wieder einpendeln. Die Methode läßt sich folgendermaßen beschreiben:

- Zuerst findet eine *Analyse* statt, die klären soll, was dem Menschen an seiner Situation gefällt und was nicht. Dies entspricht den positiven und negativen Kräften, die einander gegenübergestellt werden.
- Dann wird geprüft, welche negativen Kräfte man abbauen kann, welche positiven sich verstärken lassen, um eine *Verschiebung* dieses labilen Gleichgewichts zu erzeugen.

Ein einleuchtendes Beispiel findet man in der Werbestrategie der Zigarettenindustrie, wo man an die seelischen Strukturen heranzukommen sucht:

Jeder Raucher hat seine Rauchgewohnheiten. Dazu gehört sein täglicher Bedarf an Zigaretten. Die Reklame will dieses Gleichgewicht in Richtung »mehr rauchen« verschieben. Wie geht sie dabei vor?

Zunächst wird analysiert, was den Menschen zum Raucher macht, z.B. das Bedürfnis, souverän aufzutreten, ein Lebens- und Statusgefühl zu entwickeln, Genuß, seine Nerven zu beruhigen, etwas in der Hand zu halten. Dem stehen Gründe gegenüber, die ihn dazu bewegen könnten, weniger zu rauchen: es ist teuer, Gesundheitsrisiken treten auf. Nun überlegt man sich, wie die Faktoren, die das Rauchen fördern, unterstützt werden können und wie man die hemmenden Faktoren abbauen kann.

Einflußnahmen dieser Art, die über das Unbewußte erfolgen, lassen keinen Spielraum für selbständiges Handeln, das für eine soziale Gestaltung und für zukünftige Aufgaben nötig wäre. Der Mensch wird zu einem Verhalten verführt, das er nicht aus eigenem Antrieb entwickelt hat.

8.1.6 Menschenführung und Motivation

Man kann diesen Problembereich auch von einer anderen Seite erfassen. Dazu gehört aber ein Menschenbild, das das Wollen des einzelnen anerkennt und ihn als selbständige und *freie Individualität* respektiert. Jeder muß im Sinne eines freien Geisteslebens entscheiden dürfen, was, wann, wo und wie er etwas lernen möchte und auf welche Weise er sich verändern will. Es ist verwerflich, diesen Willensprozeß im Unbewußten zu steuern, wie es die Werbung praktiziert.

Die freie Individualität kann selbst an ihren Widerständen und Motivationsdefiziten arbeiten

Als Grundsatz müssen wir daher anerkennen, daß niemand die Widerstände eines anderen Menschen überwinden darf, wenn dieser nicht selbst dazu bereit ist. Jeder kann nur an seinen eigenen Widerständen, seinem eigenen Motivationsdefizit arbeiten. Die Seelenhaltung eines echten Unternehmers oder die des Abenteurers zeigt deutlich, daß es sich dabei um eine *Tätigkeit des eigenen Ich* handelt. Sie muß über meine Zweifel, meine Antipathie und meine Ängste dominieren.

Nach Jaques Lusseyran wird das Ich sich nur durch Aktivitäten entwickeln, die es in sich selber entfacht.[28] Wir finden zu unserem Ich, wenn wir uns immer wieder fragen:

Leitfragen der Ich-Findung

- Was will ich?
- Was kann ich?
- Welche Chancen gibt mir das Schicksal als Herausforderung?
- Was sagt mein Herz dazu?
- Wozu werde ich herausgefordert?

Wie kann ich nun aber bei meinem *Mitmenschen* einen Lernprozeß auslösen? Wie kann ich ihn dabei unterstützen? Wie kann ich Hilfe zur Selbsthilfe leisten?

Um zu erreichen, daß das fremde Ich Eigenaktivität entwickelt, kann ich nur die Voraussetzungen und die Bereitschaft dafür schaffen. Im menschlichen Miteinander, insbesondere dort, wo Führungsaufgaben wahrgenommen werden, bedeutet dies: *Ängste abzubauen durch ehrliche und offene Information!*

Wenn in einer betrieblichen Organisation Stellen oder Aufgabenbereiche wegfallen sollen und das Existenzproblem akut wird, wenn sich die Mitarbeiter mit einer neuen Situation auseinandersetzen und Lernbereitschaft entwickeln müssen, ist es eine Forderung der Menschlichkeit, keine Art der Hilfestellung zu unterlassen. Jeder muß die Gelegenheit erhalten, sich über die Zukunft Gedanken zu machen und an einer Lösung mitzuwirken. Man muß den anderen mitentscheiden lassen, anstatt ihm etwas vorzuschreiben.

Ängste überwinden: der Lähmung entgegenwirken, Aktivität entwickeln

Jede Veränderung hat den Vorteil, daß die Menschheit wachgerüttelt wird. Das Ich wird aufgerufen, aktiv zu werden. Angst wird am besten durch Aktivität überwunden: Selbst zu handeln bedeutet, Lähmungserscheinungen entgegenzuwirken. Der Umgang mit Widerständen besteht in erster Linie in der *Aufforderung zur Tat*. Motivation wird von jedem Menschen anders erlebt. Allgemein gilt: je stärker die Motivation aus dem Ideellen schöpft, um so stärker wird sie den Geist beflügeln und zur Tat mobilisieren, um so stärker und standhafter wird sie sein. Dies bedeutet: je mehr der Mensch seelisch erträgt und verdauen kann, desto größer ist seine Freude am Tun und sein Glaube an ein Ziel. Dieser Glaube kann zur tragenden Kraft werden.

Motivation erwecken erfordert jedoch ein wirkliches *Interesse am Schicksal des Mitmenschen*, ein Miterleben dessen, was für ihn sinnvoll ist, was ihm Freude bereitet und was ihn zum selbstgewollten Handeln anregt. Dabei kann es sich um sehr sachbezogene und praktische Ideale handeln, etwa das Streben nach hoher Qualität, Veranwortung für den Mitmenschen oder für ökologische Zusammenhänge.

8.1.7 Defizite herkömmlicher Motivationstheorien – ihre Ursachen und Folgen

Betrachtet man jedoch die herkömmlichen Motivationstheorien, so wird bereits bei der Untersuchung ihrer Voraussetzungen deutlich, weshalb sie keine anhaltende Begeisterung für eine Aufgabe erzeugen können. Der traditionelle Führungsstil will Menschen auf ein fremdbestimmtes Ziel ausrichten und – wie in der Werbung – unterschwellig beeinflussen. Dahinter steht eine *autoritäre Entscheidungsstruktur*, ein gleichsam feudales Menschenbild. Die Führungskraft will den Willen ihrer Untergebenen beherrschen, dirigieren und ihn zum Erreichen persönlicher Ziele ausnutzen, ohne sich für das Wollen des anderen zu interessieren.

Das Manko des herkömmlichen Führungsstils: Ziele werden von außen vorgegeben

Allen traditionellen Motivationstheorien liegt eine typische *Führungsmentalität* zugrunde. Sie suggerieren dem Chef, daß nicht nur jede Entscheidung, sondern auch die Motivation von ihm ausgehen muß und daß die Motivation in der Befriedigung der verschiedenen Bedürfnisse der Mitarbeiter liegt. Hier handelt es sich um einen psychologischen Irrtum, denn der Unterschied zwischen der Befriedigung eines Bedürfnisses und der Freude am Tun wird hier nicht berücksichtigt.

Jeder Mitarbeiter kann nur sich selbst motivieren. Motivation ist immer gleichbedeutend mit Eigenmotivation. Der Vor-

Motivation ist immer Eigenmotivation

gesetzte kann nur ein dafür günstiges Klima schaffen, indem er das *Motiv* für die gemeinsame Arbeit sichtbar werden läßt.

Wenn die Handlungsmotivation aus dem Gefühl eines Mangels erfolgt, wenn die Bedürfnisbefriedigung das Motiv bildet, entsteht eine Motivation, den Mangel auszugleichen. Ist dies geschehen, bemerkt man ein Gefühl der Sättigung, das nur von kurzer Dauer ist. Das Bedürfnis meldet sich nach einiger Zeit zurück und will erneut befriedigt werden. Unterbleibt dies, treten bekannte Phänomene wie Frustration, Ärger, sogar Aggression oder Wut hervor. Allein die Bedürfnisbefriedigung kann auf längere Sicht keine dauerhafte Motivation erzeugen.

Motivation und Befriedigung durch die Ausrichtung auf ein Ideal und die Willensanstrengung des Verzichts

Echte Freude am Tun setzt voraus, daß der Mensch ein Ideal verwirklichen möchte, daß er nach vorn schaut und sich für etwas engagiert, was die Zukunft noch in ihrem Schoß birgt. Eine psychologische Dimension der Motivation, die aus diesem Wollen hervorgeht, besteht darin, daß zunächst ein *Verzicht* geübt werden muß, etwa auf das Endziel, das noch weit entfernt ist. Dieses Verzichten wird aber bewußt und mit Freude hingenommen. Wurde das Ziel schließlich erreicht, erfolgt eine Befriedigung durch die eigene Leistung, und zwar in zweifacher Hinsicht. Einmal durch das produktive Verhalten, die *Anstrengung*, die zum Erfolg geführt hat, zum anderen durch das Verzichten-Können. Aus psychologischer Sicht ist die *Entbehrung* eine der besten Methoden zur Willensschulung.

Betrachten wir dazu ein Beispiel: Um mir etwas kaufen zu können, muß ich zunächst Geld ansparen. Ich unterdrücke dabei mein Konsumbedürfnis so lange, bis ich die Mittel habe, es zu befriedigen. Beim Kauf erlebe ich dann sowohl die Freude am Besitz als auch das Erfolgserlebnis, mit der Fähigkeit zu sparen eine Willensleistung vollbracht zu haben. Nehme ich dagegen einen Kredit auf, kann ich mein Konsumbedürfnis zwar sofort stillen, werde aber durch die Verpflichtung zur Rückzahlung Frustration erleben. Die selbstverständliche Kreditgewährung, wie wir sie heute überall erleben, ist ein psychologisch raffiniertes Mittel, um zum schnellen Kauf anzuregen. Es ist aber auch der Grund für die seelische Unzufriedenheit vieler Menschen, die sich so etwas leisten, was sie sich eben eigentlich noch nicht leisten konnten.

Erfolgserlebnisse motivieren stärker als Bedürfnisbefriedigungen

Ein *Erfolgserlebnis* ist eine ungleich stärkere Motivation als die Befriedigung eines Bedürfnisses. Antipathie, Haß oder Neid werden nicht aufkommen, wenn die Ausrichtung auf

188

das eigene Wollen und die Freude am Tun stärker ist als die verborgenen Ängste. Wird den Menschen auch unter veränderten Umständen eine Perspektive gezeigt, wird ihnen Gelegenheit gegeben, sich auf die neue Situation vorzubereiten und sich mit den veränderten Aufgaben vertraut zu machen, kann eine Einsicht in die Notwendigkeit der Maßnahmen erzeugt werden, denen zunächst Widerstand entgegengebracht wurde.

8.1.8 Das Prinzip der Eigenmotivation

Alle Ziele, die in einer Organisation bestehen, müssen von den Mitarbeitern als identisch mit ihren *persönlichen Zielen* angesehen werden können. Hier liegt eine Herausforderung für Führungskräfte. Konflikte und Motivationsverlust können vermieden werden, wenn den notwendigen Veränderungen eine offene Aussprache mit den Beteiligten vorausgeht. Wer motiviert ist, wird auch bereit sein, zuzuhören und Aufmerksamkeit zu entwickeln – eine Grundvoraussetzung für gute Information und geglückte Kommunikation. Die Folgen zeigen sich im zwischenmenschlichen Klima einer Gemeinschaft. Freude an der Arbeit und am Leben beeinflussen die Atmosphäre günstig. Sie ist Voraussetzung für Gesundheit und körperliches Wohlbefinden. Frustrationen und Streß werden vermieden, Spannungen und besondere Belastungen können besser verarbeitet werden.

Die Ziele einer Gemeinschaft müssen von ihren Mitgliedern auch als persönliche Ziele verstanden werden können

Viele Führungskräfte scheuen die Konfrontation mit ihren Mitarbeitern. Damit wird der konfliktträchtigste Weg gewählt: nämlich Veränderungen als bereits beschlossene Tatsache zu präsentieren. Alle sollten zur Mitarbeit aufgefordert werden. Jeder sollte sich überlegen: Wie können Probleme gelöst werden? Welche Alternativstrategien gibt es? Wie können sich diese auswirken? Welche finanziellen Konsequenzen ergeben sich dabei?

Motivieren heißt, den Weg bereiten für eine sinnerfüllte Zukunft! Neues kommt auf uns zu, das Flexibilität und Angstfreiheit erfordert. Ängste lähmen. Es verhält sich damit wie mit dem Laufen-Lernen. Bei jedem Schritt nach vorne steht man nur auf einem Bein und muß darauf achten, daß man nicht das Gleichgewicht verliert.

Einflußnahme ist untrennbar mit Gemeinschaftsprozessen

verbunden. Meine Einflußnahme grenzt die Freiräume anderer in der Gemeinschaft ein und umgekehrt. Dabei können wir uns mit unseren manipulativen Absichten unter Umständen mehr Chancen verbauen als öffnen.

Schicksalsverantwortung in der Einflußnahme

Entscheidend ist die Art der gegenseitigen Einflußnahme. Hier wird ein Stück *Schicksalsverantwortung* ausgeübt. Eine Seelenprüfung findet statt. Werden unbewußte Seelenkräfte angesprochen, wird Abhängigkeit erzeugt, so kann dies mit Formen der Gewaltausübung verwandt sein. Selbstmotivation erzeugen kann hingegen eine Möglichkeit sein, das fremde Wollen nicht zu manipulieren, sondern den Willen des anderen zu aktivieren und zu stärken.

8.2 Selbstfindung in der Gemeinschaft und soziale Kontrolle

8.2.1 Selbsterkenntnis und Seelenbildung

Für die moderne Industriegesellschaft scheint die Welt erklärbar, doch der Mensch bleibt ein Rätsel

Unsere Zeit ist arm an Rätseln. Die Welt ist langweilig geworden. Dies ist vor allem ein Phänomen der modernen Industriegesellschaft. Auf alle Fragen wird eine Antwort angeboten, und oft werden sogar Antworten gegeben, bevor eine Frage überhaupt gestellt wurde.

Unser Zeitalter wird von der Maschine beherrscht. Diese ist ohne Rätsel. Sie ist völlig durchschaubar und zugleich Ausdruck für Vollkommenheit. Auch wenn viele Menschen die Mühe scheuen, sich ihren Mechanismus vertraut zu machen, wurde sie doch von Menschen entwickelt und kann prinzipiell von jedem Menschen verstanden werden.

Früher hat man nach Spiritualität gesucht, um die Welt zu begreifen. Heute findet man für alles eine funktionale Erklärung. Nur das Wesen des Menschen widersetzt sich dieser Erklärbarkeit. Der Mensch ist des Menschen größtes Rätsel geblieben. Je weiter man in die Tiefe seiner Seele vordringt, seine Individualität und sein Schicksal betrachtet, desto aussichtsloser wird jeder Versuch einer wissenschaftlichen Erklärung, um so tiefer erscheint das Geheimnis seiner Biographie.

Eine Form, sich dem Unerklärbaren zu verschließen, besteht meist darin, es zu leugnen. Wenn wir Schicksalsphäno-

190

mene nicht wahrhaben wollen, wenn wir eine Lebensaufgabe bestreiten, so scheint keine Notwendigkeit zur Selbsterkenntnis und Selbstspiegelung zu bestehen. Wer diesen Phänomenen aber seine Aufmerksamkeit schenkt, wird bemerken: Die Seele erkennt wieder, worauf sie geistig vorbereitet wurde.

Erst aus dieser Erkenntnis kann jeder die Frage nach seiner Aufgabe, seiner Rolle in der Gemeinschaft ergründen. Selbsterkenntnis ist Schicksalsforschung, die aus dem sozialen Leben spiegelnd hervorgeht und wieder gestaltend in es zurückfließt.

Selbsterkenntnis ist Schicksalsforschung im sozialen Zusammenhang

Unsere Erziehung, unsere Erfahrungen und unsere *Persönlichkeit* sind Schlüssel einer solchen Selbsterkenntnis. Vieles werden wir nur begreifen können, wenn wir in unsere frühen *Kindheitserinnerungen* zurückschauen: auf Menschen, die uns ein Vorbild waren, und Ereignisse, die uns geprägt haben.

Weitere Aspekte der Seelenbildung sind:

- Welche Widersprüche gab es in der Kindheit?
- Gab es Auseinandersetzungen zwischen den Eltern?
- Wurde mit zweierlei Maß gemessen?
- Bestanden Widersprüche zwischen Denken und Handeln?
- Haben Sie immer alles falsch gemacht?
- Wie sind Sie in der Kindheit mit solchen Widersprüchen umgegangen?
- Haben Sie gelernt zu manipulieren, andere Menschen oder die eigenen Eltern gegeneinander auszuspielen?
- Haben die Erzieher für Sie ihre Glaubwürdigkeit verloren?
- Hatten Sie als Kind einen Spitznamen, und wie sind Sie dazu gekommen? Was sagt er über Sie aus?

Rückschau auf die eigene Kindheit

Die Antworten können einen Hinweis auf heutige Verhaltensweisen, Gewohnheiten und das Auftreten in der Gruppe geben. Mit der Erkenntnis darüber, wie man geworden ist, entwickelt sich zugleich auch die Möglichkeit zu entscheiden, wie man sich weiterentwickeln möchte.

Manche Menschen neigen dazu, in Gefühlen zu schwelgen, andere brausen sofort in Wut auf. Unser Verhalten hängt auch von den *Gefühlen* ab, die wir im Laufe unseres Lebens sammeln konnten. – Beobachen Sie sich einmal daraufhin:

- Suchen Sie oft Situationen, in denen Sie sich wohl fühlen, oder eher solche, in denen Sie negative Erfahrungen sammeln können?
- Haben Sie oft das Gefühl: »Warum muß dies immer wieder mir passieren?« Oder: »Was bin ich doch für ein Glückspilz!«
- Welche Situationen rufen bei Ihnen starke Gefühle hervor, positive oder negative?

Unbewußte Wünsche und Impulse leben in der Seele des Menschen. Sie beeinflussen ihn und das Geschehen um ihn herum derart, daß beinahe zwangsläufig eintreten muß, was unbewußt gewollt wird. Es sind sich selbst erfüllende Prophezeiungen. Hilfreich ist es, sich solche Impulse bewußt zu machen.

Auch der Umgang mit *gesellschaftlichen Verhaltensnormen* und *Traditionen* formt uns in einem hohen Maße.

*Selbsteinschätzung
im gesellschaftlichen
Verhalten*

- Wie reagieren Sie auf Ratschläge?
- Worüber sprechen Sie in gesellschaftlichen Situationen?
- Wie gehen Sie mit Konflikten um?
- Wie schätzen sie sich selbst ein, als Mitarbeiter, als Vorgesetzter, als Ehepartner, als Mensch?

Versuchen Sie sich in diesen Situationen und Rollen zu beschreiben, als müßten Sie eine Selbstbeurteilung durchführen. Beurteilen Sie auch ihre Ehe oder Partnerschaft!

Einer spiegelnden Selbsteinschätzung dienen auch die folgenden Fragen:

*Grundsätzliche Fragen
zur Selbsteinschätzung*

- Wie betrachten Sie die Menschheit, wohin entwickelt sie sich? Empfinden Sie sich als ein Teil davon?
- Was halten Sie von Männern, Frauen, Kindern, von der Ehe oder der Partnerschaft? Wie beurteilen Sie sich selbst in Ihrer Rolle?
- Wann glauben Sie, daß sie sterben werden, und wie stellen Sie sich dieses Ereignis vor? Sind Sie überhaupt bereit, darüber nachzudenken, und weshalb?
- Welche Forderungen stellen sie an sich selbst?
- Wollen Sie immer alles besonders schnell erledigen?
- Glauben Sie, sich ständig besonders anstrengen zu müssen? Ist Fleiß oder Perfektion besonders erstrebenswert?

- Müssen Sie stets Stärke beweisen? Ist Überlegenheit wichtig?
- Dürfen Sie keine Fehler machen?
- Dürfen Sie weinen, wenn Sie leiden?
- Wollen Sie das Leben genießen?
- Müssen Sie öfter Pausen einlegen, um gute Arbeit zu leisten?

Jeder Mensch hat bestimmte *Lebensleitsätze*, die unbewußt sein Verhalten steuern. Mit welchen der folgenden Aussagen können Sie sich identifizieren? Woher kommt dies? Was wollen Sie damit erreichen?

- Ich glaube den Verstand zu verlieren; was ist nur mit der Menschheit los? (Hamlet-Syndrom: man will etwas, ohne es zu können, leidet unter dem eigenen Unvermögen und gibt der Welt die Schuld.)
- Ich habe es im Leben geschafft, obwohl mich meine Mutter drangsalieren wollte! (D.h. ich setze mich auch gegenüber Frauen durch. Eine Überheblichkeit und Selbstsicherheit ist aus der Konfrontation mit der Macht des Erwachsenen entstanden, unter der man in seiner Kindheit besonders gelitten hat.)
- Die Leute schmieden gegen mich ein Komplott! (Hamlet-Syndrom: alle sind schuld, nur nicht ich!)
- Ich bin doch wieder der Beste, Klügste usw.! (D.h. alle anderen müßten so sein wie ich. Selbstüberschätzung liegt vor.)
- Ohne mich läuft nichts! Wer sollte sonst den Laden schmeißen, wenn ich nicht da bin? (Selbstherrlichkeit! Überschätzung des Egos und Unterschätzung des anderen.)
- Ich bin mehr als es scheint! (Geltungsbedürfnis)
- Ich führe sie alle an der Nase herum! (Münchhausen-Syndrom)
- Immer muß ich darunter leiden! Warum muß das ausgerechnet immer mir passieren? (Hang zum Selbstmitleid)
- Ich mag keine Komplikationen. Das Leben ist ohnehin beschwerlich genug! (Geistige Trägheit)
- Ich will die Welt verbessern, das ist meine Aufgabe! (Missionars- oder Sendungsbewußtsein)
- Ich will mein Recht! Ich bestehe darauf! (Sturheit)

Problematische Selbsteinschätzungen

- So bin ich halt! So müßt ihr mich eben nehmen! (Entwicklungsfaulheit)
- In unserer Familie geschehen solche Dinge nicht! (Unfehlbarkeit)
- Wir führen diesen Betrieb schon in der dritten Generation! (Sippenstolz)

Die eigene Grundhaltung und die Haltung zu unseren Mitmenschen beeinflußt unsere Kommunikation sowohl positiv wie auch negativ. Sie muß daher ständig von uns überprüft werden. All die vorangehenden Fragen und Beobachtungen dienen weniger der Beurteilung Ihrer Mitmenschen als v. a. einer ehrlichen Selbsteinschätzung. Am besten Sie schreiben die Antworten auf ein Blatt Papier. Das bietet die Möglichkeit einer intensiveren Auseinandersetzung. Was Sie schwarz auf weiß vor sich haben, wird Ihnen klarer erscheinen.

8.2.2 Denkanstöße zum Thema Kritik

Die Reaktionen unserer Mitmenschen spiegeln uns

Blicken wir in den Spiegel, sehen wir oft ein anderes Bild, als wir erwartet haben. In der Spanne dieser Abweichung zeigt sich die Kluft zwischen Wunsch und Realität bei jedem einzelnen von uns. Es verhält sich damit wie im Märchen von Schneewittchen und den sieben Zwergen, in dem die Stiefmutter den Spiegel befragt und seine Antwort nicht erträgt.

So wie unsere äußere Erscheinung vom Glas des Spiegels reflektiert wird, gibt es auch ein Medium, in dem sich unser *Verhalten* so spiegelt, wie es wirklich ist und nicht wie wir es selbst gerne sehen: *Unsere Mitmenschen und ihre Reaktionen auf unser Auftreten sind ein solcher Spiegel.* Doch was wir dabei sehen und erleben, wollen wir gewöhnlich nicht wahrhaben, weil es schmerzlich ist, weil es unsere Schwachstellen ins Bewußtsein treten läßt. Wie die Stiefmutter im Märchen können oft auch wir die Wahrheit nicht ertragen.

Wie können wir nun mit einer solchen Spiegelsituation umgehen? Wenn wir das, was wir sehen, nicht als Warnglocke für unser eigenes Verhalten verstehen, wenn wir seine Botschaft nicht wahrhaben wollen, reagieren wir mit Kritik auf das Verhalten unserer Mitmenschen.

194

Kritik ist die bequemste Form, sich im sozialen Gefüge zurechtzufinden, weil man sich selber dabei als »richtig« und nicht »verbesserungsbedürftig« erlebt, und gerade deshalb ist sie eines der wesentlichsten Probleme der Gemeinschaftsbildung. »Du kommst immer zu spät! Du läßt mich immer warten! Du räumst nie auf!« ist oft der Stil einer Kritik am anderen. Es handelt sich hier um sogenannte *Du-Botschaften.* Wir sagen »Du« und dann folgt das, worüber wir uns am meisten aufregen.

Dahinter verbirgt sich ein interessantes psychologisches Muster: *Wir regen uns beim anderen grundsätzlich über Dinge auf, mit denen wir selbst nicht fertig werden.* Dort wo der Mensch eine Schwachstelle hat, wird er für das Verhalten anderer sensibilisiert. Wir sehen nur die Schwächen, die wir selbst noch nicht überwunden haben. Hier erleben wir selbst, was wir noch zu lernen haben, indem wir es uns am anderen bewußt machen. Die Hinweise sind eindeutig. Wir können uns aber nur verändern, wenn wir es wollen.

Die Kritik an anderen ist oft eine indirekte Form der Selbstbetrachtung

Auch wenn jemand glaubt, etwas besser zu wissen oder zu können, ist Kritik eine bedauerliche Reaktion auf die Unfähigkeit, selbst gestaltend mit sozialen Aufgaben umzugehen.

Menschen verhalten sich oft nach dem Prinzip: »Tu mir nichts, dann tu ich dir auch nichts.« Hinter den Kulissen, im Verborgenen wird aber munter kritisiert. Kritik bedeutet im Grunde nichts anderes, als daß der Kritisierende zu erkennen gibt, daß seine Wahrnehmung am anderen nicht mit seinen Vorstellungen und Maßstäben übereinstimmt.

Nun gibt sich Kritik zwar gerne den Anschein der Objektivität, doch die Bereitschaft zum Kritisieren sucht nicht nach Vernunftgründen, sie sucht nach einem Anlaß. Betrachten wir einmal, was bei der Kritik an einem Mitmenschen geschieht. Zweifellos artikuliert sich darin eine konkrete Wahrnehmung am anderen. Ich kann an ihm nur wahrnehmen, was ich von mir selber kenne, was ich in mir trage und an mir selber noch nicht wahrnehmen konnte oder wollte. Kritik ist damit immer eine Form der Selbstbetrachtung.

Kritik hat eher mit Antipathie als mit Sachlichkeit zu tun. Je heftiger wir eine Abneigung gegen den anderen Menschen empfinden, desto eher werden wir zur Kritik neigen und desto schärfer wird sie ausfallen.

Wogegen richtet sich Kritik? – Gegen die Sache oder gegen das, was uns unbequem ist?

Daß uns Kritik in den seltensten Fällen weiterbringt und vor allem den anderen verletzt, ist bekannt. Dennoch fällt es schwer, die Kritiklust zu bezwingen.

Rudolf Steiner fordert, man müsse »unterscheiden lernen, zwischen dem, was man um seiner selbst willen tadelt, und dem, was man wegen seines Einflusses auf die eigene Persönlichkeit unbequem, benörgelbar findet.«[29] Wir begegnen dabei einem Phänomen, das uns vor eines der entscheidenden Probleme im Umgang der Menschen miteinander stellt: *Man kritisiert eine Sache und meint damit den Menschen* oder greift ihn damit ungewollt an. Unsere Kritik richtet sich nicht nur gegen objektive Mißstände, sondern auch gegen Personen, die uns unsympathisch oder unbequem sind. Jeder hat dies schon oft schmerzhaft erlebt, wenn er wegen seines gutgemeinten Handelns angegriffen wurde und die Kritik nicht recht nachvollziehen konnte.

Die Maßstäbe für sein Verhalten setzt jeder Mensch selbst. Wir können es nicht an unseren eigenen Vorstellungen messen. Wir beurteilen durch unsere Kritik etwas, was sich grundsätzlich unserer Wertung und unserer Wahrnehmung entzieht, nämlich das *Schicksal* des anderen. Jeder kann sein Schicksal nur selbst ergründen.

Der Umgang mit Kritik kann aber zur *Selbsterkenntnis* reifen, wenn man sich diesen psychologischen Sachverhalt bewußt macht. Wir alle können dies immer wieder erfahren, wenn es uns leid tut, jemand zu heftig kritisiert zu haben, wenn wir den Schmerz, den wir einem anderen zugefügt haben, selbst empfunden haben und wenn wir durch Mitleid zur Selbsterkenntnis geführt wurden.

Der Gegenpol zur Kritik: die Kritik-losigkeit

Wenn wir zu sehr auf einen Menschen fixiert sind, dessen Verhalten durch seine Person verklärt wird, stoßen wir auf den Gegenpol der Kritik, die *Kritiklosigkeit*. Nicht nur der Haß macht blind, die Liebe ebenso. Ein Zuviel an Liebe überdeckt die Schwachpunkte des anderen. Seine Schattenseiten werden übersehen.

Wenn wir Kritik verurteilt haben, soll dies nicht als Aufforderung dazu verstanden werden, sich einem unkritischen Verhalten hinzugeben. Der Gefahr, sich ein falsches, verzerrtes Urteil zu bilden, darf man nicht durch den generellen Verzicht auf jedes eigene Urteil entgehen wollen. Erstrebenswert wäre, mit kritischem Verstand zu urteilen, zugleich aber auch mit der ganzen Kraft seines Herzens wahrzunehmen. Daraus könnte die Fähigkeit hervorgehen, Stärken und Schwächen gleichermaßen zu sehen, ohne die Liebe, die dadurch einen objektiven Charakter erhält, zu verlieren.

Bei der Kritik können wir *verschiedene Ebenen* wahrnehmen, auf die sie sich richtet:

- die konkreten Handlungen und Taten des anderen
- die Form, wie er sie organisiert
- seine Grundeinstellungen zum Leben und zu den anderen Menschen.

Ebenen der Kritik

Wer Kritik äußert, muß darauf achten, welche Ebene er anspricht und wie er dabei vorgeht. Interpretationen, die nicht durch Fakten untermauert werden, sind gefährlich und oft falsch.

Entscheidend ist, sich darüber im klaren zu sein, daß man sich beim Kritisieren wie auch beim Verteilen von Lob in eine höhere, nicht selten in eine überhebliche Position bringt. Man legt seine eigenen Maßstäbe am anderen an. Man *be-urteilt* oder *ver-urteilt* sogar. Wir sollten statt dessen von der Fremdbeurteilung zu einer Selbstbeurteilung kommen. Dies wird auch für die Gestaltung einer Lebensgemeinschaft maßgebend sein.

Statt Fremdbeurteilung Selbstbeurteilung

Unsere Urteile berufen sich gewöhnlich auf Werte und Normen, die wir nicht selbst entwickelt haben, sie wurden von unseren Vorfahren geschaffen. Ähnlich verhält es sich mit der Kritik: Kritisieren gilt zwar als sehr zeitgemäß, es richtet sich aber immer auf Vergangenes. Wir haben die Neigung zum Kritisieren von unseren Erziehern übernommen und zur Gewohnheit werden lassen.

Wo Menschen zusammenleben oder -arbeiten, müssen gemeinsame Kriterien und Maßstäbe entwickelt werden, die das Gemeinwesen organisieren und seine Lebensprozesse ordnen. Gemeinschaftsbildung heißt, in diesen Angelegenheiten einen gemeinsamen Nenner zu finden, einen Konsens zu erreichen. Wird gegen diese Spielregeln verstoßen, muß klar sein, wie man darauf reagiert. Regeln ohne Korrekturmöglichkeiten sind sinnlos.

Wenn diese Abmachungen gemeinsam getroffen und von allen akzeptiert wurden, ist Kritik im engeren Sinn nicht nötig. Es genügt, in sachlicher Form auf das Nichteinhalten einer Abmachung hinzuweisen. Bei allen gruppendynamischen

Abmachungen beugen Kritik vor

Prozessen muß jedoch die Selbstbeurteilung am Anfang stehen, nur dann wird Eigenverantwortlichkeit realisiert. Ähnliches gilt für das Lob. Es wird zwar als angenehm empfunden, wir sollten aber lernen, uns davon unabhängig zu machen und selbst zu wissen, ob unser Verhalten unseren Absichten und Ansprüchen genügt.

Nicht aus Lob und Tadel, sondern aus Erfolg und Mißerfolg die Konsequenzen ziehen

Lob und Tadel sollten durch eine Betrachtungsweise abgelöst werden, die Erfolg oder Mißerfolg, sozial fruchtbares und unergiebiges oder gar schädliches Verhalten nach den gemeinsam erarbeiteten Maßstäben beurteilt. Jeder kann und muß daraus seine eigenen Konsequenzen ziehen.

Eine Gemeinschaftsform, die eine freie Entwicklung des Individuums unterstützt, wird die Konturen einer *korrigierenden Erziehungsgemeinschaft* aufweisen. Alle Beteiligten müssen sich mit Fragen auseinandersetzen, die sich auf den Sinn der Gemeinschaft oder die Leitbilder beziehen. Gemeinschaften müssen vor allem aber auch so gestaltet sein, daß Menschen initiativ werden können und auch Fehler machen dürfen. In der gegenseitigen Konfrontation werden Lebenseinstellungen, Standpunkte und Meinungen sichtbar, die hinterfragt und korrigiert werden können.

Selbsterkenntnis im stillen Kämmerlein, aber vor allem durch den Mitmenschen

Es gibt zwei Wege zur *Selbsterkenntnis*, die zusammengehören. Einer allein genügt nicht, das Ziel zu erreichen. Der erste Schulungsweg ist die Fleißarbeit im stillen Kämmerlein. Wir können lernen, wir können an uns arbeiten, meditieren und unser Denken schulen. Der weitaus wichtigere Weg verläuft heute aber im Sozialen, in der Auseinandersetzung mit der Familie, dem Partner oder den Kollegen. Dabei werden wir andauernd mit uns selbst konfrontiert.

Der Mensch erwacht am Mitmenschen. Die Mysterien unserer heutigen Zeit finden im Sozialen statt. Nur in der Auseinandersetzung mit dem Mitmenschen erleben wir uns so, wie wir wirklich sind.

Wir müssen uns gegenseitig den Spiegel vorhalten, doch müssen wir stets berücksichtigen, daß es Sache der menschlichen Freiheit ist, inwieweit ein jeder diesen Spiegel auch will. Wenn jemand nicht bereit ist, in diesen Spiegel hineinzuschauen, werden Abwehrmechanismen ausgelöst. Wir können nicht mehr Selbsterkenntnis ertragen, als wir verarbeiten können. Wir können uns nur verändern, wenn wir uns mit der Frage auseinandersetzen wollen: *Wer bin ich, was will ich, wovor habe ich Angst?*

9 Schlußbetrachtung

9.1 Anthroposophie und der Weg zu einem spirituellen Gemeinschaftsbewußtsein

9.1.1 Ehrfurcht vor dem Menschen

Betrachtet man die vielen Beispiele einer vergifteten Atmosphäre am Arbeitsplatz, den verächtlichen Umgang unter Arbeitskollegen, aber auch, wie sich Menschen in einer Lebensgemeinschaft auf entwürdigende Weise gegenseitig behandeln, so muß vor allem der Verlust der Ehrfurcht vor dem Menschen beklagt werden. Oft wird der andere wie ein Gegenstand von geringem Wert betrachtet und nicht als das, was er eigentlich ist: ein *einzigartiges, unverwechselbares Individuum*.

Der Mensch ist keine Laune der Natur, kein zufälliges Wesen, das geboren wird und irgendwann ins Nichts zerrinnt. Er hat teil an der Ewigkeit. Die *Ehrfurcht* vor dem Menschen, die eine solche Betrachtung erfordert, kann natürlich auch durch die traditionellen Religionen vermittelt werden. Doch bereits ein kurzer Ausblick auf die spirituellen Hintergründe des menschlichen Schicksals und seine Entwicklung stellt die soziale Frage in den Brennpunkt und vermag aus einer anderen Perspektive deutlich zu machen, was wir nur als Glaubensartikel kennen, sofern wir uns eine Beziehung zu religiösen Inhalten bewahrt haben: die Rolle der *Gemeinschaftsbildung als christliche Tat*. Spiritualität wird hier zu einer äußerst praxisnahen Angelegenheit. In unserem sozialen Verhalten und Engagement arbeiten wir an der Zukunft der Menschheit.

Betrachten wir dagegen die Wirklichkeit, wie sie sich vielfach darstellt, so zeigt sich dieser Mangel an Ehrfurcht vor allem im Zusammenhang mit dem neuzeitlichen Menschenbild.

Bis in das Mittelalter hinein war die Vorstellung einer kos-

Spiritualität im Sozialen

mischen Weltordnung vom *Ptolemäischen Weltbild* geprägt. Die Erde stand im Mittelpunkt, Sonne, Planeten und Mond drehten sich um die Erde. Entsprechend war das Verhältnis zwischen dem Menschen und der ihn umgebenden Natur. Der Mensch stand im Zentrum, er galt als die Krönung der Schöpfung.

Das in unserer Zeit verbreitete Menschenbild ist aus der materialistischen Naturwissenschaft hervorgegangen. Es entstand erst zu Beginn des 15. Jahrhunderts. *Kepler* und *Galilei* gelang es, durch ihre Berechnungen das geozentrische Weltbild des Ptolemäus zu widerlegen. Welche umwälzende Wirkung die Entdeckung hatte, daß die Sonne im Zentrum steht und die Planeten, darunter die Erde, sie umkreisen, wird bereits am Widerstand deutlich, den diese Auffassung entfachte. Er zeigt, daß dabei nicht nur ein wissenschaftlicher Irrtum korrigiert wurde, sondern eine gesellschaftliche Erschütterung stattfand, die enorme Auswirkungen auf das herrschende Menschenbild haben mußte.

Der Mensch – nur noch ein Staubkorn?

Als ich vor einigen Jahren während einer Reise durch Afrika mit meinen Reisegefährten am Lagerfeuer saß – es war eine wunderbare Nacht mit klarem Sternenhimmel – und wir über Gott und die Welt sprachen, bemerkte ein Amerikaner: Was bedeutet schon der einzelne Mensch; er ist doch nur ein Staubkorn im All. Was ich hier vernehmen mußte, ist ein Resultat dieses neuzeitlichen Weltbildes. Ebenso wie unsere Erde nicht mehr länger das Zentrum unseres Kosmos sein durfte, wird auch der Mensch nur noch als ein Lebewesen unter vielen betrachtet. Gehen wir nun davon aus, daß der Mensch seinen Lebensraum nach diesem Weltbild gestaltet, so darf es uns nicht wundern, wie wenig Respekt unserer Erde und den Mitmenschen entgegengebracht wird.

Der Behauptung, der Mensch sei nur ein Staubkorn im Weltall, wird kaum jemand zustimmen wollen. Doch sind solche Auffassungen über viele Generationen hindurch so stark in unsere Kultur und in die Erziehung jedes einzelnen eingeflossen, daß wir uns kaum noch ihren Einflüsse entziehen können, wenn wir unser Weltbild nicht bewußt auf den Prüfstand stellen und nach seiner Herkunft suchen.

An die Stelle der Ehrfurcht vor dem Menschen ist die Egozentrik getreten

Anstelle einer allgemeinen Wertschätzung des Menschen ist das eigene Ego in den Mittelpunkt gerückt. Wir betrachten den Menschen als Staubkorn, wollen uns aber selbst nicht als ein solches begreifen. Mit diesem Widerspruch lebt unsere gegenwärtige Kultur. So haben wir auch unsere Vorstellungen, wie die anderen Menschen sein sollen, und empören uns, wenn sie sich anders verhalten, als wir es erwarten. Und dennoch lassen wir es oft an der Anstrengung fehlen, diese Ansprüche bei uns selbst zu verwirklichen. Wenn wir Kinder haben, glauben wir genau zu wissen, was aus ihnen werden soll und wie sie sich zu entwickeln haben, und wehe, das Kind geht seinen eigenen Weg und vertritt eine eigene Meinung!

Auf der anderen Seite merkt man, daß viele Menschen heute diesem Weltbild mit größter Skepsis begegnen und sich fragen, ob wir damit weiterleben können, ob es zukunftstauglich ist. Ist der Mensch eigentlich nichts weiter als ein Zufallstreffer im Kosmos, ein intelligenter Affe?

Für das bloße naturwissenschaftliche Denken bleibt der Mensch noch immer ein Rätsel. Man kann noch so sehr psychologisch geschult sein: immer merkt man, daß man das menschliche Wesen eigentlich nie ganz verstehen kann, wenn man nur jene kurze Lebensspanne betrachtet, die er zwischen Geburt und Tod zurücklegt. Es ist seine rätselhafte Natur, die uns Ehrfurcht gebietet.

9.1.2 Schwellenübertritt und Bewußtseinsbildung

Was der Mensch aus seiner Vergangenheit mitbringt, stammt nicht nur von der Erziehung im Elternhaus, so sehr diese auch von Bedeutung ist. Man kann sein Schicksal nur begreifen, wenn man über die Grenzen von Geburt und Tod hinausgeht.

Schicksal ist nur von jenseits der Geburts- und Todesschwelle her verständlich

Einer Dame, die zweimal in ihrem Leben durch Krankheit ihren Mann verloren hatte, habe ich einmal die Frage gestellt, ob sie sich Gedanken über das Sterben gemacht habe, was es bedeutet und was dabei geschieht. Darauf erwiderte sie, man könne darüber letztendlich nichts wissen und es lohne auch nicht, weiter darüber nachzudenken. Diese Äußerung steht stellvertretend für die Meinung vieler Menschen. Die Anthroposophie setzt dem jedoch eine Auffassung entgegen, die sie mit vielen Religionen gemeinsam hat: daß der Mensch kosmischen Ursprungs ist. Dabei geht sie aber noch einen wesentlichen Schritt weiter, indem sie ihre Betrachtung des Menschen darauf aufbaut, daß er nicht nur einmal lebt, sondern *mehrere Erdenleben* hat.

Wenn die anthroposophische Geisteswissenschaft nun versucht, vorgeburtliche und nachtodliche Geschehnisse und das Geheimnis der Reinkarnation mit Erkenntnis zu durchdringen, so bleibt das nicht ohne Konsequenzen für das Verständnis praktischer Lebenszusammenhänge, insbesondere für die Gestaltung des Sozialen.

Individuelle und menschheitliche Biographie

In unserem Jahrhundert befinden wir uns in einer historischen Situation der Menschheitsentwicklung, deren Symptomatik bestimmten Abläufen gleicht, wie sie Rudolf Steiner für das nachtodliche Erleben beschreibt. Rudolf Steiner hat in vielen Vorträge dargestellt, wie die Menschheit seit der Mitte des 19. Jahrhunderts in unbewußter Form Prozesse durchmacht, die jeder einzelne Mensch erlebt, wenn er über die Todesschwelle tritt.[30] Dieser historische Vorgang wird deshalb das *Überschreiten der Schwelle durch die Menschheit* genannt.

Das Wesentliche dabei ist, daß die drei Seelenkräfte des *Denkens, Fühlens* und *Wollens,* die im Leben als integrierte Einheit funktionieren und durch unser Ich, durch Kräfte des Gewissens und der Moralität, zusammengehalten werden, sich beim Überschreiten der Schwelle mehr und mehr voneinander lösen. Früher wurde dieses Zusammenhalten der Seelenkräfte durch die starken Bande der Leiblichkeit gewährleistet. Seit der Mitte des 15. Jahrhunderts verliert jedoch der Menschenleib immer mehr seine integrierende Fähigkeit. Diese kann nur durch Bewußtseinskräfte ersetzt werden. Die Folge davon ist, daß sich unsere Kultur und Gesellschaft immer stärker mit ethischen und moralischen Fragen sowohl in der einzelnen Biographie wie auch in der Menschheit als Ganzes auseinandersetzen muß.

Die Einheit der Seelenkräfte und ihr Zerfall

Pestalozzi, der engagierte schweizer Sozialpädagoge, dessen Überlegungen unsere heutige Pädagogik noch immer viel verdankt, sah das wichtigste Bildungsziel in der Herstellung eines Einklangs von *Haupt, Herz* und *Hand.* Doch nicht nur unsere Bildungsideale haben sich inzwischen von diesem Anspruch weit entfernt, auch andere Phänomene, wie sie Pestalozzi zu seiner Zeit vielleicht noch nicht bemerkt haben konnte, weisen auf den Verlust des Zusammenspiels dieser Seelenkräfte hin, die nach einem unabhängigen Dasein streben.

Bei einer aufmerksamen Beobachtung des Zeitgeschehens werden wir heute ständig den entsprechenden Symptomen

202

begegnen und an ihnen ablesen können, welche Folgen diese innere Spaltung verursacht.

Wie weit wir uns bereits von der Normalität entfent haben, kann ein Beispiel aus meiner Biographiearbeit zeigen. Dabei handelt es sich um eine Frau, die jahrelang in einem Labor für Tierversuche gearbeitet hatte, dort aber an ihren Gewissenskonflikten scheiterte und die Arbeit nicht länger fortführen konnte. Im Gegensatz zu vielen ihrer Kollegen war sie nicht in der Lage, Gefühl und Gewissen abzuschalten und nur mit Kopf und Händen die berufliche Aufgabe zu erfüllen, ohne das Herz sprechen zu lassen.

Ein weiteres Beispiel führt mich zu einem Kinoerlebnis *Illusion und* während meiner Studentenzeit zurück. Ein Studienkollege, *Wirklichkeit* der nicht mehr ganz nüchtern war, erhob sich während der Vorstellung plötzlich von seinem Sessel, wankte auf die Leinwand zu und versuchte, die Diva zu küssen. Erstaunt schrie er nach mehrmaligen vergeblichen Versuchen in das Gelächter des Publikums hinein: »Aber es ist ja niemand da!« Nun wird man einwenden, hier sei Alkohol im Spiel gewesen, doch wird niemand ernsthaft bestreiten können, daß wir alle permanent mit Illusionen torpediert werden, ohne es zu bemerken. Wir wissen zwar, daß wir an einem Kinofilm nur mit unserem Gefühl und unserem Verstand teilnehmen, nicht aber handelnd eingreifen können. Doch in vielen anderen Fällen, die meist weniger harmlose Folgen haben als der peinliche Auftritt des Studenten, können Menschen nicht mehr zwischen Schein und Wirklichkeit unterscheiden.

Umgekehrt macht sich die Zuschauerhaltung auch im alltäglichen Verhalten bemerkbar, wo wir eigentlich zum Handeln aufgefordert wären. Vor einiger Zeit geschah es, daß in der Nähe von London ein kleines Charterflugzeug auf einer Autobahn notlanden mußte. Es gab Autounfälle und Verletzte, doch niemand unter den sensationslustigen Zuschauern kam auf den Gedanken, seine Hilfe anzubieten. Das Ereignis wurde wie ein Kinofilm betrachtet, mit innerer Teilnahme, aber ohne aktive Mitwirkung. Hier blieb der Tätigkeitsbereich ausgeklammert, eine Willenslähmung machte sich breit.

Beim Fernsehen kommt noch ein weiteres Problem hinzu, *Medium Fernsehen* das mit der spezifischen Eigenart des Mediums und weniger mit den Inhalten zu tun hat, die es vermittelt. Eine Fotoaufnahme vom Fernsehschirm kann beweisen, daß mit zunehmender Verschlußgeschwindigkeit der Kamera ein immer größerer Teil des Bildes nicht mehr sichtbar ist. Das Bild setzt sich aus einzelnen Lichtpunkten zusammen, die über die Bildröhre wandern. Eine Aufnahme, reduziert auf den denkbar kürzesten Augenblick, würde überhaupt kein Bild mehr zeigen. Jedes Fernsehbild gleicht im Grunde einer Illusion. Es wird erst in unserem Gehirn erzeugt. Physiologisch betrachtet bedeutet dies, daß sich beim Fernsehen die Augenachsen nicht mehr kreuzen. Sie starren in den leeren Raum, ins Unendliche hinein.[31]

So wird durch das Fernsehen das gleiche Phänomen von außen erzeugt, wie wir es innerlich bei der Meditation erleben. Dabei schalten wir jedoch die Sinneswahrnehmung aus, befreien uns von jedem äußeren Eindruck. Zur Meditation sind Konzentrationsübungen notwendig, weil ein leeres Bewußtsein dem Schlafzustand vergleichbar ist, der uns dabei überfallen würde. Daher werden auch viele Menschen beim Fernsehen ständig vom Schlaf überwältigt.

Fernsehbilder umgehen permanent das Bewußtsein, wenn wir das Geschehen auf der Mattscheibe nicht mit einer beständig konzentrierten Aufmerksamkeit begleiten. Wird dies versäumt, entzieht sich alles Wahrgenommene der Kontrolle. Der Mensch wird beliebig manipulierbar. So verhält es sich mit vielen Einflüssen der Zivilisation, etwa mit Lebensmitteln, deren Herkunft und Verarbeitung wir nicht mehr nachprüfen können. Wir werden diesen äußeren Attacken unbewußt ausgesetzt und können uns schon deshalb nicht dagegen wehren, weil sie nicht ins Bewußtsein vordringen. So wird deutlich, wie nötig eine Entwicklung unseres Bewußtseins ist, und zwar sowohl auf dem Gebiet der Ernährunsfrage wie auf dem der Erziehung und schließlich dem der weltanschaulichen Fragen und des Menschenbildes.

Folgen der Isolierung von Kopf, Herz und Hand

Für unsere gesamte Seelenkonstitution läßt sich die Diagnose erstellen, daß Kopf, Herz und Hand nicht mehr integriert arbeiten. Wenn das *Denken* im Alleingang funktioniert, so sprechen wir von einem *Fachidioten*. Diesen erkennen wir daran, daß er beispielsweise – meist unwidersprochen – die Behauptung aufstellt, Wissenschaft sei wertfrei, weil sich ihr Denken von Moralität und Willen abgekoppelt hat. Wenn man das akademische Treiben in unserer Gesellschaft betrachtet, gewinnt man oft den Eindruck, daß mit zunehmendem Wissen ein gleiches Maß an gesundem Menschenverstand verloren geht.

Andere hingegen werden so sehr von ihrem *isolierten Ge-fühlsleben* beherrscht, daß sie stets zwischen Schwärmerei und Depression schwanken. Das Bewußtsein vermag nicht mehr in die Gefühlsregion vorzudringen und dort regulierend ein-zugreifen. In ihrem Handeln sind jene Menschen meist ge-hemmt und schaffen es nicht, aus ihrer Problemsituation aus-zubrechen. Ihr realitätsfernes Schwärmertum hat sich ihres gesunden Menschenverstandes bemächtigt.

Ein drittes Phänomen ist die sich zunehmend verbreitende *Brutalität*. Der *Willensbereich* führt sein Eigenleben. Wer hat nicht schon nach Gründen für die sinnlose Gewalt bei Skin-heads oder Hooligans gesucht. Es gibt dafür keine Gründe, außer wir suchen sie innerhalb der Persönlichkeitsstruktur. Gründe zeigen sich nur dann, wenn das Handeln durch Emo-tionen, Gewissensregungen oder Gedanken motiviert ist. Je-ner pervertierte Zerstörungstrieb läßt sich aber in seiner Ge-walttätigkeit durch keine Vernunft und keine Empfindung mehr eindämmen.

9.1.3 Die Aufgabe der Gemeinschaft in unserer Zeit – Zusammenfassung

Wir alle sind Kinder unserer Zeit. Wir können uns ebensowe-nig von diesen Problemen fernhalten, wie wir uns aus der Gemeinschaft isolieren und der Zivilisation entfliehen kön-nen.

Der Sinn der Gemein-schaft: die Integration der Seelenkräfte

Gemeinschaften werden in der Zukunft Orte sein müssen, in denen Menschen lernen, die Auswüchse unserer Kultur, die durch das beschriebene Auseinandertreten der Seelenkräf-te hervorgerufen werden, wieder zu heilen. In einer Lebens-gemeinschaft können wir uns gegenseitig darauf aufmerksam machen, wo diese Desintegration der Seelenkräfte sichtbar wird, und können einander helfen, ihre Integration bewußt zu erneuern. So kann eine Lebensgemeinschaft zu einer *bio-graphischen Lerngemeinschaft* werden.

Bereits heute ist die Welt so kompliziert geworden, daß wir nicht mehr imstande sind, alleine zu einem vernünftigen und angemessenen Urteil zu kommen. Wir können unsere indivi-duellen Kräfte und Fähigkeiten nur noch in der Gemeinschaft entfalten, wo sie sich sinnvoll ergänzen können. Nur in ech-ten Gesprächen kann es uns gelingen, Probleme zu Ende zu denken und ihre Konsequenzen abzuschätzen.

Jede moderne Gemeinschaft könnte eine *Artus-Gemeinschaft* sein. Die Artusrunde ist das Vorbild einer Seelengemeinschaft, die für die Gerechtigkeit in der Welt eintritt und gemeinsam den Mut zum Kampf für das Gute entwickeln kann. Das Thema dieser mittelalterlichen Geschichte, die durch Troubadoure bereits vor tausend Jahren von Hof zu Hof verbreitet wurde, ist der moderne Mensch unserer heutigen Zeit! In der Gestalt des *Parzival* finden wir unsere eigene Situation

Die heilende Frage wieder. »Amfortas, woran leidest du?«, heißt die heilende Frage, die er erst auszusprechen vermag, nachdem er in einem Lernprozeß durch Erfahrungen und Seelenprüfungen die Reife entwickeln konnte, nicht aus den Gewohnheiten und Versäumnissen der Vergangenheit heraus zu handeln, sondern den Blick in die Zukunft zu richten.

Lernen auch wir, diese Frage zu stellen, am Arbeitsplatz, in der Lebensgemeinschaft und überall dort, wo wir Menschen begegnen: *Woran leidest du?*

In meinen Führungskursen wird mir von den anwesenden Managern häufig entgegnet: Wir sind keine Psychologen, wir müssen eben darauf achten, daß die Arbeit erledigt wird! Doch gerade diese Frage könnte ihnen dabei behilflich sein, die Last und den Druck von der Seele ihrer Mitarbeiter zu nehmen – all das, was diese bei der Erfüllung ihrer beruflichen Aufgaben hemmt. Fragen Sie einmal einen Kollegen, dem es sichtlich schlecht geht, was mit ihm los ist, und Sie werden in vielen Fällen einen Dammbruch erleben, bei dem die gesamte angestaute Seelenproblematik hervorkommt.

Viele Menschen wollen sich damit nicht auseinandersetzen, sie haben verlernt, aufeinander zuzugehen. Sie brauchen nur einmal auf die Höflichkeitsfloskel »Wie geht es dir?« zu antworten: »Schlecht!« Schon wird der andere nervös auf seine Uhr schauen und sich entschuldigen: »Tut mir leid, ich habe nicht viel Zeit!«

Früher war der einzelne in der Gemeinschaft geborgen, in die er hineingeboren wurde. Heute bilden wir Gemeinschaften aus einem Verantwortungsbewußtsein heraus. Wir sind verantwortlich für uns selbst und für den anderen. Wir müssen lernen, auf eigenen Beinen zu stehen und den Mut zu Entscheidungen zu entwickeln. Der Zweifel an uns selbst und unserem Handeln ist die moderne Form der Seelenprüfung. Wir können im Leben keine Entscheidung treffen, bei der wir sicher sein dürfen, daß sie richtig ist. Für einen Unternehmer ist diese Situation alltäglich. Auch wir müssen Unternehmer werden: *Unternehmer in Sachen eigener Biographie!*

Dem Stoff sich verschreiben,
Heißt Seelen zerreiben;
Im Geiste sich finden,
Heißt Menschen verbinden;
Im Menschen sich schauen,
Heißt Welten erbauen.
Rudolf Steiner

Der Autor über sich selbst

In meinen Biographie-Seminaren[32] und bei meiner Tätigkeit als Sozialpädagoge, Unternehmens- und Konfliktberater kommen immer wieder Fragen nach den Gesetzmäßigkeiten und Gestaltungsprinzipien von Lebensgemeinschaften und Organisationen auf. Das Interesse richtet sich dabei sehr oft auch darauf, was die Anthroposophie Rudolf Steiners dazu beitragen kann. Ich habe daher im vorliegenden Buch den Versuch unternommen, auf diese Fragen einzugehen, ohne dabei den Anspruch auf Vollständigkeit zu erheben. In meinem Leben habe ich mich immer wieder mit diesen Themen auseinandergesetzt, und da ich meine Beratertätigkeit nicht nur als die Sache einer Rolle verstehe, die man nach getaner Arbeit ablegt, sondern eben auch als eine Lebensaufgabe, glaube ich an dieser Stelle einen kurzen Abriß meines Weges geben zu dürfen.

1928 in Indonesien, auf der Insel Java geboren, wuchs ich als das älteste von vier Geschwistern in einer pluralistischen Gesellschaft mit Menschen verschiedenster Völker, Rassen und Religionen auf. Dabei wurde ich unbewußt mit den daraus sich ergebenden unterschiedlichsten Formen des Zusammenlebens konfrontiert. Den Zweiten Weltkrieg verbrachte ich ebenso wie meine Familienangehörigen in einem japanischen Internierungslager. Glücklicherweise überlebten wir diese schweren Jahre, die jedoch nicht vorübergingen, ohne ihre körperlichen und seelischen Spuren an uns zurückzulassen. In dieser Zeit zwischen dem 15. und 18. Lebensjahr konnte ich neue Formen des Zusammenlebens erfahren, die für meine späteren Einsichten eine entscheidende Rolle spielen sollten.

1946 kam ich nach Europa, schloß meine Ausbildung mit einem Studium der Volks- und Betriebswirtschaft ab, leistete drei Jahre Militärdienst und ging danach ins Wirtschaftsleben. Als eine sehr reiche Zeit erlebte ich die 10 Jahre meiner Zusammenarbeit mit Professor Lievegoed am NPI (Niederländisches Pädagogisches Institut). Heute lebe ich in der Schweiz, wo ich als selbständiger Unternehmensberater und Sozialpädagoge arbeite.

Den stärksten Einfluß auf meine persönliche Entwicklung verdanke ich Rudolf Steiner. Schon meine Eltern waren mit der Anthroposophie vertraut. Ich selber hatte dafür zunächst kein Interesse, bis mich das eigene Schicksal etwa um das 30. Lebensjahr an ihre Inhalte heranführte. Zu diesem Zeitpunkt war ich in der Lage, bewußt zu wählen und entschied mich, hier meine geistige Heimat für das Privat- und Berufsleben zu suchen. Zugleich suchte ich nach einem neuen Betätigungsfeld und studierte berufsbegleitend Sozialpädagogik.

Während meines Studiums wurde ich auch mit dem Gedankengut C.G. Jungs und Carl Rogers' vertraut. In der Therapiemethode von Carl Rogers fand ich das, was meinem Freiheitsbedürfnis, das sich durch die Erfahrungen des Zweiten Weltkrieges stark entwickelt hatte, entsprach. Während in der traditionellen psychoanalytischen Therapie der Therapeut oder Arzt die Rolle des Eingeweihten erfüllt, der diagnostiziert und entscheidet, wie der Heilungsprozeß zu gestalten ist, wird bei Carl Rogers der hilfsbedürftige Mensch nicht mehr als Patient betrachtet: *er ist gleichberechtigter Partner im therapeutischen Prozeß.*

Durch Rudolf Steiner und Carl Rogers wurde mir bewußt, daß wir heute in einer Entwicklungsphase der Menschheit stehen, in der die Menschen lernen müssen, sich selbst zu heilen. Therapeutische Prozesse lassen sich so gestalten, daß nicht der Therapeut alleine ihren Verlauf bestimmt. Seine Aufgabe hat allein Katalysatorfunktion, sie besteht darin, den hilfesuchenden Menschen dabei zu unterstützen, selbst eine Diagnose zu stellen, um einen individuellen Weg der Heilung einzuschlagen.

Der hier vorausgesetzte Begriff der Entwicklung wurde für mich in der Folge zu einer Erfahrung, die mir immer wieder den »therapeutischen Mut« gab, denn jeder Mensch hat die Möglichkeit, sein eigenes Leben, sein Schicksal mitverantwortlich zu gestalten.

In den Jahren seit 1964, insbesondere während meiner Tätigkeit als Mitarbeiter des NPI, konnte ich durch die Arbeit mit Prof. Dr. B.C.J. Lievegoed diese Erfahrung der Entwicklungsfähigkeit des Menschen weiter vertiefen. Dabei wurden mir auch die drei Grundsätze einer bewußten sozialen Gestaltung immer wichtiger. Der Entwicklung von menschlichen Fähigkeiten liegt das Prinzip der Freiheit zugrunde. Das Prinzip der Gleichberechtigung muß überall da walten, wo Menschen etwas miteinander vereinbaren wollen, und das der Brüderlichkeit, wo immer es um menschliche Zusammenarbeit und Abhängigkeitsbeziehungen geht. Diese Maximen markieren deshalb auch den Horizont dieses Buches.

Anmerkungen

1 Vgl. Carl Rogers: *Die nichtdirektive Beratung,* 7. Aufl., Frankfurt 1994.

2 Diese Bezeichnung stammt aus der Transaktionsanalyse. Das Erwachsenen-Ich steht zwischen dem Eltern-Ich (alle während der Kindheit übernommenen Normen und Werte der Eltern und Erzieher) und dem Kind-Ich (der emotionale Rückfall in ein Verhalten während der eigenen Kindheit).

3 Johann Wolfgang von Goethe: *Das Märchen,* Mit Bildern von Werner Diedrich und einem Essay von Emanuel Zeylmans van Emmichoven, 3. Aufl. Stuttgart 1995, S. 13.

4 Rudolf Steiner: *Geisteswissenschaft als Erkenntnis der Grundimpulse sozialer Gestaltung,* Vortrag vom 8. August 1920: *Die Zwölf Sinne des Menschen in ihrer Beziehung zu Imagination, Inspiration und Intuition,* GA 199, 2. Aufl., Dornach 1985.

5 Thomas Blakeslee: *Das rechte Gehirn,* Das Unbewußte und seine schöpferischen Kräfte, 4. Aufl. Braunschweig 1922.

6 Vgl. Michael Ende: *Norbert Nackendick oder Das nackte Nashorn,* 5. Aufl. Stuttgart 1994.

7 Vgl. zur »Testphase« S. 26f.

8 Vgl. zur »Nahkampfphase« S. 28ff.

9 Vgl. Friedrich Glasl: *Konfliktmanagement,* Ein Handbuch für Führungskräfte und Berater, 4. Aufl., Bern/Stuttgart1994, insbesondere S. 215-286.

10 Vgl. S. 72ff.

11 Vgl. Carl Rogers: *Die nichtdirektive Beratung,* a.a.O.

12 Vgl. hierzu Rudolf Steiners Vortrag *Die praktische Ausbildung des Denkens* vom 18.1.1909 in: *Die Beantwortung von Welt- und Lebensfragen durch die Anthroposophie,* GA 108, 2. Aufl., Dornach 1986 und den Vortrag *Nervosität und Ichheit* vom 11. Januar 1912 in: *Erfahrungen des Übersinnlichen, Die drei Wege der Seele zu Christus,* GA 143, 4. Aufl. Dornach 1994.

13 Vgl. hierzu auch Martin Page: *Managen wie die Wilden,* München 1991.

14 Vgl. in diesem Zusammenhang zu den Wesensgliedern Rudolf Steiner: *Metamorphosen des Seelenlebens – Pfade der Seelenerlebnisse,* GA 58, 1. Aufl. in dieser Zusammenstellung, Dornach 1984, insbesondere die Vorträge: *Die Mission der Wahrheit* (22.10.1909), *Die Mission der Andacht* (28.10.1909), *Die Mission des Zornes* (5.12.1909).

15 Michael Ende: *Norbert Nackendick oder Das nackte Nashorn,* 5. Aufl. Stuttgart 1994.

16 Rudolf Steiner: *Die Philosophie der Freiheit, Grundzüge einer modernen Weltanschauung,* GA 4, 15. Aufl. 1987, S. 166.

17 Rudolf Steiner: *Die Kardinalfrage des Wirtschaftslebens*, Vortrag vom 30.11.1921, in: *Die Wirklichkeit der höheren Welten*, GA 79, 1. Aufl. Dornach 1962, S. 260.

18 Vgl. hierzu auch das Kapitel »Die Weltentwicklung und der Mensch« in Rudolf Steiner: *Die Geheimwissenschaft im Umriß*, GA 13. Hier wird der Begriff der Entwicklung in urbildlicher Form dargestellt.

19 Zur menschlichen Biographie vgl. Bernard C.J. Lievegoed: *Lebenskrisen – Lebenschancen*, 8. Aufl., München 1991. Rudolf Treichler: *Die Entwicklung der Seele im Lebenslauf*, 4. Aufl., Stuttgart 1991. Rudolf Steiner: *Vom Lebenslauf des Menschen*, 12 Vorträge, ausgewählt und herausgegeben von Erhard Fucke. 4. Aufl., Stuttgart 1992. Rudolf Steiner: *Die Erziehungsfrage als soziale Frage*, GA 296, 4. Aufl., Dornach 1991.

20 Vgl. den Vortrag *Die Mission des Zornes*, vom 5.12.1909, in: Rudolf Steiner: *Metamorphosen des Seelenlebens – Pfade der Seelenerlebnisse*, GA 58, 1. Aufl. in dieser Zusammenstellung, Dornach 1984.

21 Vgl. den Vortrag *Die Mission der Wahrheit*, vom 22.10.1909, ebd.

22 Vgl. den Vortrag *Die Mission der Andacht*, vom 28.10.1909, ebd.

23 Vgl. S. 157.

24 Vgl. S. 142 und S. 156.

25 Vgl. das folgende Kapitel 7.4, S. 168ff.

26 Vgl. S. 87ff.

27 Kurt Lewin: *Feldtheorie in den Sozialwissenschaften*, Bern 1963.

28 Jacques Lusseyran: *Gegen die Verschmutzung des Ich*, Stuttgart 1993.

29 Rudolf Steiner: *Nervosität und Ichheit*, Vortrag vom 11. Januar 1912 in München, in: *Erfahrungen des Übersinnlichen, Die drei Wege der Seele zu Christus*, GA 143, 4. Aufl., Dornach 1994, S. 26.

30 Vgl. z.B. Rudolf Steiner: *Die Impulsierung des weltgeschichtlichen Geschehens durch geistige Mächte*, GA 222, 4. Aufl., Dornach 1989.

31 Vgl. hierzu Rainer Patzlaff: *Medienmagie oder die Herrschaft über die Sinne*, 2. Aufl., Stuttgart 1992.

32 Siehe auch *Flensburger Hefte*, Nr. 31, S. 117 ff.

Markus Treichler

Sprechstunde Psychotherapie

Krisen – Krankheiten an Leib und Seele –
Wege zur Bewältigung
480 Seiten, gb.

Seelische Belastungen, Krisen und sich daraus entwickelnde
psychosomatische Krankheiten nehmen von Jahr zu Jahr zu.
Eine umfassende Orientierung und Überschau in diesem brei-
ten Spektrum von alltäglichen Problemen bis hin zu schweren
Krankheitsbildern wird deshalb dringend gesucht. Markus
Treichlers »Sprechstunde Psychotherapie« erfüllt diese Aufgabe. In einem ersten Teil werden die menschenkundlichen
Grundlagen, insbesondere die leiblichen und seelischen Entwicklungsstufen, zum besseren Verständnis von Störungen und
Risikofaktoren dargestellt und die Frage nach dem biographischen Sinn von Krankheit behandelt; die wichtigsten Krank-
heitsformen werden charakterisiert. Im zweiten Teil werden
spezielle Krankheitsbilder aus Psychosomatik und Psychiatrie
betrachtet, wobei der Zusammenhang von Psyche und Organen ausführlich zur Darstellung kommt. Sodann werden die
psychiatrischen Krankheitsbilder in systematischer Gliederung
dargestellt. Im dritten Teil werden spezielle psychotherapeuti-
sche Themen behandelt wie z.B. die Frage des Unbewußten,
die Stufen der psychotherapeutischen Beziehung, Chancen und
Grenzen des Mitleids in der Psychotherapie und Seelsorge.
Das Buch wendet sich an Betroffene und Mitbetroffene, an
Patienten, Angehörige, Pflegende und Ärzte. Es ist die erste
umfassende Darstellung von Psychosomatik und Psychotherapie aus anthroposophischer Sicht.

Urachhaus

Mathias Wais

Biographiearbeit und Lebensberatung

Krisen und Entwicklungschancen des Erwachsenen
2. Auflage, 392 Seiten, gb.

Als Mitarbeiter einer Beratungsstelle für Kinder, Jugendliche und Erwachsene schöpft Mathias Wais aus einem reichen Erfahrungsschatz. Anhand von Fallbeispielen läßt er den Leser an der Aufarbeitung von Lebensproblemen teilhaben, wie sie täglich und überall auftauchen. Schmerzliche Erlebnisse, äußere Widerstände, Erschütterungen und Schicksalsschläge wie auch innere Lebenskrisen: alles das wird in diesem Ratgeber behandelt. Er gibt dadurch Hilfen, sich im anschauenden Denken zu üben und dieses auf die eigene Biographie mit ihren Problemen und Krisen anzuwenden.

Aus dem Inhalt:
DER ERWACHSENE IN DER ENTWICKLUNG. Was ist heute eine Biographie? Biographiearbeit oder Psychotherapie? Wege zum Ich. Der »Sinn« des Lebens. Begegnung, Trennung. Wenn die Kinder größer werden. Die Suche nach dem Spirituellen. GESETZMÄSSIGKEITEN DER ENTWICKLUNG. Biographische Rhythmen. Die Mondknoten. Die Jahrsiebte. Die Lebensmitte. Entwicklung – Veränderung – Wachstum – Reifung. WEGE DES FRAUSEINS, WEGE DES MANNSEINS. Die Chancen der körperlichen Begegnung. Zur biographischen Situation der Frauen. Probleme und Chancen des Alleinerziehens. EHE. Vor der Ehe. Ehe heute – ein Übungsfeld. Der überpersönliche Aspekt der Ehe. Der biographische Zusammenhang des Ehebruchs. INDIVIDUUM UND FAMILIE. Spannungsfeld Familie – Beruf. Wie kann die Zukunft der Familie aussehen? FRAGEN · ÜBER DIE GRENZEN DES MENSCHLICHEN LEBENS HINAUS. Gesichtspunkte zu Karma und Wiedergeburt. Der Engel in der Biographie. Die Begegnung mit dem Tode.

Urachhaus

Peter Lüdemann-Ravit

Konfliktsprechstunde

Bewältigung – Gerechtigkeit – Recht
200 Seiten, gb.

Konflikte und Krisen im zwischenmenschlichen Bereich
hemmen Entwicklungen, zerstören Hoffnungen, hinterlassen Wunden und kosten Kraft und Geld. Was aber sind die
Ursachen von Auseinandersetzungen, und in welchem Zusammenhang treten sie in Erscheinung? Das hier angespro-
chene Konfliktpotential verringern heißt, die eigene Handlungsmotivation wie auch die der Beteiligten durchschauen.
Versucht man den Konflikt als inneren Weg zu sehen, in den
man die anderen einbezieht, ist man Gewinner, auch wenn
man verliert. Ist jedoch ein Gerichtsverfahren nicht zu umgehen, fehlt es auch dafür nicht an konkreten Hinweisen und
praktischen Informationen.
Mit diesem Buch, das aus langjähriger Praxis eines Richters
entstanden ist, ist eine umfassende Orientierungshilfe für den
bewußt zu gestaltenden Umgang mit Konflikten gegeben.

Urachhaus